Filippo Beroaldo the Elder

ANNOTATIONES
CENTUM

MEDIEVAL & RENAISSANCE

TEXTS & STUDIES

VOLUME 131

Filippo Beroaldo the Elder

ANNOTATIONES
CENTUM

edited
with introduction and commentary by

Lucia A. Ciapponi

ᗰᕮᗞᏆᕮᐺᗩᒪ & ᖇᕮᐢᗩᏆᏕᏕᗩᐢᑕᕮ ᎢᕮᕽᎢᏕ & ᏕᎢᏌᗞᏆᕮᏕ
Binghamton, New York
1995

The publication of this volume has been supported
by a grant from the National Endowment for the Humanities,
an independent federal agency.

© Copyright 1995
Center for Medieval and Early Renaissance Studies
State University of New York at Binghamton

Library of Congress Cataloging-in-Publication Data

Beroaldo, Filippo, 1453–1505
     Annotationes centum / Filippo Beroaldo the Elder; edited with intro-
duction and commentary by Lucia A. Ciapponi.
    p.   cm. — (Medieval & Renaissance texts & studies; 131)
    English and Latin.
    Includes bibliographical references and index.
    ISBN 0–86698–138–1
    1. Latin literature—History and criticism. 2. Rome—In literature. I.
Ciapponi, Lucia A. II. Title. III. Series: Medieval & Renaissance texts & studies;
v. 131.
PA6001.B47 1994
870.9′001—dc20   94–3365
                                                     CIP

∞

This book is made to last.
It is set in Bembo, smythe-sewn
and printed on acid-free paper
to library specifications

Printed in the United States of America

To my husband

Table of Contents

Introduction
  1. Filippo Beroaldo the Elder   1
  2. Beroaldo's Philological Method and Style in the
      Annotationes Centum   6
  3. Beroaldo's *Annotationes Centum* and Poliziano's
      Miscellaneorum Centuria Prima   15
  4. Beroaldo and Other Scholars   28
  5. The Present Edition   31

Bibliography   35

Annotationes Centum   53

Indices   165

INTRODUCTION

I. Filippo Beroaldo the Elder

Italian philology came of age in the second half of the fifteenth century. It reached its peak with the achievements of such figures as Angelo Poliziano and Ermolao Barbaro, who were long recognized as the greatest representatives of its diversity, originality, strength, and vitality. Only relatively recently has Filippo Beroaldo the Elder attracted the attention of scholars for his rare philological ability as a commentator of classical Latin texts, and for his powerful influence as a teacher of both Italian and foreign students. He is emerging as a third important scholar in the field, worthy to be compared with the two more illustrious humanists.[1]

Beroaldo was born in Bologna on November 7, 1453, to an old and noble family.[2] His father, Giovanni, died when Filippo was four years

---

[1] Full bibliographical documentation for all works cited can be found in the bibliography which follows the introduction.—See the pioneering works of Ezio Raimondi, *Codro e l'umanesimo a Bologna*, 90–107; "Quattrocento bolognese," 15–58, especially 36–44; "Da Bologna a Venezia," 63–71. See also Eugenio Garin, "Sulle relazioni fra il Poliziano e Filippo Beroaldo," 359–63; "Note sull'insegnamento di Filippo Beroaldo," 364–87; "Filippo Beroaldo il vecchio," 107–29; Carlo Dionisotti, *Gli umanisti e il volgare*, 80–81.

[2] The fundamental biographies of Beroaldo are still those written immediately after his death by two of his students, Jean de Pins (*Divae Catherinae Senensis simul et clarissimi*

old and he and his two brothers were raised by his mother Giovanna Casto. He received the usual education of the son of a family of his class in his day.[1] After studying first under two *magistri grammaticae*, Mariani and Matteo, Beroaldo eventually studied with the well-known humanist Francesco dal Pozzo, who was then teaching at the Studio of Bologna. Beroaldo remembers him in several of his works, always with affectionate gratitude.[2]

As a student Beroaldo fell in love with the classics, and despite the opposition of his family who would have liked him to embrace a more profitable profession, he decided to pursue humanistic studies. In 1472, when barely nineteen years old, he became professor of rhetoric and poetry at the Studio of Bologna and taught there for about three years. He left Bologna around 1475, perhaps for Parma, where he definitely was in 1476. In Parma he probably taught as well as published his annotations to Pliny's *Naturalis historia* which he appended to his 1476 edition. After staying briefly in Milan, he went to Paris, where he was well received by the university community and proved an extremely popular teacher, lecturing publicly on Lucan, and publishing the text of the poet with a commentary (1478). The French scholars were interested not only in his philology but also in his philosophical ideas, especially about Plato, although apparently some misunderstood him.[3] After leaving France he kept in touch with such French humanists as Gaguin, who attended Beroaldo's lectures;[4] many French students, like his biog-

---

viri Philippi Beroaldi vita [Bologna, 1505]; I quote from the 1735 Coburg reprint) and Bartolomeo Bianchini ("Philippi Beroaldi vita . . .", which first appeared in the edition of Suetonius with the commentary of Beroaldo [Bologna, 1506]; I quote from the Lyon, 1548, edition of Suetonius). See also: Giovanni Fantuzzi, *Notizie degli scrittori bolognesi*, 1:111–35; F. Rizzi, "Un maestro d'umanità," 77–111; Myron Gilmore in the *Dizionario biografico degli Italiani*, 9:382–84; and Gianna Gardenal in *Dizionario critico*, 1:288–90.

[1] On the educational curriculum in Italy in this period, see Paul F. Grendler, *Schooling in Renaissance Italy*, especially 3–41, 87–108, 111–41.

[2] On Francesco dal Pozzo, see: I. Affò, *Memorie degli scrittori e letterati parmigiani*, 2:292–316; L. Sighinolfi, "Francesco Puteolano," 263–66, 331–44, 389–92, 451–67; Raimondi, "Quattrocento bolognese," 28–29; Eugenio Garin, "Note in margine," 2:449–52; R. Contarino in *Dizionario biografico degli Italiani*, 32:213–16; Julia Haig Gaisser, *Catullus and his Renaissance Readers*, 31–34.

[3] On Beroaldo's philosophical ideas see: Augustin Renaudet, *Préreforme et humanisme*, 117; and especially J. B. Wadsworth, "Filippo Beroaldo in Lyon," 78–89; Raimondi, "Da Bologna a Venezia," 65 n. 13; Garin, "Note in margine," 436–56.

[4] Louis Thuasne, *Roberti Gaguini Epistolae*, 1:282–86.

rapher Jean de Pins, came to Bologna to hear him lecture.

By 1479, Beroaldo, after a short visit in Milan, had resumed his teaching at Bologna, where he remained until his death in 1505.[1]

In Bologna he gave not only public lectures in the Studio, but also private lessons to both Italian and foreign students, some of whom often lodged and boarded in his own house. He always showed great kindness and interest toward his students, particularly the foreign ones, who reciprocated by listening eagerly to his lectures and bestowing gifts on him. He apparently lectured to large audiences: Girolamo Amaseo in a letter of 1493 affirms that he went to a lecture of Beroaldo's that was attended by three hundred students.[2] His student biographers de Pins and Bianchini reported that students were in awe of his immense knowledge, his unbelievable memory, and his ability to explain and answer any question; they admired the clarity of his voice and exposition and the elegance and dignity of his demeanor.[3] Some of his Italian students became very well-known, such as Giovanni Battista Pio who later also taught in the Studio;[4] his nephew Filippo Beroaldo the Younger who was a favorite student of Beroaldo's; Camillo Paleotti; Francesco Maria Grapaldo; and Bartolomeo Bianchini, one of his biographers.[5] Many of his foreign students, often from wealthy and important families, came from Germany; there were also Poles, Hungarians, and Bohemians.[6] He took his responsibilities as a teacher seriously since he believed that a teacher molds the minds of his students[7]: he

---

[1] Umberto Dallari, *I rotuli dei lettori*, 90–188.

[2] Giovanni Pozzi, "Da Padova a Firenze nel 1493," 197; Amaseo in his letter also expresses his admiration for Beroaldo's rich library and its thickly annotated volumes (ibid. 197, 218–19).

[3] De Pins, *Philippi Beroaldi vita*, 128, 132–33; Bianchini, "Philippi Beroaldi vita," β 8r, γ 1r–v.

[4] Some tension developed, however, in later years between Beroaldo and his former student about fundamental questions of philology, language, and style: see Ezio Raimondi, "Il primo commento umanistico a Lucrezio," 2:641–74; Dionisotti, *Gli umanisti e il volgare*, 80–109, especially 80–93.

[5] De Pins, *Philippi Beroaldi vita*, 144–46; Garin, "Filippo Beroaldo il vecchio," 118.

[6] Luigi Previale, "Umanesimo boemo e umanesimo italiano," 215–17; Garin, "Filippo Beroaldo il vecchio," 119–21; "Note in margine," 446–48; Konrad Krautter, *Philologische Methode*, 16–21.

[7] Dedicatory letter of the *Orationes et poemata* (Bologna: Benedictus Hectoris and Plato de Benedictis, 1491, fol. a 1r) to one of his Bohemian students, Martin Mareš; Garin, "Note in margine," 446.

reported on their progress with pride, and he wanted them to learn as much as they could so they would leave his school feeling that they had spent their money well.[1] And they obviously did, since Poliziano, in a letter of 1494 to Beroaldo, praising him as a teacher, says that the scholars who went from Bologna to Florence recommended themselves to him as students of Beroaldo.[2] He was also a wordly man who enjoyed life and appreciated money. He is known to have made agreements with publishers to edit or comment on texts on which he would then lecture in the Studio.[3] He often dedicated his works to his rich students or ex-students in the hope of some handsome reward. In one letter to an ex-student, Uldric of Rosenberg, Beroaldo suggests that the gift of a fur coat and a horse would be an appropriate exchange for his forthcoming commentary on Suetonius and a small book of his orations and poems.[4] We may suppose that he hoped for an even more generous gift when he dedicated the *Annotationes centum* to this same Uldric.

The number of classical authors whose texts Beroaldo edited or commented is very large: Florus, Pliny the Elder, Lucan, Virgil, Sallust, Ptolemy, Servius, Cicero (*Epistulae, Orationes, Tusculanae disputationes, Philippicae*), Propertius, Suetonius, the *Scriptores rei rusticae*, Frontinus (*De re militari*), Censorinus, Lucian, Epictetus, Pliny the Younger, Solinus, Apuleius, Plautus, Philostratus, Caesar, Gellius, *De viris illustribus*, and Justin. His major philological works are his *Annotationes centum* (1488), and especially his commentaries on Propertius (1487), Suetonius (1493), Cicero's *Tusculanae disputationes* (1496), Apuleius' *Metamorphoses* (1500), and Cicero's *Philippicae* (1501). He translated poems by Petrarch and stories by Boccaccio into Latin, and he himself wrote numerous orations, some moral and philosophical treatises, and a few poems.[5]

---

[1] See the dedicatory letters of *Orationes et poemata*, fol. a 4v, and of *Symbola Pythagorae* (Bologna: Benedictus Hectoris, 1503), fol. A 2v–A 3r; Garin, "Filippo Beroaldo il vecchio," 120 (letter to Wenceslaus of Bohemia).

[2] Angelus Politianus, *Opera omnia*, 1:76 (*Epist.* 6.3); Garin, "Filippo Beroaldo il vecchio," 107.

[3] Italo Mariotti, "Lezioni di Beroaldo il vecchio," 2:583 and n. 31; Albano Sorbelli, *Storia della stampa*, 61, 80.

[4] Garin, "Filippo Beroaldo il vecchio," 110 nn. 6 and 119.

[5] Lists of his works with dates and places of publications are found in Fantuzzi, *Notizie sugli scrittori*, 119–35; Rizzi, "Un maestro d'umanità," 89–95; and, more recently and accurately (though still not complete), in Krautter, *Philologische Methode*, 188–94. On Beroaldo's poems see Gian Mario Anselmi, "Poesia latina e umanesimo," 155–75, especially 163–67.

Beroaldo's work as a philologian was recognized by contemporary scholars, including Poliziano, Barbaro, and Pico, with whom he met and corresponded. He became famous particularly as a commentator. His colleague at the Studio of Bologna, Codro Urceo, used to call him *the* Bolognese commentator, since he not only had high standards for humanistic commentary but was virtually one of his creators.[1] In his commentaries, Beroaldo expresses warmly his enthusiastic love for and understanding of the ancient texts, which often provide him the occasion for digressive observations and reflections on the events of his own life or the customs of his own times. He writes a personal, non-Ciceronian style and prefers rare and unusual words and expressions, a habit which has been criticized from his time to ours.[2]

After he returned to Bologna, despite his busy life as a scholar and teacher, Beroaldo, unlike many humanists of his time, participated in the civic life of his beloved city: he was elected one of the elders in 1489, then he became one of the secretaries of the republic, and, a few months before his death, chief secretary. Those were difficult times for Bologna, which was trying, under the skillful leadership of Giovanni Bentivoglio, to maintain its independence with prudent and calculated politics toward the more powerful neighbor states of Venice, Milan, and Rome. Beroaldo, who enjoyed the favor of the Bentivoglio family, served them as a tutor of their children as well as political supporter. In 1489 he went with Galeazzo Bentivoglio as ambassador to Pope Alexander VI in Rome;[3] later, in 1502, on behalf of the Bentivoglios, he addressed the Bolognese people to incite them against Cesare Borgia who hoped to conquer Bologna.

He married late in life either out of respect for his aging mother or because he mistrusted the state of marriage.[4] When finally he did marry

---

[1] Bianchini, "Philippi Beroaldi vita," γ 1v.

[2] De Pins, *Philippi Beroaldi vita*, 137; Bianchini, "Philippi Beroaldi vita," β 8v; Gilmore, "Beroaldo Filippo seniore," 382–84.

[3] Beroaldo tutored the children of Giovanni Bentivoglio, Annibale and Alessandro. He dedicated his commentary on Suetonius (1493) to Annibale, for whose wedding with Lucrezia d'Este he wrote also a short poem, "Nuptiae Bentivolorum" (in *Orationes multifariae*, Bologna: Benedictus Hectoris, 1500). See also Paolo Fazion, "*Nuptiae Bentivolorum*. La città in festa," 115–33. On Bologna and the Bentivoglio, see Cecilia Mary Ady, *The Bentivoglio of Bologna*.

[4] De Pins, *Philippi Beroaldi vita*, 130. Apparently Beroaldo liked food, women, and gambling before marrying, but became a faithful and model husband, and a caring father (De Pins, ibid., 129; Bianchini, "Philippi Beroaldi vita," γ 1v).

in 1498, after his mother's death, his bride was Camilla Paleotti, the seventeen year old daughter of a well-known Bolognese jurist, Vincenzo Paleotti. They had four children, of whom only one survived him. Beroaldo himself died relatively young. Although his abundant scholarly productivity and large number of students would seem to indicate great energy and vigor, he apparently suffered from poor health throughout his life and was afflicted by chronic maladies. He died of a violent fever on July 17, 1505.

2. Beroaldo's Philological Method and Style in the *Annotationes Centum*

Beroaldo published his *Annotationes centum* in 1488,[1] a year after the publication of his first major work, his commentary on Propertius.[2] The *Annotationes centum* was dedicated to one of his foreign students, Uldric of Rosenberg, a gentleman of a noble and powerful Bohemian family, who had come, as had many of his countrymen, to Bologna to study.[3]

The work includes, as the title suggests, about a hundred (104, to be precise) annotations on interesting points in a variety of Latin authors that he had collected through the years in his readings and dictated for this publication.[4] They consist of a series of emendations and interpretations of many different Latin authors, organized simply: the first forty-three deal with poets, the rest with prose writers. But they all have a certain unity due to their common thread, an antiquarian interest. Bero-

---

[1] *Philippi Beroaldi Annotationes centum* (Bologna: Benedictus Hectoris et Plato de Benedictis, 1488).

[2] *Philippi Beroaldi commentarii in Propertium* (Bologna: Benedictus Hectoris and Plato de Benedictis, 1487).

[3] Very little is known about Uldric. According to Beroaldo, his family was of Italian origin, very prominent in Bohemia, and faithful to the Papacy in the fight against the heretic Hussites (see Dedic. lett., 11–14). He praises the family again ten years later (1498) in the dedicatory letter of his short work *Heptalogos* to Johannes of Wartenberg (*Varia Philippi Beroaldi opuscula* [Basel, 1513], 90r). To Uldric is addressed the epigram at the end of these *Annotationes centum* as well as a letter, of perhaps 1492–93. There Beroaldo exhorts his ex-pupil to keep up with his literary studies, which may be useful in his public life, and invites him to come to Bologna to enjoy life, since "if ever our city was full of whores, now it is especially blooming with them" (Garin, "Filippo Beroaldo il vecchio," 110 n. 6, 111 n. 7, 119). Uldric is also praised in the dedicatory letter of his *Oratio proverbialis* (1499) to Christophorus of Weitmühl (*Varia opuscula*, 37v).

[4] Dedic. lett., 6–7; 16.

aldo explores the rites, myths, proverbs, and customs, as well as the rare words and expressions of ancient writers of anecdotes, history, or encyclopedic works, and also of poets such as Ovid, Horace, Catullus, and Tibullus. These works he mines for allusions to stories, customs, little-known rites, or exceptional words and idioms. The annotations begin with an interpretation of two verses from Ovid's *Fasti* containing allusions to the ancient rite of the *nova nupta,* and end with the exegesis of a passage from the *Digest* on the function of the *obsonatores* in the Roman world.

In the *Annotationes centum,* Beroaldo's goal is "in part to illuminate, in part to emend and restore to their true readings obscure passages in Latin authors, in part to correct and explain more thoroughly and exactly the passages that seem not to have been adequately explained by contemporary commentators."[1] In other words, both emendation and exegesis are his tools. The restored text or the new interpretation must be coherent with the style and the spirit of its author and at the same time should fit with the historical context known through other sources. "What we say fits very well with Ovid's thought and his usage."[2] This statement, at the end of the very first annotation, clearly illustrates the two fundamental elements of Beroaldo's philological method here as well as in his commentaries: his sensitivity to the style, which, so to speak, puts him into the shoes of his author, and his citation of parallel passages from the same or (more often) other authors that scientifically prove the stylistic solution. Already in his 1487 commentary on Propertius he had felt the need for sensitivity toward the studied author. In the dedicatory letter to his friend and once fellow student Mino dei Rossi, making a comparison between the poet and the interpreter, Beroaldo affirms that as there cannot be good poets without divine inspiration, so there cannot be good interpreters without a poetic spirit (*poeticus adflatus*).[3] Yet for him this sensitivity must always fit also with the historical and cultural context of the author.[4]

---

[1] *Partim loca apud Latinos scriptores obscura illustrare, partim mendosa emendare et in veram hoc est suam lectionem transducere . . . partim quae a recentioribus veterum poetarum interpretibus non satis pensiculate enarrata existimantur ea inquisitius exactiusque explicare* (Dedic. lett. 5).

[2] *Quae vero a nobis dicuntur Ovidii sententiae esse accomodatissima et de consuetudine deprompta.*

[3] *Non est sine deo bonus poeta, non est sine poetico afflatu bonus interpreter* (*Commentarii in Propertium,* fol. a 2r).

[4] For Beroaldo's philological method in his commentaries see: Raimondi, *Codro e l'umanesimo,* 96–107, especially 97–99; "Quattrocento bolognese," 36–42; "Da Bologna

Each annotation is structured in the same manner. In the case of *interpretatio* Beroaldo starts with a sentence in an author that has attracted his attention or that has not been adequately explained by other commentators. He immediately presents his interpretation, supported by quotations of parallel passages. Then he summarizes his discussion and puts it in the context of the author's work. Occasionally, after presenting interpretations by other commentators, he either appeals to the reader to recognize the superiority of his proposal or exhorts the reader to decide for himself which is the best solution.[1] In this he follows St. Jerome, according to whom the commentator should present to his readers all the opinions without imposing his own, and letting the readers choose.[2] Sometimes he comments briefly on opinions different from his own, often complaining about the lack of stylistic sensitivity of the other interpreters—the *grammatici grammaticaliter exponentes* (40.1) who do not go deep into the text or understand its subtleties. For Beroaldo, philology is "to examine not the skin . . . , but the blood itself and the marrow" of an author.[3] Inquiry must begin from the study of the *verba*, of the words, although it must go beyond that.[4] The critic

---

a Venezia," 79–92; Krautter, *Philologische Methode*, 40–52, 126–48; Maria Teresa Casella, "Il metodo dei commentatori umanistici," 627–701; Anthony Grafton, "On the Scholarship of Politian," 163–66, 174–75, 183, 187–88; "Renaissance Readers," 636–37.

[1] See *Annot.* 1.4, 8.6, 12.2, 19.3, 34.9, 39.4, 54.3, 57.3, 84.4, 100.2.

[2] Beroaldo, *Commentarii in Propertium*, fol. a 2r; Raimondi, "Codro e l'umanesimo," 98 n.1; "Quattrocento bolognese," 40; Grafton publishes the texts both of Beroaldo and St. Jerome, and discusses them in Appendix B of his "On the Scholarship," 187–88; Casella also discusses this position of Beroaldo and its evolution ("Il metodo," 646, 648, 650).

[3] *non cutem . . . sed sanguinem . . . ipsum ac medullam . . . introspicere* (42.3). The expression derives from Gellius: *et unicum lectorem esse enarratoremque Sallustii diceret neque primam tantum cutem et speciem sententiarum, sed sanguinem quoque ipsum ac medullam verborum eius eruere atque introspicere penitus praedicaret* (*Noct. Att.* 18.4.2). Beroaldo uses similar expressions in 104.4, and in other works such as, for instance, in the commentary on Apuleius (Raimondi, "Quattrocento bolognese," 70 n. 22) and in the *Annotationes in Galenum* (see note below).

[4] This view is clearly stated in a passage of his *Annotationes in Galenum*, a work that he published a couple months before his death in 1505: "and since they say that one must penetrate into the meat of things, not linger on the pleasantries of words, and examine the blood and the marrow of the thought passing over the skin and the bark, I, by Jove, do not see how one can examine the blood and the inner marrow, if he does not first explore carefully the skin and the bark. For he who wants to eat a nut, breaks the nut; he who wants to dig up and draw out from the depth of books their meaning, must first break the bark of the words. The hidden things are not revealed,

(*interpres*), he says, must himself have a certain *adflatus poeticus* if he wants to understand the text that he has before him, since he is the one who "unwraps the packages, illuminates the obscurities, and reveals what is hidden; it is he who expounds carefully and copiously what the poet touches briefly, in passing."[1]

In his work of exegesis, Beroaldo proves his vast knowledge and command of Latin literature, from the patristic authors to contemporary commentators. His knowledge of Greek literature is somewhat limited, but not small: he cites Plutarch, Aristotle, Herodotus, Diogenes Laertius, Homer, Strabo, Appian, and Dionysius of Halicarnassus. Generally he quotes from the available Latin translations, but there are exceptions. In two quotations from Plutarch (*Mor.* 229B, *Annot.* 27.4; *Vita Alex.* 58.3, *Annot.* 97.3) the translations are independent of those by Filelfo and Guarino. In other cases, while accepting the available translation, he prefers to keep the Greek form of the word that interests him rather than the Latin one used by the translators, perhaps thinking it more precise.[2]

We know very little about Beroaldo's knowledge of Greek. One of his pupils and biographers, Jean de Pins, refutes at length the accusation of some contemporaries that Beroaldo was not well versed in Greek (*non satis eruditus*), while the other, Bianchini, says that he did not apply himself to Greek as much as to Latin.[3] We do not have any direct translation from Greek by him, although de Pins says that he did trans-

---

unless first the outer matter is made clear" (*Et quia dicunt ad pondera rerum penetrandum esse, non ad verborum amoenitates diversitandum et sanguinem et medullam sententiarum esse introspiciendam omissa cute corticeque verborum, ego, hercle, non dispicio quomodo sanguis et medulla interior introspici possit, nisi cutis et cortex ante diligenter exploretur. Nam qui e nuce nucleum esse vult, frangit nucem; qui ex libris vult sententias eruere atque penitus expromere, necesse est ut verborum corticem ante perumpat, nec interiora panduntur nisi anteriora patescant.* [*Varia opuscula*, 161r]).

[1] *Involucra explicat, obscura illustrat, arcana revelat et quod ille* [the poet] *strictim et quasi transeunter attingit, hic* [the critic] *copiose et diligenter enodat.* (*Commentarii in Propertium*, fol. a 2r). He repeats the same concepts here in the dedicatory letter (5), quoted above, as well as in his commentary on Suetonius (*Commentationes conditae a Philippo Beroaldo in Suetonium Tranquillum* [Bologna: Benedictus Hectoris, 1493], fol. A 4v).

[2] In 27.3, *astragalon* instead of *collum* of Griffolini (?) or *cervix* of Volaterrano (*Odyss.* 10.559–60); in 97.3, *aornin* (which he uses to emend Curtius Rufus 8.11.2) instead of *avernum* (Strabo 15.1.8); in 75.5, referring to *Odyss.* 4.220–21 he makes the point *pharmacum* (as in Volaterrano) ... *quod 'nepenthes' appellant.*

[3] De Pins, *Philippi Beroaldi vita*, 137–38; Bianchini, "Philippi Beroaldi vita," γ 1v.

late some Greek minor works.[1] From the *Annotationes centum* it appears
that although Beroaldo did use the available Latin translations, he also
knew enough Greek to be able to read, correct, and improve the
translations of others.[2] The appendix to his commentary on Suetonius
confirms this impression. Here Beroaldo, quoting the Greek text,
emends six passages from various works of Plutarch translated by Antonio Pacini of Todi, Lapo Birago, and Guarino, focusing his attention on
specific mistranslated words that make the passages incomprehensible.[3]
Similarly in his *Annotationes in Galenum* he complains that the available
Latin text of Galen is full of badly translated words that produce misin-
terpretations of the text.

In translations Beroaldo demands both elegance and exactitude, an
ideal that cannot be reached with a simple translation *verbum ex verbo*.
Although translation must begin from the *verba*, it must proceed with a
precise understanding of the text in its context. This precision and
understanding are all the more necessary when translating works on
medicine, which have as their object that which is most sacred, human
life.[4] Beroaldo also seems fond of explaining the etymology of words
derived from Greek,[5] perhaps a necessity in his teaching, since most of
his students, including the addressee of these annotations, very likely
knew little or no Greek.

The annotations which are emendations have the same structure as

---

[1] De Pins, *Philippi Beroaldi vita*, 139.

[2] In *Annot.* 86.3, for example, Beroaldo quotes a passage from Eusebius' *Historia Ecclesiastica*: his text accurately translates the Greek passage, while the Latin translation by Rufinus
available in print at that time is rather different. See the commentary on *Annot.* 86.3.

[3] *Commentationes conditae in Suetonium*, fols. T6v–V2r, chaps. XVI (*Vita Fabii*, 9.4);
XIX (*Mor.* 186C and *Vita Per.* 8.7); XX (*Mor.* 201D); XXI (*Mor.* 175 and *Vita Alex.*
67.4). On the Latin translations of the *Lives* of Plutarch in the fifteenth century, see R.
Giustiniani, "Sulle traduzioni latine delle 'Vite' di Plutarco," 3–62. Giustiniani seems to
identify always the translator Lapo as Lapo da Castiglionchio. However, Lapo Birago
also translated some *Lives* of Plutarch: see Gianvito Resta, "Antonio Cassarino e le sue
traduzioni," 229 ff.; Vittorio Zaccaria, "Pier Candido Decembrio traduttore," 197 n. 4;
and M. Miglio, "Birago Lampugnino," in *Dizionario biografico degli Italiani*, 10:595–96.

[4] *Annotationes in Galenum*, 161r. On Beroaldo's views on the work of the translator,
see also the dedicatory letters of his Latin translations of Petrarch and Boccaccio:
Orationes et poemata, (Bologna: Benedictus Hectoris and Plato de Benedictis, 1491), fols.
h8r and f 2r–v; and Paolo Viti, "Filippo Beroaldo traduttore di Boccaccio," 111–40; "La
canzone della Vergine," 440–48.

[5] See *Annot.* 11.3, 22.2, 27.3, 45.2, 46.4, 61.2, 63.1, 67.2, 70.5, 75.4, 80.3, 81.2
and 4, 82.3, 88.2, 92.2, 97.2, 101.2.

those which are interpretations. For instance, in *Annot.* 54 Beroaldo begins, as usual, with a text—in this case from Gellius (2.22.25)—and states that the sentence does not mean anything because of the obvious mistake in the word *oronus*. A study of the context and his own paleographical intuition suggest to him the correct reading [*h]oratianus*, which he then supports with quotations from Pliny, Seneca, and Horace. The new reading not only fits well with the context but also befits the elegant and learned style of Gellius.

Beroaldo's *castigationes* are mostly *opus ingenii*: that is, they are conjectures suggested to him for paleographical, metrical, or grammatical reasons and supported by parallel passages.[1] Often he explicitly says that an emendation has been suggested to him by the paleography, the attentive study of the letters: *unius litterae tantummodo immutatione* (5.2; 43.3); *sensum et ipsos litterarum apices curiose speculati* (54.1); *ex litterarum similitudine locum mendosum* (56.1), and so on.[2] Sometimes he does not directly say so, but we can gather that an emendation was obviously suggested by a paleographical reading: for example, *suo lue et auribus* corrected to *solitaurilibus* (49.1), or *super re illa quae lata est* emended to *in sitelaque alata est* (53.1). In Catullus 10.30 he points out a mistake "which anybody would recognize who is thoroughly experienced in metrics."[3] Likewise in a hendecasyllable of Statius "there is obviously a small mistake, which would be not noticed by every scholar, but only by one well versed in metrics."[4] Other observations of metrical *cruces* may be found here and there throughout the work.[5] Beroaldo also proposes corrected readings in places where grammar might trip up an unwary reader who confused the agreement of an adjective (77.5) or took an adjective for a substantive (12.2; 34.8), or who did not understand the absolute use of an expression (48.4) or the passive meaning of a verb (98.4), and so on.

Beroaldo does not use collated manuscript evidence very much in the *Annotationes centum.* Of thirty-nine emendations, only five quote a

---

[1] See also Silvia Rizzo, *Il lessico*, 271.

[2] See also 55.1, 58.1, 77.4 and 6, 79.4, 83.1, 92.1, 93.1, 96.1, 98.1, 103.1; and Rizzo, *Il lessico*, 233–34. For examples in Propertius: Casella, "Il metodo," 642–43.

[3] *Quem cognoscere possit quivis qui modo regulas metricas percalluerit* (37.4).

[4] *Error est non magnae rei manifestus, quem errorem esse poterit agnoscere non aliquis eruditorum sed qui tantummodo rationem metricam calluerit* (34.13).

[5] 18.2, 21.2, 32.8, 37.4, 98.3.

variant reading from a manuscript to correct the text.[1] It is clear that he mainly consulted printed editions.[2] As with most humanists, the word *codex* by itself is rather generic in Beroaldo.[3] When he refers to readings which are *in codicibus* or *in omnibus codicibus* or *in pervulgatis codicibus*, he refers to vulgate readings which appear both in manuscript *codices recentiores* and in printed editions. When he wants to specify a printed book he uses the expression *codex impressus*, and when he wants to indicate a manuscript, as in the five cases mentioned above, he qualifies the noun with a pertinent adjective: *in vetusto codice* (31.5; 32.8), *reverendae vetustatis codicem* (5.2), *in bonis codicibus* (34.13), *in probatissimis codicibus* (36.1). He seems to cite the manuscripts more to emend them than to accept their readings. Even when he is able to consult a manuscript which he considered *vetustus* and *bonus*, its text is always subjected to the confirmation of his stylistic and erudite judgment.[4] Like most humanists of his era, Beroaldo believed that the majority of manuscripts had been corrupted by time and man's ignorance. It is well known that Poliziano was the first among the humanists to recognize the validity of a manuscript reading, to study the manuscripts themselves, to distinguish them carefully according to their age and their quality, to identify them precisely, and to collate and make extensive use of them.[5]

On the whole Beroaldo's method achieves solid results: of sixty-five texts interpreted, in only a few instances was Beroaldo actually wrong, while a few problems are still not quite solved. Of thirty-nine emendations, thirty are found in modern editions and five are close to the modern readings but have some orthographical variants; only four have been rejected.[6] This very positive balance confirms Beroaldo as a philo-

---

[1] Both Casella and Krautter also found Beroaldo weak in his ability to use and judge manuscripts: Casella, "Il metodo," 643; Krautter, *Philologische Methode*, 128–34.

[2] Sometimes he emends a text which is in a particular edition, although the correct reading has already appeared in one or more successive editions prior to the publication of the *Annotationes centum*. Did Beroaldo have available only that particular edition or did he freely "borrow" from other editors?

[3] Rizzo, *Il lessico*, 69–75.

[4] As in the case of *Annot.* 32.8, where he acknowledges the manuscript reading owed to Poliziano.

[5] The scholarship on Poliziano is enormous. On his philological method, see the fundamental study of Vittore Branca and Manlio Pastore-Stocchi in their *Introduzione* to the four volumes of Angelo Poliziano, *Miscellaneorum centuria secunda*, vol.1; and Grafton, "On the Scholarship," 150–88.

[6] In these statistics I am counting only the interpretations and emendations which

logian of the first rank, to be considered one of the best in that very rich and fortunate time of Italian philology of the end of the quattrocento, which saw giants such as Poliziano and Barbaro.

Beroaldo published other collections of *annotationes* besides the *Annotationes centum*. All his *annotationes* seem to have been parerga. The *Annotationes centum* and the appendix to his commentary on Suetonius (1493) were the result of various readings over the years. His *Annotationes in Plinium* (1476) came out of his labor as editor of Pliny's *Natural History*; his *Annotationes in Servium* (1482)[1] were the by-product of a course on Virgil; his last, the *Annotationes in Galenum* (1505), were the fruit of a study made in preparation for his small treatise *De terrae motu et pestilentia*. They are *libelli*, as Beroaldo himself calls them, less engaging for him than his commentaries, in which he is ready to tackle a text from beginning to end with all the tools of his philology and erudition and also of his rhetoric. In the appendix to his commentary on Suetonius he justifies them as a moment of rest and relaxation for his reader: "We are pleased, illustrious Annibale Bentivoglio, to put also these short annotations at the end of our commentary as a small appendix, so that they may refresh with this new food the spirits of the readers, tired by that uniform reading, and restore them with the change. For annotations appear no less pleasing to readers than inns to travellers worn out by their journey."[2]

In the *Annotationes centum*, unlike the commentaries, there are no *excursus*, that is anecdotes or personal stories which Beroaldo calls *flosculi* and whose purpose was to interrupt the monotony of a commentary as a flower does a meadow.[3] Concluding the *Annotationes* with an address

---

head an annotation, not the many others incorporated in a discussion; nor am I considering the possible plagiarisms. An evaluation is more difficult for the interpretations than for the emendations, because in some cases they are partly correct or anticipate the modern explanation; in other cases modern scholars still do not agree. For similar conclusions on Beroaldo's emendations on Apuleius' *Metamorphoses*, see Krautter, *Philologische Methode*, 128–34.

[1] *Annotationes in Servii commentarios* (Bologna: Henricus de Colonia, 1482).

[2] *Libuit has quoque annotaciunculas, inclyte Hannibal Bentivolae, veluti appendiculam quandam ponere in calce commentariorum ut animi lectorum uniformi illa lectione fatigati hoc veluti novo pabulo recrearentur et mutatione reficerentur. Solent enim haec legentibus non minus iucunda videri quam viatoribus iam itinere lassescentibus diverticula amena sunt* (fol. T1v).

[3] "Since what they call parerga, that is the digressions from the purpose, usually restore and refresh the reader who is growing tired, I have made an effort quite purposefully that these annotations be adorned with various flowers plucked here and

to Uldric of Rosenberg, Beroaldo justifies the absence of his usual *flosculi* by explaining that he is less at ease when dictating than when writing.[1] In fact there is no need for them, for the annotations are in a certain sense *flosculi* themselves, as Beroaldo himself confirms. At the end of *Annot.* 53, after having considered several passages from Livy, he concludes: "Now let us proceed to other authors, as we have set out to do. For it is enough for the moment to taste a few things and collect a hundred annotations from here and there."[2]

The language of the *Annotationes centum* does not reveal the prevailing influence of any one Latin author[3] and it does not echo, as a stylistic exercise, the language of the author who is commented upon, as Casella has shown is the practice in his commentaries. There Beroaldo's personal stories as well as his language reflect the content and style of the text upon which he comments. Digressions in the commentary on the *Tusculanae* tend to be exhortations and admonitions; in that on Apuleius they have a religious character, while in those on Suetonius a political-social one. The language imitates the Ciceronian style in the commentary on the *Tusculanae*, that of Apuleius in the commentary on the *Metamorphoses*, and so on.[4] In the *Annotationes centum* the language is simply referential, used merely as a means of communication. Beroaldo remains faithful to his declared purpose for these annotations, that of teaching the *doctrina rerum* to his illustrious student, not showing off the *verborum elegantia* of the teacher (105).

---

there from a blooming, untrampled meadow" (*et quia solent parerga quae vocant, hoc est a proposito digressiones, quasi reficere recreareque lectorem iam lassescentem, dedi operam, et quidem ex industria, ut flosculis hic et inde complusculis ex virore pratorum nondum conculcato decerptis insignirentur* [*Commentationes in Suetonium,* fol. A 4v]). For a thorough analysis of the *excursus* and their role in Beroaldo's commentaries, see Casella, "Il metodo," 660–69. See also Krautter, *Philologische Methode,* 40–52; Raimondi defines them, not quite accurately, as "tutto quanto gli passi per la testa": "Da Bologna a Venezia," 86.

[1] "If you do not find in this tumultuous speech of ours those flowers and that elegance which you were wishing, charge it to the fact that we were dictating, since we do not dictate with the same grace with which we write" (*Si non eos flosculos eamque venustatem in hac nostra tumultuaria dictione deprendes quam desiderabas, imputato dictanti, cum non eodem dictemus lepore quo scribimus.* [105]).

[2] *Iam, prout instituimus, ad alios scriptores transeamus. Satis est enim impresentia pauca quaedam degustare et hinc et inde centena annotamenta colligere.*

[3] This is true also for the dedicatory letter, in which words and idioms are drawn from many quite different authors (Seneca, Cicero, Plautus, Livy, Martial, etc.).

[4] Casella, "Il metodo," 661–69; on the language of Beroaldo, see also Raimondi, "Quattrocento bolognese," 38–39; "Da Bologna a Venezia," 87–92.

The emendations and interpretations that develop within the main annotation are generally logically connected to it and serve as its natural complement. Beroaldo consciously tries to stay within the limits he has set for himself: "It does not escape me that many other things are said about the origin of letters by other writers, which I pass over at the moment, since they are not relevant to our discussion."[1] But his nature was talkative, and his discourse is always somewhat diffuse—very far, for instance, from the aridity of Barbaro or the conciseness of Sabellico. His diffuse style is the practical application of his idea of the function of the commentator: to explain fully and precisely what the author expresses succinctly and metaphorically.[2]

3. Beroaldo's *Annotationes Centum* and Poliziano's *Miscellaneorum Centuria Prima*

The publication of Beroaldo's *Annotationes centum* was followed a few months later, in 1489, by the more famous *Miscellaneorum centuria prima* of Poliziano.[3] The problem of the relation of the two works, hinted at by Poliziano himself in the dedicatory letter of his *Miscellanea*, has never been discussed by scholars, yet it is important for the history of Italian philology of the end of the fifteenth century, and needs some clarification. The two publications represented at the time a comparatively new form of philological work.[4] In fact, in the first outburst of enthusiasm after the invention of printing, a large number of classical texts had been published in Italy without very much editing and without any commentary; but soon rich and learned commentaries flooded the Italian market. These commentaries either surrounded and overwhelmed the text of the author, or were published separately.[5] The humanistic commentary was

---

[1] *Non me praeterit alia ab aliis scriptoribus de origine litterarum commemorari quibus in praesentia supersedimus cum ad rem nostram non pertineant* (99.2).

[2] *Commentarii in Propertium*, fol. a2r; Raimondi, "Da Bologna a Venezia," 85. See also *Annot.* 80.1.

[3] *Angeli Politiani Miscellaneorum centuria prima* (Florence: Antonius Miscominus, 1489); hereafter cited as *Miscellanea*. All my quotations are from this edition, the *editio princeps*.

[4] On the genre of the miscellany, Poliziano, and Beroaldo, see Carlo Dionisotti, "Calderini, Poliziano ed altri," 165–68; Grafton, "On the Scholarship," 150–88, especially 155–57; Grafton focuses particularly on the use of sources in the two humanists.

[5] Carlo Dionisotti, "Aldo Manuzio umanista," 382.

born out of the necessities of the schoolroom and the delight of teachers in exploring the rarest and most difficult texts, especially newly discovered ones. This had its models in the ancient commentaries of Servius, Donatus, and Porphyry, to name a few, and its direct forerunner in the medieval commentary. But while the traditional medieval commentary was devoted almost exclusively to the exegesis of one author, often leading to long digressions in various fields, the humanistic commentary added to it a new element: the emendation of the text with discussions about different readings, based either on the manuscript tradition or on parallel passages, or arrived at by conjecture.[1] Toward the end of the fifteenth century, however, a new form of philological work which had no such linear tradition became fashionable: the miscellany. The miscellany flourished in the Greek and Roman worlds (with Helian, Clement of Alexandria, Gellius, and Varro, to name a few), but was ignored in the Middle Ages. Domizio Calderini gave a new direction to humanistic philology when he first turned from the current style of uninterrupted commentary on one author and decided to comment and write only on difficult and interesting problems, thus creating the miscellany form for his *Observationes quaedam* (1475).[2] Calderini's *Observationes quaedam* was followed as early as 1476 by a selected miscellany of Beroaldo, the *Annotationes seu emendationes in Plinium*, published at the end of his edition of Pliny's *Naturalis Historia*;[3] and, in 1482, by the *Annotationes in Servium*, again by Beroaldo.[4] In each of these two earlier works Beroaldo had limited his observations to a single author; now, in the *Annotationes centum*, he moved freely through Latin literature from the poets of the Republican period to the historians of the Silver Age, from the jurists to the rhetoricians, from the naturalists to the church fathers. And while his work on Pliny consisted only of emendations and that on Servius only of interpretations, in the *Annotationes centum* he felt free either to emend or to explain, or both.

This freedom of roaming throughout Latin literature is the novelty of the *Annotationes centum*. Apparently it was also what appealed to

---

[1] On the history of the commentary, its nature, and its development in humanistic circles, see: Casella, "Il metodo," 627–32; Grafton, "On the Scholarship," 152–55.

[2] Dionisotti, "Calderini, Poliziano ed altri," 167–68; Grafton, "On the Scholarship," 155–57.

[3] *Caii Plinii Naturalis Historiae libri* (Parma: Stephanus Corallus, 1476).

[4] *Annotationes in commentarios Servii* (Bologna: Henricus de Colonia, 1482).

Poliziano; he insists on this point in the dedicatory letter of his *Miscellanea* to Lorenzo de' Medici, in which he takes great pain to stress what he considers the two characteristic features of his work: the *novitas rerum* and the *varietas non illepida lectionis*, that is, the novelty of his material and its pleasant variety. It is very likely that he was reacting with annoyance to Beroaldo's *Annotationes*. He may well have felt that the originality of his own style of presentation had been threatened. (In fact, although he mentions many of his contemporaries, he never refers openly to Beroaldo in the whole of the *Miscellanea*). In the dedicatory letter itself he stresses the ties of his work with classical authors and ignores the efforts of Calderini and Beroaldo. But finally he faces the problem at the closing of the *Miscellanea*, in the *Coronis*. First defending himself against rumors, which apparently were circulating before the publication of the *Miscellanea*, of his having copied from Niccolò Perotti's *Cornucopiae*, he claims that his work had been ready for a year but he had waited to publish it until the gossip subsided. Then he makes an ironic allusion to Beroaldo without naming him complaining about a certain hundred annotations recently published by a man who was friendly to him and knew of his intention to publish the *Miscellanea*.[1] In those annotations, Poliziano continues, this friend had also used some of his own (Poliziano's) emendations and interpretations.

Beroaldo might well have heard about Poliziano's project when he visited him on Easter of 1486,[2] but he surely did not get the idea for his *Annotationes centum* from Poliziano.[3] As we have just seen, by the time Poliziano published his work, not only was the genre of the miscellany not new in Italy, but Beroaldo had already published two miscellaneous collections, and in his *Annotationes in Servium* (1482) he had in fact announced to his readers that he was preparing a large work

---

[1] "And in fact it happened that in the very period in which the *Miscellanea* was delayed, a certain one hundred learned, by Jove (for who would deny it?) and laborious annotations were published, not without an obliging and grateful mention of us, by a man very friendly to us, one not ignorant of our intention, as well as a good scholar." (*Quin illud evenit ut hoc ipso quo Miscellanea cessabant intervallo centum quaedam adnotationes doctae, mehercules, [quis enim neget?] et laboriosae ab homine amicissimo nobis nec huius ignaro propositi tum bene etiam literato non sine benivola grataque nostri mentione publicarentur*, fol. p3r–v). Notice the ironic and somewhat condescending tone.

[2] On the date of this visit, see: Garin, "Filippo Beroaldo il vecchio," 116–17; Donatella Coppini, "Filologi del Quattrocento al lavoro," 226.

[3] See also: Dionisotti, "Calderini, Poliziano e altri," 165; Konrad Krautter, "Der 'Grammaticus' Poliziano," 110–15.

of annotations for publication, in which he would discuss many obscure or corrupt passages found in various Latin authors.[1] The *Annotationes centum* may be an excerpt of this projected work. Both in the dedicatory letter to Uldric of Rosenberg and in the closing of the *Annotationes centum* Beroaldo claims that he has chosen these hundred annotations from a much larger body to serve as a *prodromos* of a future work.[2] This could be simply a *topos*—both Gellius in the preface of his *Noctes Atticae* and Poliziano in the dedicatory letter of his *Miscellanea* make comparable statements. In any case, the *Annotationes centum* certainly embodies the idea of applying the formula of annotations (both emendations and interpretations) not only to a single author, as Beroaldo had done before, but to many.

Varietas and *novitas rerum* may have been important for Poliziano, yet they are not what makes the *Miscellanea* a work which we still read with

---

[1] "But this [a passage in Gellius] and thousands others of this kind, partially obscure partially corrupted, which are found in writers of the Latin language, are dealt with and explained by us in a more copious work, on which we are daily hammering and is still under the die to be printed soon; in this work we strive, work, and struggle with all our zeal and care, according to our best ability, in order to well deserve [the praise] of the devotees of the Latin language." (*Sed hoc et id genus sexcenta alia quae apud scriptores in lingua Latina reperiuntur partim obscura partim depravata tractantur ac enodantur a nobis uberiori volumine quod quottidie cudimus et adhuc sub incude est quod edetur in tempore, in quo omni studio ac vigilantia contendimus laboramus enitimur pro virili parte nostra de Latinae linguae sectatoribus bene maereri* [Florence: Antonius Miscominus, 1489], 5v). (All my quotations are from this second edition). Compare these words with the similar ones in the dedicatory letter of the *Annotationes centum* (here, 5–6). It is possible, however, that Beroaldo, after the trip to Florence, decided to hasten the publication of his *Annotationes centum*.

[2] "And hundreds [of annotations] of this kind, which we have very diligently observed in manifold readings of ancient writers, have been already collected in an excellent corpus, so to speak. We have decided, however, that we should not yet publish it with the imprudent honor of a precocious edition. Meanwhile we have sent to the press this short book, in which one hundred annotations are contained, as a precursor or, as it is said in Greek, as a *prodromos*." (*Et iam id genus sexcenta in luculentum quoddam quasi corpus redacta sunt quae ex multiiuga priscorum scriptorum lectione curiosissime observavimus; quod opus quoniam nondum temerario praecocis editionis honore invulgandum esse decrevimus . . . ; interea libellum hunc quasi praecursorium et, ut Graece dicitur, prodromon emisimus, quo annotationes centum continentur* [Dedic. lett. 6–7]); "Indeed we completed these annotations without following any particular order of subject, in as much as we were dictating on the spur of the moment. And just as a passage was coming to mind, or a book was taken up into our hands, so we were confusedly and without any distinction collecting and annotating." (*Sane, has annotationes nullo servato rerum ordine confecimus, utpote tumultuario sermone dictantes et perinde ut cuiuslibet loci veniebat in mentem, ut quilibet liber sumebatur in manus, ita indistincte atque promiscue excerpentes annotantesque* [Dedic. lett. 16]).

pleasure and interest. With a stroke of his genius, Poliziano saw in the genre literary possibilities which allowed him to transform the miscellany from a philological tour de force into a unique literary work. In his dedicatory letter he defends at length the structure, language, and style as well as the philological method. He quotes as his models classical writers, not only to uphold his originality, but also to make the reader aware of the difference between his work and the more pedestrian and grammatical works of his contemporaries.

If it is true that many of the classical authors quoted by Poliziano did not in reality influence the *Miscellanea*, at least one, Gellius, did. Gellius' *Noctes Atticae* have been traditionally considered the literary model for the *Miscellanea*, although a thorough comparison of the two works has never been made. Here it suffices to say that Gellius' influence can be seen not only in Poliziano's general interest in a variety of problems and questions, but also (and more precisely) in the themes, structure, and language of the preface, in the idea of dividing the material into chapters with titles, and in the ambition to examine Greek as well as Latin literature. However, Poliziano and Gellius differ markedly in the content of their chapters and in the methods by which questions, even specific ones, are approached. Gellius can move from discussing a philological question in a fairly detailed manner in one chapter to the simple telling of an anecdote in the next. Poliziano, on the other hand, always has some scholarly point to make, even when he seems to be telling an anecdote, as, for instance, in chapter 74, where he refers to the charming story of Zeuxis and Helen. As for the method, Poliziano applies rigorously, though elegantly, a precise technique, with his sources critically chosen and evaluated. Gellius is more a collector of interesting curiosities, a cultural amateur. He records what he finds interesting and then reviews his evidence, especially if his sources are contradictory. He shows an interest, then not uncommon, in the relation between the Latin and Greek cultures (which we find also in Poliziano), and an occasional awareness of the value of good manuscripts. But he often lacks critical judgment, and his method on the whole is rather erratic. He is, after all, writing for the pleasure of an educated general public. Poliziano's *Miscellanea*, instead, was written for a very different public and with a very different purpose in mind, as we can see very clearly when we compare it with the *Annotationes centum* of Beroaldo.

Beroaldo was the prototype of the professor in a city famous primarily for its ancient university: his life as a scholar and as teacher was centered on his students. His *Annotationes centum* must be seen in the context of his teaching. First of all, it is a work dedicated to Uldric of Rosenberg, one of his foreign students. Beroaldo was keenly aware of his audience when lecturing. In the oration opening his course on Livy, for instance, he defines in a Horatian vein the duty of a good teacher: to present material that will be profitable and pleasurable for his audience, as well as satisfying and up-to-date.[1] The topics for these annotations were undoubtedly chosen because they represented the most interesting philological *cruces* of the moment, and they were picked here and there from the whole field of Latin studies. The result was not so much a disorderly work as a varied one. In this feature we may see an influence of Gellius on Beroaldo. However, Gellius' impact on Beroaldo is limited to general themes, such as his curiosity about rare words or sentences, about grammatical questions, and about ancient customs and laws. Both Gellius in his preface and Poliziano in his dedicatory letter (which acts as his preface) show a strong rhetorical and literary concern for their work; they are at pains to explain their choice of title, defending against possible critics their *varietas* of subjects, their language, their philological methods, and even the length of their chapters. But the thrust of Beroaldo's letter is the praise of Uldric and his family. He devotes only a few paragraphs to justifying the aim of his work—which is to emend and correctly interpret ancient authors as well as to teach his pupil—and none at all to justify his style. Only at the end, in his final address to Uldric, does he apologize for the lack of rhetorical style (105). Beroaldo's rhetorical interest is limited in this work; for him it is a *libellus*, stylistically not too engaging, put together for a rich student.

In the *Annotationes centum* the annotations immediately follow the dedicatory letter one after another, without any title or even numeration. By contrast, in the *Miscellanea* Poliziano places after the dedicatory letter—probably on the example of Pliny the Elder in his *Naturalis historia*—a list of authors used (a novelty for humanistic studies) and an index of chapters, such as we find in Pliny and Gellius, and only then presents his hundred chapters, each one with its own title, as in Gellius.

---

[1] *Officium est boni professoris viri praestantissimi id velle profiteri quod auditoribus utilitatem cum voluptate maxima allaturum sit, quod scholasticorum auribus satisfacturum, quod temporibus sit futurum accommodatum* (*Orationes et poemata*, fol. a7r). See also his oration introducing his course on the *Georgics*, ibid., fol. a1r.

In his work, Beroaldo indeed intended to explain philological *cruces*, the *rerum doctrina*, to his students as clearly and simply as possible. Poliziano, on the other hand, envisioned his *Miscellanea* not as a series of *castigationes* and *interpretationes*, but rather as a collection of short essays. Poliziano was writing his *Miscellanea* not for students,[1] not even for the practical needs of lawyers and politicians, but for the private intellectual pleasure of sophisticated scholars who were able to understand the complexity of the texts discussed: "We certainly did not put together this work for the trial court or the curia, but for the study and the school."[2] The school or *schola* that he has in mind is certainly not the crowd of foreign students striving to learn or polish their Latin language and culture at fashionable Italian universities, but an elite, the ideal assembly of the great and the learned with whom he talks as an equal: "When some days ago, while horseback riding, we were reciting to you, Lorenzo de' Medici, this *Miscellanea*...."[3] Thus the *Miscellanea* opens with a vision of Poliziano and Lorenzo the Magnificent out for a pleasure ride, amusing themselves with learned conversation about interesting points in Latin and Greek literature. We are left with the impression that knowledge and love for the classical world have brought Poliziano, a poor orphan from a hill town of Tuscany, to the same level as a *gran signore*. And so, throughout his work Poliziano carries on his conversations with the greatest humanists of his time, especially with his friends Pico and Barbaro. This is a far cry from a work dedicated to a young student like Beroaldo's Uldric, noble and rich perhaps, but certainly, in the eyes of his Italian contemporaries, a barbarian.[4]

The division of the *Miscellanea* into chapters with titles gives the work more than just an exterior structure. The titles have the important function of focusing on the problems that will be discussed in the different chapters. In fact what really interests Poliziano is not a particular emendation and interpretation per se, but rather a whole historical,

---

[1] Unlike Beroaldo (see above, 4 n. 3) Poliziano never published the commentaries on the authors that he taught in his courses. On these we have only his private notes or the notes of his students.

[2] *Nos ista certe non foro et curiae sed cubiculo et scholae paravimus* (*Miscellanea*, fol. a2v).

[3] *Cum superioribus diebus, Laurenti Medices, nostra haec Miscellanea inter equitandum recitaremus* ... (*Miscellanea*, fol. a1r).

[4] It seems that Beroaldo had been attracted since his youth by the "savage" and "primitive" qualities of Northern people: *Annotationes in Servium*, fol. C2v; Garin, "Note in margine," 447.

linguistic, or orthographical problem, of which the particular emendation or interpretation is only a part. This approach gives him a great freedom. All his sources, whether manuscript or contemporary, literary allusions or archeological discoveries, are woven together into an elaborate texture creating a literary unit remarkable for both its erudition and its style.

It will be useful to illustrate this with an example. Let us take the reading *philyra*, which is discussed both in the *Annotationes centum* (4) and in the *Miscellanea* (72).[1] Beroaldo starts, as usual, from a text, in this case Ovid's *Fasti*, 5.337–38: *Ebrius incinctis phylira conviva capillis Saltat.* He picks the word in which he is interested, *philyra*, and gives the explanation—"ribbon"—which fits that particular verse, with the support of a parallel passage in Pliny's *Naturalis historia* (16.65). Then he quotes a verse from Horace (*Carm.* 1.38.2) and another passage from Pliny (*N.H.* 21.6) which confirm his interpretation. He misinterprets a corrupt passage of Pliny (*N.H.* 24.3) which would provide another meaning—"hair"—and also quotes another Plinian passage (*N.H.* 13.74) calling the reader's attention to a spelling variation (*philuras*). Finally he rejects the interpretation of the word as a proper noun (given by Marsi) before adding at the very end a quotation from Martianus Capella which also confirms his interpretation. Pliny, quoted several times, Horace, and Martianus Capella are his sources. They are piled one upon the other to support his interpretation, monotonously introduced by a series of *item*, *idem*, or *quidam*: this creates a flat, lifeless style, typical of Beroaldo in his *Annotationes centum* (but not in his commentaries).

In Poliziano's text, first of all, there is a title: *De philyra et lemniscatis coronis*. This informs the reader that the author will be discussing two questions, the meaning of *philyra* and the use of wreaths adorned with pendant ribbons. This approach is already quite different from Beroaldo's or from all the tradition of commentaries before. Although Poliziano sometimes begins with a text, most of the time he is interested in a more general problem which he presents and sets himself to solve.

---

[1] *Miscellanea*, fol. 12r–v. *Philyra* was a topic widely discussed in humanistic times: both Poliziano and Merula claimed to have explained its meaning first. See Vincenzo Fera, *Una ignota "Expositio Suetoni" del Poliziano*, 193 n. 1; and Krautter, "Angelo Poliziano als Kritiker," 320–21. For other examples of the difference in method between Poliziano's *Miscellanea* and Beroaldo's *Annotationes centum*, see Grafton, "On the Scholarship," 164–66.

Here he starts by noticing that people do not seem to have very clearly in mind what *philyra* means, although it is obvious from Horace and Ovid's *Fasti* (the very text from which Beroaldo begins) that it has something to do with wreaths. His method, the opposite of Beroaldo's, is to search first for the general meaning of the word, then for its meaning in a particular text. He begins with the oldest source, in this case the Greek author Theophrastus, where he finds that *philyra* is a tree, the lime tree or linden. This basic meaning is confirmed by a Latin author, Pliny (*N.H.* 16.65, also quoted by Beroaldo). It is clear from these passages that *philyra* should be identified with the contemporay *tilia*, as a good modern translator, Theodorus Gaza, confirms. Having established that *philyra* is the lime tree, Poliziano considers the uses of the word in many different texts: another passage from Pliny (*N.H.* 21.6, also quoted by Beroaldo), Suetonius, Festus, Tertullian, the *Etymologicum magnum*, Herodian, Martianus Capella (also quoted by Beroaldo), Ulpian, Eusthatius, and even a coin in Lorenzo's collection. He, too, notices the different spellings and meanings in Pliny's *N.H.* 13.74, and offers an explanation: the Greek *y* is changed into *u* in Latin. In closing he dismisses as not pertinent the corrupt passage at Pliny's *N.H.* 24.3, a probable allusion to Beroaldo's misinterpretation.[1]

Of course, one cannot help but be overwhelmed by Poliziano's wealth of sources, yet his interpretation turns out to be the same as Beroaldo's. What is more interesting is how Poliziano reaches his conclusions, how he uses his sources and presents them—in other words, his method and the form in which he expresses it. Although this is by no means one of the most elegant of the chapters, the language is fluent, sentence flows into sentence in the most varied and easy way; the numerous quotations, the praise of Lorenzo, or the personal recollection of Poliziano's youthful translation of Herodian fit easily into the rhythm of the discourse. We can look, for instance, at a simple device like the way of introducing sentences (which Beroaldo does with that repetition of *item*, *idem* and *quidam*) and we find a great variety: *Nam vocabulo eo* (line 3); *Et Ovidius* (line 4); *Quo apparet* (line 6); *Iam primum igitur* (line 7); *Ac si etiam* (line 10); *Porro autem* (line 11); *Testatur partem* (line 14), and so on. If we examined each sentence, we would find its language as

---

[1] See the more explicit and contemptuous comment in his *In annotationes Beroaldi* (Munich: Bayerische Staatsbibliothek, ms. Clm 754, 264v); on this manuscript see Krautter, "Angelo Poliziano als Kritiker," 315–30, and here below, 25 n. 1.

varied and flexible. Poliziano's artistic interests here are as alive as his philological ones.

It will be clear by now that the *Miscellanea* and the *Annotationes centum*, although both one hundred collected annotations, are two quite different works. The latter develops from and completely belongs to the best tradition of the school; the former represents a new literary genre. Not only Poliziano, but Beroaldo himself seems to have been aware of this, for he wrote to Poliziano in awe, after the publication of the *Miscellanea: Miscellanea tua doctissimum te testantur,* "your Miscellanea witnesses to your great knowledge."[1] After the great success of Poliziano's *Miscellanea,* which overshadowed his *Annotationes centum,* Beroaldo could not easily have published a work of this kind anymore, and he did not.[2] He returned to the commentary, which he transformed and made into a genre of his own. From this time on, Beroaldo shows his extensive *doctrina* and his diverse linguistic and rhetorical abilities in his commentaries. Each of the commentaries published after the *Annotationes centum* is a different experiment in language and style. His commentary on the *Metamorphoses* of Apuleius (1500) with its great success crowned him as the commentator *par excellence.* Casella in her study on the commentaries has set out very well this unique and original contribution of Beroaldo to humanistic philology.[3] The philology of this time had many complex and often contradictory interests and concerns which, more often than not, are not ours; and it also allowed for different, more flexible ways and directions for exploring and interpreting the classical world.[4]

---

[1] Angelus Politianus, *Opera omnia,* 1:16 (*Epist.* 2.2).

[2] Beroaldo did publish two short collections of *annotationes,* one as an appendix to his commentary on Suetonius (1493), the other, the *Annotationes in Galenum,* at the end of his short treatise *De terrae motu et pestilentia* (1505). He was still toiling with the idea of publishing a large volume of annotations in 1493; at the end of the appendix to the commentary on Suetonius he writes: "Now we must pause and restore our spirit with leisure, so that it may rise up again stronger and livelier to publish much richer annotations, which we have put together in various times, and which we are about to bring out soon." (*Iam pausa facienda est et animus ocio refovendus ut mox vegetior alacriorque resurgat ad excudenda id genus annotamenta longe uberiora quae successivis temporibus condimus, mox in tempore deprompturi* [fol. V2r]).

[3] Casella, "Il metodo," 645–69.

[4] On the tendency of some modern scholars to reduce humanistic philology to textual criticism in a Lachmannian sense, see the indignant, somewhat polemic, but nonetheless true words of Giovanni Pozzi in his "Nota *In limine*" in the introduction of

Let us now return to the accusation made in Poliziano's *Coronis*—that in the *Annotationes centum* Beroaldo had claimed as his own readings that in reality were Poliziano's. This is openly repeated in Poliziano's *In annotationes Beroaldi*, notes he jotted down as he was reading Beroaldo's work.[1] At the very beginning of his notes Poliziano explicitly states that Beroaldo's annotations on Ovid's *Fasti* and Horace are clearly taken from some notes snatched (? *exceptitiis*) from his own (Poliziano's) pupils.[2] It is very difficult for us, at such a distance in time, to understand and define how, through frequent exchanges in discussions and in letters, through reports of friends and students, the various humanists took advantage of each other; we would also need to take into consideration such things as the competitive and critical spirit of the era, the envy, and even the pettiness of the humanistic world, from which few humanists, no matter how competent, seem to have been able to remain free. But when Poliziano states that Beroaldo took from him emendations based on manuscripts, he is most probably right, although Beroaldo quotes him as a source only once (32.8).[3] On the other hand, Poliziano himself seems to have appropriated several emendations in his *Miscellanea* from Beroaldo's commentary on Propertius, much as Ermolao Barbaro, in his *Castigationes Plinianae*, borrowed without acknowledgement emendations and interpretations from Beroaldo's youthful *Annotationes in Plinium* and also from his *Annotationes centum*. In later works Beroaldo

---

his edition of Ermolao Barbaro's *Castigationes Plinianae*, 1:xx–xxv.

[1] Now in the MS Clm 754 of the Bayerische Staatsbibliothek of Munich, quoted above, fols. 264r–270r. These are Poliziano's comments to the first 47 *Annotationes centum*: Ovid's *Fasti* (1–9), *Ibis* (10) and *De rem.* (11); Horace's *Epistolae* (12–17) and *Serm.* (18–22); Martial (23–28), Juvenal (29–33), Statius (34–35), Catullus (36–37), Tibullus (38), Lucanus (39–43), Festus (44), and Pliny the Younger (45–47). The text of the Munich manuscript is not the original but a copy made in November 1496 by Pietro Crinito; fol. 270r [explicit]: *Exscripsi ego Pet[rus] Crinitus Florentiae idibus novembribus 1496 ex archetypo Politiani praeceptoris.* For the reading of Poliziano's notes I have used a first transcription provided by the late Professor Krautter a few months before his sudden death, when we thought that we would have worked together on Beroaldo. I have collated the transcription with a photograph of the manuscript, but I have not seen the manuscript itself.

[2] Incipit: *In annotationes Beroaldi. Patet quaecumque aut in Fastos aut in Horatium commentatur sumpta esse de exceptitiis commentariolis nostrorum scolasticorum* (264r).

[3] Krautter, "Angelo Poliziano als Kritiker," 315–19. However, Poliziano is not correct when he accuses Beroaldo of pretending to emend *agrestis* into *argestes* (*Annot.* 2.1) when in reality this is the reading even of published editions (*in codicis impressis*). See the commentary to this annotation.

took advantage of Barbaro's *Castigationes* without acknowledging the fact.[1]

The case is not so clear for the interpretations that Poliziano claims Beroaldo stole from him, since one cannot exclude the possibility of different scholars reaching the same interpretation independently. Even for some cases concerning Ovid's *Fasti*, for which the *dictata* of Poliziano are still available showing that Poliziano had expressed some of these interpretations earlier in his lectures, the multiple sources commonly available, and especially the difference in method and in presentation of the material, make a fair evaluation difficult. For Horace, *Epist.* 2.1.195 (*panthera-camelo*), Poliziano is almost certainly right to claim priority, but he tends to generalize.[2] In cases in which the key source is Porphyry or ps.-Acro, both well-known commentaries at the time, one cannot judge. The typical example is the case of *promus* (Hor., *Epist.* 2.2.16–17). Beroaldo (*Annot.* 19) corrects the strange interpretation of Landino (who calls it a kind of fish), but so does Bartolomeo Fonzio in his copy of Landino's commentary.[3] Poliziano claims Beroaldo's explanation as his own. It is found, however, both in the commentary of the ps.-Acro and in that of Porphyry.

In his notes, Poliziano concentrates his criticism of Beroaldo on annotations on the poets. The strongest accusations of plagiarism are prompted by the annotations on Ovid and Horace mentioned above, in which he was more directly involved and felt that he was the victim. But he also accuses Beroaldo of having appropriated emendations and interpretations from other humanists: Flavio Biondo (*Annot.* 6, 8, 29, 43), Calderini (32), Merula (27, 32, 35), and Pico della Mirandola (37.1 and 37.4). I cannot verify the attributions to Pico. With regard to Biondo, Poliziano has a point for *Annot.* 6 and 8; but I cannot find any

---

[1] On Poliziano, see Casella, "Il metodo," 683–84. Casella's findings are based on published works of Poliziano, but Coppini strongly argues that at least the emendation in Prop. 4.3.21 (*Orno-Ocno*) was taken by Beroaldo from Poliziano, since it is found in the Propertius manuscript of Poliziano collated by him in 1485. In this case the source would be Poliziano himself: Beroaldo could have been informed during his visit with Poliziano in Florence in 1486 ("Filologi del Quattrocento," 219–28). On Barbaro see Pozzi in *Hermolai Barbari Castigationes Plinianae*, 1:cxxv–cxxvi; Casella, "Il metodo," 678–81.

[2] For Poliziano's attitude and especially for the discussion on this "hot" topic in humanistic times, see Krautter, "Angelo Poliziano als Kritiker," 317–22; and here the commentary to *Annot.* 14.

[3] Filippo Di Benedetto, "Fonzio e Landino su Orazio," 2:447.

close correspondence between Biondo and Beroaldo for 29 and 43.[1] Likewise on the borrowings from the commentaries of Calderini and Merula, he is correct for *Annot.* 35, but he appears to be wrong for 27 and 32.[2]

Poliziano's criticism tends to lessen toward the end of his notes, when Beroaldo starts dealing with prose writers. Here he limits himself to taking notes of the sources quoted by Beroaldo. In general, in his *In Annotationes Beroaldi* Poliziano tends to claim plagiarism where he agrees with Beroaldo, be scathing when he disagrees, and be silent or suspicious when he does not know.[3]

What irked Poliziano in Beroaldo's *Annotationes centum* was not only his plagiarism (real or suspected), but also Beroaldo's alleged imprecision in quoting Latin authors (in which judgment Poliziano is often incorrect), his errors in Greek,[4] and his unskilled way of handling manuscripts. Thorough knowledge of the Greek language and literature and awareness of the value of accurate manuscripts were, of course, two of the strongest and unique features of Poliziano's philological method. This he continued to develop, thanks not only to his own natural gifts and hard work, but also to his good fortune of living in Florence, where the San Marco and the Medicis' private libraries were rich in manuscripts, and where Greek studies had been flourishing for many years.

However, after the publication of his *Miscellanea* Poliziano's attitude toward Beroaldo changed from the violent criticism of the *In annotationes Beroaldi* and the more cautious and veiled criticism of his *Miscellanea* to the warm praise (and even a collaboration) in later published works and letters.[5] In fact Poliziano's private notes *In Annotationes*

---

[1] Beroaldo may have also borrowed from Biondo the explanation in *Annot.* 65. See the commentary to this annotation.

[2] See the commentary to these annotations.

[3] He reacted in a similar way to the publication of Catullus by Antonio Partenio: Julia H. Geisser, "Catullus and His First Interpreters," 83–106.

[4] Krautter, "Angelo Poliziano als Kritiker," 317 and n.7. It is ironic that Beroaldo ended up publishing an edition, put together rather hastily and not carefully prepared, of Poliziano's translation of the *Enchiridion* of Epictetus (published together with his edition of Censorinus [Bologna: Benedictus de Faellis, 1493], fols. e1r–f4v). See Revilo Pendleton Oliver, "Era plagiario il Poliziano nelle sue traduzioni?" 253–71.

[5] On the warm relations between Poliziano and Beroaldo in later years, see: Eugenio Garin, "Sulle relazioni fra il Poliziano e Filippo Beroaldo il vecchio," 359–63; Branca and Pastore-Stocchi, in their "Introduzione," vol. 1 of Poliziano's *Miscellaneorum centuria secunda*, 6 n. 14.

Beroaldi may well represent his first angry reaction in reading Beroaldo's work, perhaps while his own *Miscellanea* were still awaiting publication.

4. Beroaldo and Other Scholars

Beroaldo always tried to stay as much as possible out of the philological polemics of his time. De Pins and Bianchini remark on his friendly, tolerant character, incapable of hate or resentment.[1] His reaction to the publication of Poliziano's *Miscellanea* confirms this. Neither Beroaldo nor Merula are dealt with fairly in the *Miscellanea*. But while Merula engaged in a bitter battle with Poliziano which poisoned the rest of his own career and life, Beroaldo, who recognized the greatness of Poliziano, was willing to forgive and forget, and go on being friends. He reacted with the same equanimity to the publication of the *Castigationes Plinianae* of Barbaro. Barbaro never mentions Beroaldo or acknowledges the interpretations and emendations that Beroaldo made in his work; yet Beroaldo graciously accepted the gift of the *Castigationes* which Barbaro sent to him, and was glad to see Barbaro when the latter stopped once in Bologna in his way to Rome.[2] This does not mean, however, that Beroaldo did not feel free to disagree with his illustrious colleagues, or with any other scholar. More than once in his publications he makes the point that his goal in his work is to advance the contemporary knowledge of the classical world, not to criticize other scholars; however, in pursuing this goal, he might need to correct others. But who is so perfect that he does not make mistakes?[3] In these *Annotationes centum* he claims to have followed Martial's rule, *parcere personis, dicere de vitiis*, to speak of the sin, not the sinner. He keeps his word with two exceptions: here, as in his commentaries,[4] he lambastes Nicholas of Cusa and Francesco Accorsi, both dead for a long time and representative of the

---

[1] De Pins, *Philippi Beroaldi vita*, 125, 128, 136; Bianchini, "Philippi Beroaldi vita," γ 1v.

[2] Garin, "Note sull'insegnamento di Filippo Beroaldo il vecchio," 382–83 (where Garin publishes a letter of Beroaldo to Barbaro thanking him for sending the *Castigationes Plinianae*); "Filippo Beroaldo il vecchio," 116 and n. 11; de Pins, *Vita Philippi Beroaldi*, 136.

[3] *Annotationes centum*, Dedic. lett. 7.

[4] For the commentaries, see Casella, "Il metodo," 670; Krautter, *Philologische Methode*, 122–24.

old scholastic culture that still flourished among the theologians and the jurists of the universities. Beroaldo accuses both men of not following in their exegesis the philological-stylistic method so dear to him. Through them he probably intended to attack the jurists and theologians of his time, much as in his *Annotationes in Galenum* he would assail contemporary doctors for being ignorant of the real meaning of the ancient texts and, worse, for not caring about it.

Otherwise, not many scholars are cited by name, either for praise or for blame. Poliziano is praised and his contribution to an emendation acknowledged once (32.8). Francesco dal Pozzo, Beroaldo's beloved teacher, is also gratefully remembered (35.1–3).[1] Merula is praised and defended the only time he is mentioned by name, in regard to a reading from Plautus (94.2): Beroaldo corrects him but ascribes the mistake ultimately to the printer. Other times, when moved to correct readings and interpretations in Merula's commentaries on Martial and Juvenal, Beroaldo does not name him. His position towards Merula seems to be that of reserved respect.[2] Similarly, Beroaldo names and praises Theodorus Gaza as *interpres Aristotilis doctissimus* of the *De animalibus* where his translation is accepted (68.2), but simply refers anonymously to him as *interpres Aristotelicus* when a translation is not quite approved (13.2). Lorenzo Valla's name appears once: Beroaldo briefly alludes to his different interpretation of the word *vas* (96.2); but he accepts Valla's translation of the *Iliad* the only time he quotes this work (47.2).

A little more information about Beroaldo's relations with other humanistic scholars can be gleaned from his anonymous quotations from texts published before the *Annotationes centum*. His attacks against the commentators of the Ovidian *Fasti* seem to be exclusively directed against Paolo Marsi, who had been a student of Pomponio Leto and had died in 1484.[3] In his annotations to Horace, Beroaldo's criticism seems to point especially toward Landino, who was still an active teacher and respected, even by Poliziano. Probably Landino's old-fashioned, allegori-

---

[1] On Francesco dal Pozzo see above, 2 n. 2.

[2] This ambiguous position in the *Annotationes centum* seems to agree with his attitude in the commentaries: Casella, "Il metodo," 671, 682–83.

[3] On Marsi, see: Arturo Della Torre, *Paolo Marsi da Pescina*; Vladimir Zabughin, *Giulio Pomponio Leto*, 1:101–02, 170–71; Egmont Lee, *Sixtus IV and Men of Letters*, 83–84, 251–52; and Rossella Bianchi, "Il commento a Lucano," 1:71–100. Marsi had taught a course on the *Fasti* at the Roman Sapienza University in 1481–82 (Bianchi, "Il commento a Lucano," 81).

cal way of reading Horace, and his limited ability as an emendator was at the base of the disagreement. Bartolomeo Fonzio, who had been a student of Landino's, in the margins of his copy of Landino's commentary on Horace also expresses rather forcefully his criticism of his former teacher.[1] Calderini is clearly the usual target for disputed points on Martial, Juvenal, and Statius, though as we have seen, Merula, too, does not escape without criticism. The commentary on Lucan ascribed to Ognibene Bonisoli of Lonigo often marks another starting point for Beroaldo's refutations.[2]

Finally, the references to translators of Greek texts are too few to comment on Beroaldo's opinion of these translators. Gaza is praised explicitly once when his translation is used to confirm Beroaldo's interpretation of a word (68.2). Of the translators not named by Beroaldo but presumably used by him, Beroaldo shows complete agreement with Giovanni Pietro da Lucca, Tifernate, Bruni, and Traversari. In fact, he follows Giovanni Pietro da Lucca's translations in three cases out of three possible ones (48.2; 52.1; 65.2); Tifernate's in two out of two (40.3 and 79.3); Traversari's and Bruni's one out of one (42.2 and 47.4 respectively). On the other hand, he accepts five translations by Guarino out of seven possible ones (7.1; 11.5; 17.3; 84.3; 87.3 against 42.2 and 97.3); four out of five by Lapo Birago[3] (42.2; 63.2; 80.4 and 5 against 65.2); one out of two by Filelfo (89.5 against 27.5).

On the whole, the picture of Beroaldo's relations with other humanistic scholars that can be put together from the *Annotationes centum* appears rather sketchy. However, we perceive admiration for his teacher Francesco dal Pozzo, for Poliziano, and for Gaza; tacit agreement with Giovanni Pietro da Lucca, Tifernate, Traversari and Bruni; some reservations toward Merula; some disagreement with Guarino, Lapo Birago,

---

[1] Di Benedetto, "Fonzio e Landino su Orazio," 2:437–53.

[2] The commentary is falsely attributed to Bonisoli in the edition published by Nicolaus Battibovis in Venice, May 13, 1486; to Bonisoli (revised by Giovanni Taberio) in the edition published by Iohannes Britannicus, Brescia, May 2, 1486. See: E. M. Sanford, "Juvenalis," in *Catalogus Translationum et Commentariorum*, 1:209. I have checked the two editions for the passages relevant to the *Annotationes centum*, but the differences are insignificant. On Bonisoli see: Remigio Sabbadini, *Lettere inedite di Ognibene da Lonigo*; "Nuove notizie e nuovi documenti di Ognibene Bonisoli Leoniceno," 25–26; Vincenza Sansonetti, "Le pubbliche scuole in Vicenza," 156–73; Grendler, *Schooling in Renaissance Italy*, 130, 133–35, 172–73, 213–14, 261–62.

[3] On Lapo or Lampugnino Birago, a student of Filelfo often confused with Lapo da Castiglionchio, see above, 10 n. 3.

Filelfo, and Valla; and strong disagreement with Marsi, with the commentator of Lucan, with Landino, and most often with Calderini.

5. The Present Edition

There are no known manuscripts of the *Annotationes centum*, whose text was printed several times in the fifteenth and sixteenth centuries. Three editions appeared during Beroaldo's lifetime. The *editio princeps* was published in Bologna in 1488 by the bookseller Benedictus Hectoris and the printer Plato de Benedictis. It contains only the *Annotationes centum*.[1] Despite the note in the colophon in which printer and bookseller claim to have hired an editor to ensure accurate production, this edition has many typographical errors due either to simple oversight or to incorrect reading of abbreviations or separation of words. Spelling is rather casual: diphthongs, *h*'s and *y*'s are used without any rationale or consistency. An entire paragraph intended for *Annot.* 6 was appended at the very end of the entire text (fol. h3r), and a quotation from ps.-Asconius (*Verr. In Act.* 2.1.28) relating to *Annot.* 31 was added before the colophon. The first was clearly a printer's omission—the reader is instructed to add it at the proper place.[2] The other may be either an omission of the printer or an afterthought of Beroaldo's.[3]

The second edition was printed in Brescia in 1496 by Bernardinus Misinta and is part of a collection of similar works, including three other collections of annotations by Beroaldo (those on Servius and Pliny, and the appendix to Suetonius), Poliziano's *Miscellaneorum centuria prima*, *Panepistemon* and *Lamia*, Domizio Calderini's *Observationes*, and the *Annotationes* of Giovan Battista Pio.[4] This edition corrects obvious

---

[1] No title; the text begins with the dedicatory letter: *Ad magnificum et ornatissimum adolescentem D. Uldricum Rosensem Boemum Philippi Beroaldi epistola* (fol. a1v). At the end: *Annotationes a Philippo Beroaldo editae anno salutis MCCCCLXXXVIII, impressae vero Bononiae eodem anno MCCCCLXXXVIII in commune a Benedicto Hectoris librario et Platone de Benedictis impressore solertissimo civibus Bononiensibus. Huic autem provinciae ut emendatae et diligenter imprimerentur prefuit Hieronymus Salius Faventinus litterarum litteratorumque studiosissimus* (H* 2943; GW 4115; Proctor 6584; Goff B-464).

[2] At the very end of the text of the *Annotationes centum*: "Adde illi capiti quod de sexagenariis scriptum hanc quasi appendicem, quam impressores per incuriam praeterierunt: Sunt qui. . . ."

[3] "Ubi enarratur versus ille satyrici poetae 'Qui venit ad dubium grandi cum codice nomen,' addatur haec clausola: 'Nomina dicuntur. . . .' "

[4] *Philippi Beroaldi Annotationes centum. Eiusdem contra Servium grammaticum notationes.*

misprints and mistakes of the 1488 edition, but it adds a large number of its own. It tends to print regularly *quid* for *quod*, and to "regularize" less common words: for instance, in 35.4 *ignorabilibus* is wrongly changed into *ignobilibus*, and in the final epigram, *novas clientas* into *novos clientes*. The use of diphthongs, *h*'s, and *y*'s is a little more consistent than in the *editio princeps*. This edition incorporates directly into the text of 6 and 31 the paragraphs put before the colophon and after the text in the *editio princeps*; it also adds a word in 20.1 (*mea*) and in 77.4 (*in*), a phrase in 54.1 (*Quid significet 'oronus ille apud Apulos'*) and in 99.2 (*obscuritatemque hanc illustremus*).

The third edition was printed in 1502 in Venice by Iacobus Pentius. It contains the same works as the 1496 edition, plus the *Annotationes* of Sabellico and the *Racemationes* of Egnazio.[1] This edition follows rather faithfully the 1496 edition with a few exceptions: it adds two words (*cantharidas buprestin*) in 102.2, and it makes two corrections in 70.5 (*parotidas* and *tuberculis*) and one in 75.3 (*praeter*); it has also several misprints of its own.

The present edition is based upon the *editio princeps* of 1488, which was printed in Bologna by Benedictus Hectoris and Plato de Benedictis, who published most of Beroaldo's works. We know that for some of his works Beroaldo worked closely with his printers.[2] Despite its weak-

---

Eiusdem Plinianae aliquot castigationes. Angeli Politiani Miscellaneorum centuria prima. Domitii Calderini Observationes quaepiam. Politiani item Panepistemon. Eiusdem praelectio in Aristotilem cui titulus Lamia. Philippi rursus Beroaldi Appendix aliarum annotationum. Ioannis Baptistae Pii Annotamenta. The colophon reads: *Hieronymo Donato praetore sapientissimo Bernardinus Misinta Papiensis castigatissime impressit Brixiae saturnalibus MCCCCXCVI sumptibus Angeli Britannici* (H 2946; GW 4114; Proctor 7039; Goff B-465).

[1] *In hoc volumine haec continentur: Marci Sabellici Annotationes veteres ex Plinio, Livio et pluribus authoribus. Philippi Beroaldi Annotationes centum. Eiusdem contra Servium grammaticum libellus. Eiusdem Castigationes in Plinium. Eiusdem etiam Appendix ornamentorum. Joannes Baptistae Pii Bononiensis Annotationes. Angeli Politiani Miscellaneorum centuria una. Domitii Calderini Observationes quedam. Eiusdem Politiani Panepistemon. Eiusdem Prelectio in Aristotilem cui titulus est Lamia. Baptistae Egnatii Veneti Racemationes.* The colophon reads: *Impressit volumen hoc Iacobus Pentius de Leuco impressorum omnium accuratissimo. MDII die 16 decembris anno Leonardi Lauretani s. principis altero.* The place would be Venice, where the printer Iacobus Pentius was active at the end of the fourteenth century and the beginning of the fifteenth century (Proctor, *Catalogue of Books Printed in the Fifteenth Century*, 5:563).

[2] Sorbelli, *Storia della stampa*, 61, 80–81; Garin, "Filippo Beroaldo il vecchio," 121–22.

nesses, the *editio princeps* is the text which presumably reflects the will of the author as closely as we can have it. However, I have collated it with the 1496 and the 1502 editions. Although we cannot tell whether Beroaldo collaborated with the printer or the sponsor of the new editions, I have accepted the additions of the 1496 and 1502 editions in the text. Given the carelessness of the *editio princeps*, they more likely represent its oversights, now rectified, than unwarranted new "corrections" by the 1496 and 1502 printers. Both editions contribute a small number of readings to the text; I have always indicated in the apparatus the cases in which I have preferred the readings of these latter editions.

I have followed the spelling of the *editio princeps* despite the fact that it is very inconsistent and often incorrect. Latin spelling was not yet codified at the time: use of *h*'s, *y*'s, diphthongs, double consonants, and so on were still in a fluid state. This gives the flavor of the time. I have, however, distinguished between the letters *u* and *v*, since they do not add anything to the text and are bothersome for the modern reader.

I have, of course, expanded the abbreviations, and made the usage of capital letters conform with modern conventions, and I have provided the punctuation.

References to the works quoted by Beroaldo are given in square brackets directly in the text; I have provided the text of modern editors in the commentary, if it differs from Beroaldo's, for sometimes Beroaldo abbreviates the quotation, or quotes the humanistic texts which were available to him. I have made references to manuscripts as cited in the apparatus of modern editors only when it was relevant to Beroaldo's discussion.

In the commentary I have also tried to identify the anonymous humanists designated by Beroaldo's usual *quidam*; likewise I have noted the cases in which I have been unsuccessful. I suspect that some of the anonymous interpretations or emendations which I have been unable to trace may be buried in commentaries on an author different from the one being interpreted or emended.[1]

Heretofore no edition has numbered the *annotationes*. But for the

---

[1] For several humanistic texts and commentaries, I was not always able to consult the first edition or an edition prior to the printing of the *Annotationes centum*. Hence I may have missed some emendations and interpretations that were dropped or altered by later editors.

convenience of modern scholars I have assigned a number to each according to the division indicated in the *editio princeps* by a blank line or by the first line extending into the left margin—even though such divisions actually include more than one *castigatio* or *emendatio*. The divisions seem appropriate to me and, as far as we know, they were what Beroaldo wanted. But I made one exception. I have separated the last four sentences, which are not annotations but a direct address to Uldric of Rosenberg, and have given them a different number (105). With this adjustment there are 104 *annotationes* and a conclusion. I have also separately numbered the paragraphs within each annotation to allow for specific citations.

In quotations of classical authors, I have cited a specific editor when there are only one or two editions, and I have used only one. Otherwise:

> *edd.* indicates the text of modern editors, when there are many, and they agree;
> *humanistic editions* indicates the common text of various printed editions of that text before or after 1488;
> *vulgate* indicates the common text of MSS as reported in modern apparatus.

Finally, I have used the Italian name for the Italian humanists, but Latin names for the printers, since this is how they appear in all catalogues.[1]

---

[1] When the present work was already completed and in press, an edition with commentary of the *In Annotationes Beroaldi* by Poliziano was published by Francesco Lo Monaco ("Poliziano e Beroaldo. Le *In Annotationes Beroaldi* di Poliziano," *Rinascimento* 2d ser., 32 [1992]: 103–65). I regret that this edition came out too late for me to use. In his introduction to the text Lo Monaco presents interesting data on the relation between Beroaldo's *Annotationes centum* and Poliziano's *Miscellanea*, and suggests that some chapters of the *Miscellanea* were revised by Poliziano as a response to some of Beroaldo's annotations.

Bibliography

Primary Sources

Accorsi Francesco

Accursii Glossa in Digestum Novum. In *Corpus Glossatorum Juris Civilis.* Curante Juris Italici Instituto Taurinensis Universitatis rectore ac moderatore Mario Viora, vol. 9. Turin: Officina Erasmiana, 1968 [reprint of Baptista de Tortis' edition, Venice, 1487 (but 1488); H 9588; GW 7711].

Accursii Glossa in Digestum Infortiatum. In *Corpus Glossatorum Juris Civilis.* Curante Juris Italici Instituto Taurinensis Universitatis rectore et moderatore Mario Viora, vol. 8. Turin: Officina Erasmiana, 1968 [reprint of Baptista de Tortis' edition, Venice, 1488; H★ 9568; GW 7687; Proctor 4635].

Accursii Glossa in Digestum Vetus. In *Corpus Glossatorum Juris Civilis.* Curante Juris Italici Instituto Taurinensis Universitatis rectore ac moderatore Mario Viora, vol. 7. Turin: Officina Erasmiana, 1969 [reprint of Baptista de Tortis' edition, Venice, 1488; H 9553; GW 7667; Proctor 4636; Goff J-550].

Ps.-Acro

Acronis et Porphyrionis commentarii in Q. Horatium Flaccum. Edited by Ferdinand Hauthal, 2 vols. Berlin: Julius Springer, 1864–66 [reprinted Amsterdam: P. Schippers, 1966].

PseudAcronis scholia in Horatium vetustiora. Edited by Otto Keller, 2 vols. Leipzig: Teubner, 1902–04.

Appian
[*Historia Romana.*] Scandiano: Peregrinus de Pasqualibus, 14[9]5; H 1310; GW 2292; Proctor 7325; Goff A-930 [trans. Pier Candido Decembrio].

Apuleius
[*Opera.*] Rome: [Conradus Sweynhen and Arnoldus Pannartz], for Petrus Maximi, 1469; H* 1314; GW 2301; Proctor 3297; Goff A-934.
Commentarii a Philippo Beroaldo conditi in Asinum Aureum Lucii Apuleii. Bologna: Benedictus Hectoris, 1500; H* 1319; GW 2305; Proctor 6647; Goff A-938.
Metamorphoseon libri XI. Edited by R. Helm, Leipzig: Teubner, 1955 [reprinted 1968].

Aristotle
Aristotelis De natura animalium libri novem. De partibus animalium libri quattuor. De generatione animalium libri quinque. Interprete Theodoro Gaza. Venice: Bartholomaeus de Zanis, 1498 [trans. Theodorus Gaza]; H* 1703; GW 2353; Proctor 5341; Goff A-976.
Aristotelis Ethycorum liber ex Leonardo Aretino traductus primus incipit. [Bologna: Ugo Rugerius, n. d.]; H 1744 (?); GW 2369; Proctor 6532; Goff A-986.

Asconius
[*Commentarii in orationes Ciceronis.*] Venice [Johannes de Colonia and Johannes Manthen, 1477]; H* 1886; GW 2739; Proctor 4317; Goff A-1154.
Hoc volumine haec continentur: Q. Asconii Pediani in Ciceronis orationes commentarii. Georgi Trapezuntii de artificio Ciceronianae orationis Pro Ligario ad Victorinum Feltrensem. Antonii Lusci Vicentini super undecim Ciceronis orationes expositio. Xicchonis Polentoni Patavini super decem Ciceronis orationes argumenta et super quattuor invectivis in Catilinam et super invectivis inter Salustium et Ciceronem. [Venice: Christophorus de Pensis, about 1492]; H* 1887; GW 2740; Proctor 5254; Goff A-1155.
Ciceronis orationum scholiastae. Scholia Bobiensa. Scolia pseudo-Asconii Sangalliensa. Scholia Cluniacensia et recentiora Ambrosiana et Vaticana. Scholia Lugduniensia sive Gronoviana et eorum excerpta Lugduniensa. Edited by

T. Stangl, vol. 2. Vienna-Leipzig: F. Tempsky, 1912 [reprinted Hildesheim: G. Olms, 1964].

Ausonius

[*Epigrammatuv libellum,* followed by ps.-Ovid's *Consolatio ad Liviam,* Proba's *Cento Virgilianus,* Tito Calpurnio's and Marco Aurelio Olimpio's *Bucolica,* and Gregorio Tifernate's *Carmina.*] Venice [no printer], 1472; H 2176; GW 3090; Proctor 4230; Goff A-1401.
Decimi Magni Ausoni Burdigalensis Opuscula. Edited by R. Peiper. Leipzig: Teubner, 1886.

Avicenna

Liber Canonis Avicenne revisus et ab omni errore mendaque purgatus summaque cum diligentia impressus. Venice: Paganinus de Paganinis, 1507 [reprinted Hildesheim: G. Olms, 1964].

Barbaro Ermolao

Hermolai Barbari Castigationes Plinianae et in Pomponium Melam. Edited by Giovanni Pozzi, 5 vols. Padua: Editrice Antenore, 1973–79.

Beroaldo Filippo the Elder

Annotationes in Plinium [following the text of Pliny's *Historia Naturalis.*] Parma: Stephanus Corallus, 1476; H 13091; Proctor 6842; Goff P-790.
Commentarii in Propertium. Bologna: Benedictus Hectoris and Plato de Benedictis, 1487; H 13406; Proctor 6582; Goff P-1027.
[*Annotationes centum.*] Bologna: Benedictus Hectoris and Plato de Benedictis, 1488; H* 2943; GW 4115. Proctor 6584; Goff B-464.
[*Annotationes Philippi Beroaldi Bononiensis in commentarios Servii.*] Florence: Antonius Mischominus, 1489; H* 2945; GW 4117; Proctor 6151A; Goff B-467.
Orationes et poemata. Bologna: Benedictus Hectoris and Plato de Benedictis, 1491; H 2949; GW 4144; Proctor 6594; Goff B-491.
Philippi Beroaldi Annotationes centum. Eiusdem Plinianae aliquot castigationes. Angeli Politiani Miscellaneorum centuria prima. Domitii Calderini Observationes quaepiam. Politiani item Panepistemon. Eiusdem Praelectio in Aristotilem cui titulus est Lamia. Philippi rursus Beroaldi Appendix aliarum annotationum. Ioannis Baptistae Pii Annotamenta. Brescia: Bernardinus Misinta, 1496; H 2946; GW 4114; Proctor 7039; Goff B-465.

In hoc volumine haec continentur: Marci Sabellici Annotationes veteres ex Plinio,
    Livio et pluribus authoribus. Philippi Beroaldi Annotationes centum. Eius-
    dem contra Servium grammaticum libellus. Eiusdem Castigationes in Plini-
    um. Eiusdem etiam Appendix ornamentorum. Joannes Baptistae Pii Bononi-
    ensis Annotationes. Angeli Politiani Miscellaneorum centuria una. Domitii
    Calderini Observationes quedam. Eiusdem Politiani Panepistemon. Eiusdem
    Praelectio in Aristotilem cui titulus est Lamia. Baptistae Egnatii Veneti
    Racemationes. [Venice]: Iacobus Pentius, 1502.
Orationes multifariae. Bologna: Benedictus Hectoris, 1500.
Symbolae Pythagorae. Bologna: Benedictus Hectoris, 1503.
Varia Philippi Beroaldi opuscula. Basel [no printer], 1513.
See also Apuleius, Epictetus, Gellius, Lucan, Pliny, Propertius, Suetonius.

Biondo Flavio
De Roma triumphante libri X. Basel: Hieronymus Frobenius and Nicolas
    Episcopius, 1559.

Catullus
[*Carmina,* preceded by the *Elegiae* of Tibullus, followed by the *Elegiae* of
    Propertius.] [Reggio Emilia]: Prosperus Odoardus and Albertus de
    Mazalibus, 1481; H 4757; Proctor 7252.
[*Carmina,* followed by the *Elegiae* of Tibullus and of Propertius, and by
    the *Silvae* of Statius.] Vicenza: Johannes Renensis and Dionysius
    Bertochus, 1481; H* 4760; GW 6389; Proctor 7151; Goff C-323
    [edited by Giovanni Calpurnio].
[*Carmina.*] Brescia: Boninus de Boninis, 1486, Apr. 21; H 4761; GW
    6391; Proctor 6969; Goff C-324 [with commentary by Antonio
    Partenio].
The Poems. Edited by Kenneth Quinn. London: McMillan. St. Martin's
    Press, 1970.
Catulli Veronensis liber. Edited by W. Eisenhut, Leipzig: Teubner, 1983.

Celsus
A. Corneli Celsi quae supersunt. Edited by F. Marx, Leipzig and Berlin:
    Teubner, 1915.

Cicero

M. Tulli Ciceronis In M. Antonium orationes que Demosthenes in regem Philippum Macedonem exemplo Philippice nuncupantur. Venice: Johannes de Colonia and Johannes Manthen, 1474; H★ 5137; GW 6795; Proctor 4293; Goff C-555.

[*Orationes.*] Venice: Iohannes Forliviensis and Iacobus Brixiensis, 1483; H★ 5125; GW 6763; Proctor 4503.

De oratore cum commentariis Omniboni Leoniceni. De perfecto oratore. Topica. Partitiones. De claris oratoribus. De petitione consulatus. De optimo genere oratorum. Aeschinis et Demosthenis orationes contrariae. Venice: Bartholomaeus [de Blavis] Alexandrinus and Andreas [Torresanus] Asulanus, 1485; H★ 5107; GW 6750; Proctor 4705; Goff C-662 [with commentary by Ognibene Bonisoli].

[*Epistulae familiares.*] Venice: Baptista de Tortis, 1485; H★ 5193; GW 6840; Goff C-525 [with commentary by Ubertino Clerici].

Columella

L. Iuni Moderati Columellae Opera quae extant. Liber X. Edited by V. Lundström, Upsala: Libraria Lundequistiana, 1902. *Liber XI.* Edited by V. Lundström, Upsala: Libraria Lundequistiana, 1906.

Corpus iuris civilis volumen primum. Institutiones. Edited by P. Krueger. *Digesta.* Edited by Theodorus Mommsen. Berlin: Weidmann, 1920 [reprinted Berlin: Weidmann, 1973].

See also Accorsi Francesco.

Curtius Rufus

Q. Curtii De rebus gestis Alexandri Magni regis Macedonum liber tertius. Milan: Antonius Zarotus, 1481; H 5882; GW 7873; Proctor 5808; Goff C-1000.

Diogenes Laertius

[*Vitae et sententiae.*] Bologna: Iacobus de Ragazonibus, 1495; H★ 6204; GW 8383; Proctor 6654; Goff D-224 [trans. Ambrogio Traversari].

Dionysius of Halicarnassus

[*Antiquitates Romanae.*] Treviso: Bernardinus Celerius, 1480; H★ 6239; GW 8423; Proctor 6490; Goff D-250 [trans. Lapo Birago].

Donatus
Commentum Terenti. Edited by Paul Wessner, 3 vols. Leipzig: Teubner, 1903–08.

Epictetus
Enchiridion published with Censorinus, *De die natali*, Bologna: Benedictus Hectoris, 1497 (fols. e 1r–f 4v); H★ A 187; GW 6471; Proctor 6633; Goff C-376 [edited by Filippo Beroaldo].

Eusebius
[*Historia Ecclesiastica.*] Mantua: Johannes Schallus, 1479; H★ 6711; GW 9437; Proctor 6908; Goff E-127 [trans. Rufinus].

Festus
Sexti Pompei Festi De verborum significatu quae supersunt cum Pauli epitome, edited by W.M. Lindsay, Leipzig: Teubner, 1913 [reprinted Hildesheim: G. Olms, 1965].

Gellius
[*Noctae Atticae.*] Rome: [Conradus Sweynhen and Arnoldus Pannartz] for Petrus de Maximis, 1469; H 7517; GW 10593; Proctor 3298; Goff G-118.
Auli Gelii Noctium Atticarum commentarii. Venice: Nicolaus Jenson, 1472; H 7519; GW 10594; Proctor 3327; Goff G-119.
Auli Gellii Noctium Atticarum commentarii liber primus, Venice: Christophorus de Quaietis and Martinus de Lazaronibus, 1493; H 7524; GW 10599; Proctor 550; Goff G-124.
[*Noctium Atticarum commentarii.*] Bologna: Benedictus Hectoris, 1503 [edited by Filippo Beroaldo].

Hippocrates
Oeuvres complètes. Edited and translated by E. Littré, 10 vols. Paris: J. B. Bailliere, 1839 [reprinted Amsterdam: A. M. Hakkert, 1961–62].

Homer
[*Ilias.*] Brescia: Henricus de Colonia and Statius Gallicus, 1474; H 8774; Proctor 6945; Goff H-311 [trans. Lorenzo Valla].
Odissea Homeri per Raphaelem Volaterranum in Latinum conversa. Rome: Iacobus Mazocchius, 1510 [trans. Raffaele Volaterrano].

Homeri poetarum clarissimi Odyssea de erroribus Ulixis. Strasbourg: Johannes
 Schotti, 1510 [trans. attributed to Griffolini].

Horace
[*Opera.*] Florence: Antonius Mischominus, 1482; H 8881; Proctor 6142;
 Goff H-447 [with commentary by Cristoforo Landino].
Oeuvres d'Horace. Edited by F. Plessis and P. Lejay. Paris: Hatchette,
 1911; [reprinted Hildesheim: G. Olms, 1966].
Satires and Epistles. Edited by E. P. Morris. Norman: Univ. of Oklaho-
 ma Press, 1968.[2]

Jerome
[*Epistulae et tractatus.*] 2 vols. Parma [no printer], 1480; H★ 8557; Proctor 6855; Goff H-169.

Juvenal
[*Satyrae,* followed by Calderini's *Defensio adversus Brontheum.*] Venice:
 Baptista de Tortis, 1485; H★ 9697; Proctor 4630; Goff J-650 [with
 commentary by Domizio Calderini].
See also Merula Giorgio.

Livy
[*Historiae Romanae decades.*] Treviso: Iohannes [Rubeus] Vercellensis,
 1485; H★ 10136; Proctor 6499; Goff L-244.
T. Livi ab urbe condita libri. Edited by G. Weissenborn and M. Mueller.
 Leipzig: Teubner, 1923.
Titi Livii Ab urbe condita libri XXVI–XXX. Edited by R. S. Conway and
 S. K. Johnson. Oxford: Oxford Univ. Press, 1934.
Titi Livi Ab urbe condita libri XXVI–XXVII. Edited by P. G. Walsh.
 Leipzig: Teubner, 1982.

Lucan
[*Pharsalia.*] Brescia: Iacobus Britannicus, 1486, May 2; H★ 10237;
 Proctor 6983; Goff L-301 [with commentary ascribed to Ognibene
 Bonisoli, revised by Giovanni Taberio].
[*Pharsalia.*] Venice: Nicolaus Battibovis, 1486, May 13; H★ 10238;
 Proctor 5106; Goff L-302 [with commentary ascribed to Ognibene
 Bonisoli].
Lucanus cum tribus commentariis. Lyon: Johannes Marion, 1519 [with

commentaries by Filippo Beroaldo, Sulpicio da Veroli, and Badius
Ascensius].

Martial
[*Epigrammata.*] Venice: Johannes de Colonia and Johannes Manthen,
   1475; H 10812; Proctor 4298; Goff M-300 [edited by Giorgio
   Merula; no commentary].
[*Epigrammata.*] Milan [no printer, but at the expense of Philippus de
   Lavagnia], 1478; H 10813; Proctor 5864; Goff M-302 [edited by
   Giorgio Merula; no commentary].
[*Epigrammata.*] Venice: Thomas [de Blavis] Alexandrinus, 1482; H★
   10815; Proctor 4755; Goff M-305 [with commentary by Domizio
   Calderini].
[*Epigrammata,* followed by Calderini's *Defensio . . . in calumniatorem com-
   mentariorum in Maraialem* (sic)], Venice: [Philippus] Pincius de Cane-
   to, 1491; H★ 10821; Proctor 5286; Goff M-310 [with commentaries
   by Calderini and Merula].
M. Valerii Martialis Epigrammaton libri. Edited with commentary by L.
   Friedländer. Leipzig: Hirzel, 1886.
Epigrammi di Valerio Marziale. Edited with commentary by Giuseppe
   Noncio. Turin: Unione tipografico-editrice torinese, 1980.
See also Merula Giorgio.

Merula Giorgio
[*Satyrarum Iuvenalis enarrationes. Adversus Domicii commentarios in Marti-
   alem. Annotationes in orationem M. Tulli Ciceronis Pro Q. Ligario.*]
   Venice: Gabrielis Petri, 1478; H 11090; Proctor 4202; Goff M-501.
See also Martial, Plautus.

Nicholas of Cusa
[*Postillae super Vetus et Novum testamentum cum libello contra Iudaicam
   perfidiam*], 4 vols. Venice: Octavianus Scotus, 1489; H★ 3168; GW
   4291; Proctor 5018A; Goff B-616.

Nonius Marcellus
De compendiosa doctrina. Edited by W. M. Lindsay. Leipzig: Teubner,
   1903 [reprinted Hildesheim: G. Olms, 1964].

Ovid

[*Opera.*] 2 vols. Vicenza: Hermannus Coloniensis Lichtenstensis, 1480; H* 12141; Proctor 7157; Goff O-131 [edited by Barnaba Celsano].

[*Fastorum libri.*] Venice: Baptista de Tortis, 1482; H 12238; Proctor 4610; Goff O-170 [with commentary by Paolo Marsi].

Fastorum libri sex. Edited by C. Landi and L. Castiglioni. Turin: Paravia, 1950.[2]

Die Fasten. Edited by F. Bömer. Heidelberg: C. Winter, 1957–58.

Fastorum libri sex. Edited by E. H. Alton, D. E. W. Wornell, and E. Courtney. Leipzig: Teubner, 1978.

[*Ibis,* with commentary by Domizio Calderini, preceded by the *Epistulae* with commentary by Antonio Volsco, and by *Sappho* with commentary by Calderini.] Venice: Bartholomaeus de Zanis, 1491; H 12202; Goff O-158.

Ibis. Edited by Antonio La Penna. Florence: La Nuova Italia, 1957.

P. Ovidi Nasonis Amores, Medicamenta faciei feminae, Ars amatoria, Remedia amoris. Edited by E. J. Kenney. Oxford: Oxford Univ. Press, 1965.

Patrologiae cursus completus. Series latina. Edited by J. P. Migne. Paris: Garnieri Fratres, 1863 (vol. 22), 1883 (vol. 23), 1865 (vol. 24), 1884 (vol. 25), 1889 (vol. 28).

Persius

Castigatissimi Persii poema cum Io. Baptista Plautii frugifera interpretatione necnon Cornuti philosophi eius praeceptoris, Ioannis Britannici Brixiani ac Bartholomaei Fontii aureis commentariis. Venice: Johannes Rubeus Vercellensis, 1516.

Plautus

[*Comoediae.*] Venice: Johannes de Colonia Agripinensis and Vindelinus de Spira, 1472; H 13074; Proctor 4046; Goff P-779 [edited by Giorgio Merula].

[*Comoediae.*] Treviso: Paulus de Ferraria and Dionysius de Bononia, 1482; H* 13076; Proctor 6503; Goff P-780 [edited by Giorgio Merula].

[*Comoediae.*] Milan: Uldericus Scinzenzeler and Johannes de Lignano, 1490; H 13077; Proctor 6016; Goff P-781 [edited by Giorgio Merula].

[*Comoediae.*] Venice: [Matheo Capcasa], 1495; H 13078; Proctor 5003; Goff P-782 [edited by Giorgio Merula].

Pliny the Elder
[*Historia naturalis.*] Rome: Conradus Sweynhen and Arnoldus Pannartz, 1470; H★ 13088; Proctor 3306; Goff P-787 [edited by Andrea Bussi].
[*Historia naturalis*, followed by the *Annotationes seu emendationes in Plinium* by Filippo Beroaldo.] Parma: Stephanus Corallus, 1476; H 13091; Proctor 6842; Goff P-790.
[*Historia naturalis*, followed anonymously by the *Annotationes seu emendationes* by Beroaldo.] Venice: Rainaldus de Novimagio Alamannus, 1483; H★ 13095; Proctor 4445; Goff P-794.
[*Historia naturalis*, followed anonymously by the *Annotationes seu emendationes* by Beroaldo.] Venice: Marinus Saracenus, 1487; H★ 13096; Proctor 5157; Goff P-795.
Naturalis Historiae libri XXXVII. Edited by C. Mayhoff. 6 vols. Leipzig: Teubner, 1897–1906.

Pliny the Younger
Epistulae. Edited by R. A. B. Mynors. Oxford: Oxford Univ. Press, 1963.

Plutarch
[*Apophthegmata.* Venice, printer of Basilius, about 1471–72]; H 13139; Proctor 5656; Goff P-817 [trans. Francesco Filelfo].
[*Vitae parallelae*]. Venice: Nicolaus Jenson, 1478. 2 vols. H★ 13127; Proctor 4113; Goff P-832 [trans. Lapo Birago, Leonardo Bruni, Francesco Filelfo, and others].
[*Problemata.* Venice, Dominicus de Siliprandis, about 1477]; H★ 13137; Proctor 4454; Goff P-828 [trans. Giovanni Pietro da Lucca].

Poliziano Angelo
In annotationes Beroaldi, Munich, Bayerische Staatsbibliothek, Clm 754, 264v–270r.
Miscellaneorum centuria prima. Florence: Antonius Miscominus, 1489; H★ 13221; Proctor 6149; Goff P-890.
Opera omnia. Edited by Ida Maier. Turin: Bottega d'Erasmo, 1971 (reprint of Basel, 1553).

Miscellaneorum centuria secunda. Edited by Vittore Branca and Manlio Pastore-Stocchi, 4 volumes. Florence: Istituto di Edizioni Artistiche, 1972.

Gardenal, Gianna. *Il Poliziano e Svetonio. Contributo alla storia della filologia umanistica*. Florence: Olschki, 1975 (Poliziano's notes on Suetonius).

Commento inedito alle Selve di Stazio. Edited by Lucia Cesarini Martinelli. Florence: Olschki, 1978.

Fera, Vincenzo. *Una ignota "Expositio Suetoni" del Poliziano*. Messina: Centro di studi umanistici, 1983 (Other notes of Poliziano on Suetonius).

Commento inedito alle Satire di Persio. Edited by Lucia Cesarini Martinelli and Roberto Ricciardi. Florence: Istituto Nazionale del Rinascimento. Studi e Testi 9, 1985.

Lamia. Edited by Aris Wesseling. Leiden: Brill, 1986.

Commento inedito ai "Fasti" di Ovidio. Edited by Francesco Lo Monaco. Florence: Olschki, 1991.

Porphyrio

Scholia antiqua in Q. Horatium Flaccum. Edited by Alfred Holder and Otto Keller. Wagner, 1894 [reprinted Hildesheim: G. Olms, 1967]. See also Ps.-Acro.

Propertius

[*Elegiae*.] Bologna: Benedictus Hectoris and Plato de Benedictis, 1487; H 13406; Proctor 6582; Goff P-1017 [with commentary by Filippo Beroaldo].

Quintilian

[*Institutiones oratoriae*.] Venice: Nicolaus Jenson, 1471; H* 13647; Proctor 4073; Goff Q-26 [edited by Ognibene Bonisoli].

[*Institutiones oratoriae*.] Milan: Antonius Zarotus, 1476; H 13648; Proctor 5794; Goff Q-27.

[*Institutiones oratoriae*. Treviso (Proctor) or Venice, Printer of 1480 Valla (Goff), about 1480]; H 13644; Proctor 6495; Goff Q-28 [edited by Ognibene Bonisoli].

Sallust

Historiarum reliquiae. Edited by Berthold Maurenbrecher, 2 vols. Leipzig: Teubner, 1891–93.

Servius

In Vergilii Carmina commentarii. Edited by Georg Thilo and Hermann
    Hagen, 2 vols. Leipzig 1881–87 [reprinted Hildesheim: G. Olms,
    1961].

Statius

[*Silvae,* preceded by *Thebais* with commentary by Placidius Lactantius,
    Achilleis with commentary by Francesco Matarcacio (sic); followed by
    a *Vita Papinii, Sappho* with commentary by Calderini, and a *Elucu-
    bratio in quaedam Propertii loca* by Calderini.] Venice: Octavianus
    Scotus, 1483; H★ 14976; Proctor 4578; Goff S-691 [with commen-
    tary by Domizio Calderini].
*Statii Silvae cum Domitii commentariis et Avancii sui emendationibus. Statii
    Thebais cum Lactantii commentariis. Statii Achilleis cum Maturantii com-
    mentariis. Domitii alie annotationes.* Venice: Johannes Petrus de Qua-
    rengiis, 1498; H 14980; Goff S-694.

Strabo

[*Geographia.* Treviso]: Johannes [Rubeus] Vercellensis, 1480 ; H★ 15089;
    Proctor 6493; Goff S-796 [bks. 1–10 trans. Guarino Guarini, bks.
    11–17 Gregorio Tifernate].

Suetonius

[*Vitae duodecim Caesarum.* Venice]: Nicolaus Jenson, 1471; H★ 15117;
    Proctor 4070; Goff S-817.
[*Vitae duodecim Caesarum.* Treviso (Proctor) or Venice, Printer of 1480
    Valla (Goff)], 1480; H★ 15119; Proctor 6494; Goff S-820.
[*Vitae duodecim Caesarum.*] Milan: Antonius Zarotus, 1480; H 15120;
    Proctor 5806; Goff S-821.
*Commentationes conditae a Philippo Beroaldo in Suetonium Tranquillum.
    Dicatae inclyto Annibali Bentivolo.* Bologna: Benedictus Hectoris, 1493;
    H★ 15126; Proctor 6623; Goff S-825 [with commentary and an
    appendix by Filippo Beroaldo].
*Suetonius Tranquillus cum Philippi Beroaldi et Marci Antonii Sabellici commen-
    tariis.* Venice: Simon Bevilaqua, 1496; H 15128; GW 4114; Proctor
    5400; Goff S-827 [with commentaries by Filippo Beroaldo and
    Marc'Antonio Sabellico, and an appendix to Suetonius by Filippo
    Beroaldo].

C. Suetonii Tranquilli Opera. Vol. 1, *De vita Caesarum libri VIII.* Edited by M. Ihm. Leipzig: Teubner, 1908.

Tibullus
[*Elegiae,* preceded by the *Carmina* of Catullus with commentary by Antonio Partenio and followed by the *Elegiae* of Propertius.] Venice: Andreas de Paltasichis, 1487; H★ 4762; Proctor 4775; Goff T-371 [edited by Bernardino of Verona].
Elegie. Edited by O. Tescari. Milan: Istituto Editoriale Italiano, 1951.
The Poems of Tibullus. Edited by E. M. Michael. Bloomington, 1962.
Albii Tibulli aliorumque carmina libri tres. Edited by G. Luck. Leipzig: Teubner, 1988.

Valla Lorenzo
Elegantiarum libri VI. Venice: Bartholomaeus de Zanis, 1488; H 15816; Proctor 5155; Goff V-62.
See also Homer, *Ilias* (H 8774).

Varro
M. Terenti Varronis De lingua Latina quae supersunt. Edited by G. Goetz and F. Schoell. Leipzig: Teubner, 1910 [reprinted Amsterdam: Adolf M. Hakkert, 1964].

Vitruvius
De l'Architecture. Edited by L. Callebat, vol. 8. Paris: Les Belles Lettres, 1973.

Secondary Sources

Ady, Cecilia Mary. *The Bentivoglio of Bologna. A Study in Despotism.* Oxford: Oxford University Press, 1937; repr. 1969.

Affò, Ireneo. *Memorie degli scrittori e letterati parmigiani,* vol. 2. Parma: Stamperia reale, 1789.

Anselmi, Gian Mario. "Poesia latina e umanesimo." In *Bentivolorum magnificentia. Principe e cultura a Bologna nel Rinascimento,* edited by Bruno Basile. Rome: Bulzoni, 1984.

Bianchi, Rossella. "Il commento a Lucano e il *Natalis* di Paolo Marsi." In *Miscellanea Augusto Campana,* 1:71–100 (Medioevo e umanesimo, vol. 44). Padua: Editrice Antenore, 1981.

Bianchini, Bartolomeo. "Philippi Beroaldi vita." In *Caii Suetonii Tranquilli duodecim Caesares, cum Philippi Beroaldi Bononiensis Marcique item Antonii Sabellici commentariis et Baptistae Aegnatii aliorumque doctorum virorum annotationibus,* β8r–γ1v. Lyon: Iohannes Frellonius, 1548.

Branca, Vittore, and Pastore-Stocchi, Manlio. *Introduzione.* Vol. 1 of Angelo Poliziano, *Miscellaneorum centuria secunda.* Florence: Istituto di edizioni artistiche, 1972.

Casella, Maria Teresa. "Il metodo degli umanisti esemplato sul Beroaldo." *Studi medievali* 3rd ser., 16 (1975): 627–701.

Contarino, R. "Dal Pozzo Francesco." In *Dizionario biografico degli Italiani,* vol. 32:213–14. Rome: Istituto della Enciclopedia Italiana, 1986.

Coppini, Donatella. "Filologi del Quattrocento al lavoro su due passi di Properzio." *Rinascimento* 2nd ser., 16 (1976): 219–29.

Dallari, Umberto. *I rotuli dei lettori legisti e artisti dello Studio bolognese dal 1384 al 1799,* vol. 1: 90–188, Bologna: Fratelli Merlani, 1888.

Della Torre, Arturo. *Paolo Marsi da Pescina. Contributo alla storia della Accademia Pomponiana.* Rocca di S. Casciano, 1903.

Di Benedetto, Filippo. "Fonzio e Landino su Orazio." In *Tradizione classica e letteratura umanistica. Per Alessandro Perosa,* edited by Roberto Cardini, Eugenio Garin, et al., 2:437–53. Rome: Bulzoni, 1985.

Dionisotti, Carlo. "Aldo Manuzio umanista." *Lettere Italiane* 12 (1960): 375–400.

———. "Calderini, Poliziano ed altri." *Italia medievale e umanistica* 11 (1968): 151–85.

———. *Gli umanisti e il volgare fra Quattrocento e Cinquecento.* Florence: Le Monnier, 1968.

Fantuzzi, Giovanni. *Notizie sugli scrittori bolognesi.* Vol. 1: 111–35. Bologna: Stamperia di S. Tommaso d'Aquino, 1781. Repr. Bologna: A. Forni, 1965.

Fazion, Paolo. " 'Nuptiae Bentivolorum.' La città in festa nel commento di Filippo Beroaldo." In *Bentivolorum magnificentia. Principe e cultura a Bologna nel Rinascimento,* edited by Bruno Basile. Rome: Bulzoni 1984.

Fera, Vincenzo. *Una ignota "Expositio Suetoni" del Poliziano.* Messina: Centro di studi umanistici, 1983.

Gaisser Haig, Julia. "Catullus and His First Interpreters." *Transactions of the American Philological Association* 112 (1982): 83–100.

———. *Catullus and His Renaissance Readers.* Oxford: Clarendon Press, 1993.

Gardenal, Gianna. *Il Poliziano e Svetonio. Contributo alla storia della filologia umanistica.* Florence: Olschki, 1975.

———. "Beroaldo Filippo senior." In *Dizionario critico della letteratura italiana,* edited by Vittore Branca, 1:292–94. Turin: Unione tipografico-editrice torinese, 1986. Reprinted from Turin: UTET, 1974.

Garin, Eugenio. "Sulle relazioni fra Poliziano e Filippo Beroaldo il Vecchio." In his *La cultura filosofica del Rinascimento italiano,* 359–63. Florence: Sansoni, 1979. Reprinted from Florence: Sansoni, 1961.

———. "Note sull'insegnamento di Filippo Beroaldo il vecchio." In his *La cultura filosofica del Rinascimento italiano,* 364–87. Florence: Sansoni, 1979. Reprinted from Florence: Sansoni, 1961. The article first appeared in *Studi e memorie dell'università di Bologna,* n.s. 1 (1956): 325–56.

———. "Filippo Beroaldo il Vecchio e il suo insegnamento bolognese." In his *Ritratti di umanisti,* 107–29. Florence: Sansoni, 1967.

———. "Note in margine all'opera di Filippo Beroaldo il Vecchio." In *Tra latino e volgare. Per Carlo Dionisotti.* Edited by Gabriella Bernardoni Trezzini et al. 2:437–60. (Medioevo e umanesimo, vol. 18.) Padua: Editrice Antenore, 1974.

Gilmore, Myron. "Beroaldo Filippo seniore." In *Dizionario biografico degli Italiani*. Vol. 9: 382–84. Rome: Istituto della Enciclopedia Italiana, 1967.

Giustiniani, R., "Sulle traduzioni latine delle 'Vite' di Plutarco nel Quattrocento." *Rinascimento* 2nd ser., 1 (1961): 3–62.

Grafton, Anthony. "On the Scholarship of Poliziano." *Journal of the Warburg and Courtauld Institutes,* 40 (1977): 150–88.

———. "Renaissance Readers and Ancient Texts. Comments on Some Commentaries." *Renaissance Quarterly,* 38 (1985): 615–49.

Grendler, Paul F. *Schooling in Renaissance Italy. Literacy and Learning, 1300–1600.* Baltimore: The Johns Hopkins Press, 1989.

Krautter, Konrad. *Philologische Methode und Humanistische Existenz: Filippo Beroaldo und sein Kommentar zum Goldenen Esel des Apuleius.* Munich: W. Fink, 1971.

———. "Angelo Poliziano als Kritiker von Filippo Beroaldo." *Res publica litterarum,* 4 (1981): 315–30.

———. "Der Grammaticus Poliziano in der Auseinandersetzung mit Zeitgenössischen Humanisten." In *Die Antike-Rezeption in den Wissenschaften während der Renaissance.* Mittelungen X der Kommission für Humanismusforschung, 103–16. Weinheim: Acta Humaniora, 1983.

Lee, Egmont. *Sixtus IV and Men of Letters.* Rome: Edizioni di Storia e letteratura, 1978.

Mariotti, Italo. "Lezioni di Beroaldo il Vecchio sulla *Thebaide*." In *Tradizione classica e letteratura umanistica. Per Alessandro Perosa.* Edited by Roberto Cardini, Eugenio Garin, et al., vol. 2:577–93. Rome: Bulzoni, 1985.

Martinelli Cesarini, Lucia. "Le Selve di Stazio nella critica testuale del Poliziano." *Studi italiani di filologia classica* n.s. 47 (1975): 130–74.

———. "Il Poliziano e Svetonio: osservazioni su un recente contributo alla storia della filologia umanistica." *Rinascimento* 2nd ser. 16 (1976): 111–28.

Miglio, M., "Birago Lampugnino." In *Dizionario biografico degli Italiani,* vol. 10:595–96. Rome: Instituto della Enciclopedia Treccani, 1982.

Oliver, Revilo Pendleton. "Era plagiario il Poliziano nelle sue traduzioni di Epitteto e di Erodiano?" In *Il Poliziano e il suo tempo.* Atti del IV Convegno internazionale di studi sul Rinascimento (1954), 253–71. Florence: Sansoni, 1957.

Pins, Jean de. "Vita Philippi Beroaldi Bononiensis." In *Vitae summorum dignitate et eruditione virorum ex rarissimis monumentis literato orbi restitutae,* edited by J. G. Meuschen, vol. 1:123–51. Coburg: J. G. Steinmarck, 1735.

Pozzi, Giovanni. "Da Padova a Firenze nel 1493." *Italia medievale e umanistica* 9 (1966): 191–227.

Previale, Luigi. "Umanesimo boemo e umanesimo italiano. Bohuslaus Hassensteinius Baro a Lobkowicz e gli umanisti italiani." *Convivium,* n.s. 1 (1949): 210–33.

Proctor, Robert G. G. *An Index to the Early Printed Books in the British Museum.* Part 1, section 2. London: Trustees of the British Museum, 1898.

———. *Catalogue of Books Printed in the Fifteenth Century now in the British Museum.* Part 4. London: Trustees of the British Museum, 1916. Part 5. London: Trustees of the British Museum, 1924 (repr. 1963). Part 6. London: Trustees of the British Museum, 1930.

Raimondi, Ezio. *Codro e l'umanesimo a Bologna.* Bologna: C. Zuffi (Università degli Studi di Bologna. Facoltà di Lettere e Filosofia. Studi e ricerche), 1950.

———. "Quattrocento bolognese: università ed umanesimo." In his *Politica e commedia. Dal Beroaldo al Machiavelli,* 15–58. Bologna: Il Mulino, 1972. (First appeared as "Umanesimo e università nel Quattrocento bolognese." *Studi e memorie per l'università di Bologna,* n.s. 1, 1956: 325–56.)

———. "Da Bologna a Venezia." In his *Politica e commedia.* Dal Beroaldo al Machiavelli, 79–96. Bologna: Il Mulino, 1972. (First appeared as "Umanesimo bolognese e umanesimo veneziano." In *Umanesimo europeo e umanesimo veneziano,* edited by Vittore Branca, 263–93. Florence: Sansoni, 1963.)

———. "Il primo commento umanistico a Lucrezio." In *Tra il latino e il volgare. Per Carlo Dionisotti.* Edited by Gabriella Bernardoni Trezzini et al., vol. 2: 641–74. (Medioevo e umanesimo, vol. 18) Padua: Editrice Antenore, 1974. (First appeared in his *Politica e commedia. Dal Beroaldo al Machiavelli,* 101–40. Bologna: Il Mulino, 1972.)

Renaudet, Augustin. *Préréforme et humanisme à Paris pendant les guerres d'Italie, 1494–1517.* Paris: Librairie d'Argences, 1953. Reprinted from Paris: E. Champion, 1916.

Resta, Gianvito. "Antonio Cassarino e le sue traduzioni da Plutarco e Catone." *Italia medievale e umanistica* 2 (1959): 207–83.

Rizzi, F. "Un maestro d'umanità: Filippo Beroaldo." *Archiginnasio* 48 (1953): 77–111.

Rizzo, Silvia. *Il lessico filologico degli umanisti*. Rome: Edizioni di Storia e letteratura, 1973.

Robathan, Dorothy M., F. Edward Cranz. "A. Persius Flaccus." In *Catalogus Translationum et Commentariorum*, edited by F. Edward Cranz and Paul Oskar Kristeller, vol. 3:201–312. Washington D.C.: The Catholic University of America Press, 1976.

Sabbadini, Remigio. *Lettere inedite di Ognibene da Lonigo con una breve biografia*. Lonigo: 1880.

———. "Nuove notizie e nuovi documenti di Ognibene Bonisoli." *Antologia veneta* 1 (1900): 25–26.

Sanford, Eva M. "Juvenalis." In *Catalogus Translationum et Commentariorum*, edited by Paul Oskar Kristeller, vol. 1: 175–238. Washington, D.C.: The Catholic University of America Press, 1960.

Sansonetti, Vincenza. "Le pubbliche scuole in Vicenza durante il medioevo e l'umanesimo." *Aevum*, 26 (1952): 156–73.

Sighinolfi, L. "Francesco Puteolano e le origini della stampa a Bologna e Parma." *La bibliofilia*, 15 (1913–14): 263–66; 331–44; 389–92; 451–67.

Sorbelli, Albano. *Storia della stampa in Bologna*. Bologna: Nicola Zanichelli, 1929.

Thuasne, Louis. *Roberti Gaguini Epistolae et Orationes*. Vol. 1. Paris: Librairie Emile Bouillon, 1903.

Viti, Paolo. "Filippo Beroaldo traduttore del Boccaccio." *Rinascimento*, n.s. 15 (1975): 11–40.

———. "La canzone della Vergine del Petrarca nella traduzione di Filippo Beroaldo." *Italianistica* 5 (1976): 440–48.

Wadsworth, J. B. "Filippo Beroaldo the Elder and the Early Renaissance in Lyon." *Medievalia et Humanistica* 11 (1957): 78–89.

Zabughin, Vladimir. *Giulio Pomponio Leto*. Vol. 1. Rome: La Vita Letteraria, 1909.

Zaccaria Vittorio. "Pier Candido Decembrio traduttore della 'Repubblica' di Platone." *Italia medievale e umanistica* 2 (1959): 179–206.

ANNOTATIONES
CENTUM

Ad magnificum ac ornatissimum adolescentem dominum Uldricum Rosensem Boemum[1] Philippi Beroaldi epistola.

[1] Portius Cato ille Censorius et omnium bonarum artium magister scriptum reliquit non minus ocii quam negocii reddendam esse rationem [Cic. *Planc.* 66]: quo saluberrimo documento nos monuit quaedam esse negotia quae ociosi agere debeamus quae non minori nobis sint futura emolumento atque ornamento quam tumultuosa negocia laboriosaeque occupationes. [2] Quid autem ocio litterato iucundius [Cic. *Tusc.* 5.105], quid praestabilius excogitari potest? quod huic ocio negocium est anteponendum? quid denique pulchrius nihil agentes agere possumus quam ociari in suavissimo Musarum diversorio ubi mentes recreantur, animi pascuntur, ubi beatae vitae foelicitas reperitur? O dulce ocium, o expetibile bonum sine quo vita vitalis non est [Cic. *Lael.* 6.22], sine qua ocium mors est et, ut inquit verissime Seneca, vivi hominis sepultura [*Epist.* 82.3]. [3] Haec est illa, ut opinor, quies quam divus Augustus sibi in tanta negociorum mole precari non desinebat; hoc est illud ocium quod, quia usu non poterat, cogitatione praesumebat; haec est illa vacatio quam a republica petebat, ut scilicet aliquando ad desideratissimum litterarum oblectamentum devolutus vitam degeret tranquillissi-

---

[1] On Uldric of Rosenberg and his family see here Introduction, 6 n. 3.

mam beatissimamque [Sen. *Dialog.* 10.4.2–4]. [4] Ego itaque, Catonianum oraculum secutus [*apud* Cic. *Planc.* 66, as above], rationem ocii mei hac tibi epistola, adolescens ornatissime, reddere constitui ne forte credar Epimenidis dormire somnum [Plin. *N.H.* 7.175] neve videar inter illos esse annumerandus qui totos dies per desidiam ociantur, qui instar glirium torpentes maiorem aevi partem somno conterunt et, ut ait Lucretius, vivi atque viventes vitam perdunt [3.1046–47]. [5] Quicquid igitur nobis ocii datur a publicis lectionibus quas tu non minus diligenter audis quam libenter, id omne conferimus ad cudendas annotationes, quibus partim loca apud Latinos scriptores obscura illustrare, partim mendosa emendare et in veram, hoc est suam, lectionem transducere pro virili parte elaboramus, partim quae a recentioribus veterum poetarum interpretibus non satis pensiculate enarrata existimantur, ea inquisitius exactiusque explicare contendimus. [6] Et iam id genus sexcenta in luculentum quoddam quasi corpus redacta sunt quae ex multiiuga priscorum scriptorum lectione curiosissime observavimus; quod opus quoniam nondum temerario praecocis editionis honore invulgandum esse decrevimus, memores illius Oratiani documenti quo praecipitur ne editio praecipitetur [*Ars* 388–90], interea libellum hunc quasi praecursorium et, ut Graece dicitur, prodromon emisimus, quo annotationes centum continentur, inter quas loci poetici non pauci a nobis secus explicantur quam recentiores commentatores explicaverint. [7] Sunt illi quidem eruditi et non modicae in studii litterarum existimationis, sed, quis esse potest tam circumspectus ut non aliquando labatur? quis tam Lynceus ut nihil unquam incurrat? [Cic. *Fam.* 9.2.2]. Ego vero, ne videar caninam, ut inquit Appius, exercere facundiam [Sall. *Hist. Frag.* 4.54; Non. 84], id quod abhorret a meis moribus, legem illam hisce commentariis dabo quam libellis suis festivissimis dedit epigrammaticus poeta: ut, scilicet, noverint parcere personis, dicere de vitiis [Mart. 10.33.10]. [8] Dicemus enim quid nobis videatur citra alienam detractionem, quamquam non detrahit ille qui verum dicit, et nullius scriptoris quoad fieri poterit nomine abutemur: non enim ad maledicendum sed ad benedicendum nati sumus, nec ulli obesse volumus detrahendo, sed pluribus prodesse cupimus commentando ea quae neque in scholis decantata neque in schedulis trivialibus protrita sint. [9] Hoc unum mihi studium est, hic labor, hoc curamus, hoc molimur, in hoc denique vires omnis nervosque contendimus [Cic. *Verr.* Act. 1, 35; Act. 2, 3.130], ut pro facultatibus de lingua Latina benemereamur, in cuius gazophylacio [Luke 21.1] cum alius offerat argentum, alius aurum, alius lapides

preciosos, nos quibus dapsiles divitiae non sunt offeramus quod possumus, minutolos videlicet aereosque quadrantes qui, quamvis contempti-
biles prae gemmarum aurique fulgore videantur, sunt tamen portiuncula
thesaurorum, sicuti nummus qui in Croesi divitiis obscuratur, pars tamen
est divitiarum. [10] Caeterum, haec quantulacunque sunt quae succisivis
temporibus mussitavimus tibi, Uldrice scholasticorum nobilissime,
dedicamus, qui facis id quod perquam rari tui ordinis homines facere
consueverunt, ut scilicet in magna fortuna collocatus bona animi am-
plexeris quae philosophi prima et maxime honoranda bona esse prodiderunt. [11] Non vis tu quidem degenerare a maiorum tuorum nobilitate,
quae talis et tanta est ut non solum in latissimo Boemiae regno transalpi-
nisque nationibus familia Rosensis sit memoratissima, sed etiam in Italia,
unde oriunda esse traditur, clara sit et Pii pontificis maximi praeconio
celebrata, qui Ioannem patrem tuum patruumque Enricum inclitos
principes maximo cum honore verborum posteritati commendavit. Nec
immerito: fuerunt enim illi haud dubie omnium in Boemia procerum
florentissimi honoratissimique et a rege secundas dignitatis partes facile
tutabantur, qui christianae religionis assertores acerrimi haereticos
continenter insectati sunt internecivo adversus illos odio belligerantes,
quorum rediviva plantaria vix unquam radicitus evelluntur [Cic. *De dom.*
12.34]. Fuit hoc iam pridem peculiare familiae Rosensis ex qua tamquam ex equo Troiano innumeri proceres exierunt, ut haereticis inimi-
citias sempiternas indixerit hostiliaque bella denuntiaverit. [12] Et enim
hac potissimum laude Rosenses reguli gloriantur, quod haereticorum
sectae in Boemia sobolescentis eversores extinctoresque dicantur; et
medius fidius qui pure Deum colit, is non solum Dei cultores diligit, sed
etiam digladiatur adversus pseudoreligiosos qui instar scorpionum arcuato
vulnere feriunt dogmata venenata fundentes et, iuxta Plautinam sententiam, altera manu lapidem ferunt, panem ostentant altera [Plaut. *Aul.*
195]. Hac autem tempestate clarissimi fratres tui Voccus et Petrus, quos
honoris causa nominamus, paterni avitique imperii habenas concorditer
favorabiliterque moderantur maiorum virtutis aemulatores, quorum
vestigia sequi honestissimum est, ut sapientes dixerunt. [13] Si modo
recte itinere praecesserint, tu vero, mi Uldrice, adhuc adulescentulus,
immo puer, relicto genitali solo patriisque delitiis sequestratis, peregrina-
bundus Bononiam commigrasti ut apud nos ingenium disciplinis excole-
res, linguam facundia expolires, politicos Italicorum mores noscitabundus
inspiceres. [14] Caeterum, quia litterae sine moribus male discuntur, tu
studiis morum honestamenta copulasti, domi forisque modestissimus. Et

quia dominorum mores ex comitum moribus plerumque iudicantur, in
comitatu tuo nemo non bene moratus beneque institutus agnoscitur:
habes virum rectum eundemque eruditum Alexandrum, qui tibi tam
Achilli Phoenix comes preceptorque datus est [Cic. *De or.* 2.57], quo
nihil sanctius, nihil simplicius, nihil melius novi. Domus tota exposita est
patetque munificentiae atque hospitalitati. In te nihil barbaricum, nihil
reprehensibile conspicitur qui iam id indolis specimen dedisti ut virtuti
maiorum splendorique familiae haud dubie responsurus videaris summa
bonitate, summa humanitate praeditus nec minore modestia liberalis in
primis, quae medius fidius dotes sunt in adulescentulo maxime plausi-
biles hisque potissimum popularis favor acquiritur. [15] Quamobrem tu
quidem, sicuti par erat, meruisti apud Bononienses tam summates quam
infimates et diligi et honorari. Ego autem imprimis cuius auditorium
iugiter frequentasti, quo doctore uti voluisti, te semper reverenter colui
sumque pia benevolentia prosecutus, cui, ut aliqua ex parte satisfacerem,
opusculum istud sub tuo nomine publicavi tibique nominatim dedicavi
ut, cum in patriam ad tuos remigraveris, habeas hoc quasi quoddam mei
erga te amoris monumentum. [16] Sane, has annotationes nullo servato
rerum ordine confecimus, utpote tumultuario sermone dictantes et perinde ut cuiuslibet loci veniebat in mentem, ut quilibet liber sumebatur
in manus, ita indistincte atque promiscue excerpentes annotantesque.
Fetus hic plane praecox fuit, utpote intra menstruum tempus et concep-
tus et editus. Quod, si id genus annotamenta studiosis iuvenibus tibique
potissimum placuisse cognovero, ad alia mox edenda non invitus accingar
quae ad iucundiorem gustum tota condiuntur. Vale, decus scholasticorum,
et me perinde dilige ac bonus doctor ab optimo discipulo diligi meretur.

[1.1] Versus sunt Ovidii, ut hinc ordiamur, in secundo Fastorum notissimi, *Nec tibi quae cupidae matura videbere matri Comat virgineas hasta recurva comas* [2.559–60], qui plus habent difficultatis quam in fronte polliceantur. [2] His enim ritus vetustissimus a poeta significatur quo in nuptiali cerimonia Romani veteres utebantur. Namque loquitur hoc in loco de hasta quae cognominata est antiquitus celibaris, cuius cuspide caput nubentis comebatur, quae in corpore gladiatoris stetisset occisi ut quemadmodum illa coniuncta fuerat cum corpore gladiatoris, sic cum viro nova nupta sit copulata; vel quia nubentes in Iunonis Curetis tutela sint, quae ita appellabatur ab hasta quae lingua Sabinorum dicitur curis; vel quia signum est prima connubia violenta fuisse Sabinis a Romulo raptis; vel quod viris fortibus coniunctae virilem cultum auspicantur et viros fortes se genituras ominantur. Autores Festus [Paul. 63] et Plutarchus in Problematis [*Quaest. Rom.* 87.285CD].[1] [3] Sensus itaque est Ovidii monentis supersedendum esse connubiis dum per mensem Februarium

---

[1] 1.2] Poliziano (*In annotationes Beroaldi*, Munich, Bayerische Staatsbibliothek, Clm 754, 264r; hereafter cited as *In Ber.*) claims that this explanation is his as proved by the fact that Beroaldo does not quote the complete texts of Festus and Plutarch, as he himself has done in his notes to the *Fasti*. In fact, in his commentary on the *Fasti* he gives the full quotations of the passages of Festus and Plutarch, the latter in Greek (Angelo Poliziano, *Commento inedito ai 'Fasti' di Ovidio*, Francesco Lo Monaco ed. [Florence 1991], 185; hereafter cited as *Commento ai Fasti*). Here, however, Beroaldo is paraphrasing.

fiunt Parentalia ut neque viduae neque virgines illo tempore nuptias
auspicentur nec capillos comant hasta celibari, qua nubentes comam
discriminare solebant propter causas antedictas. [4] Allucinantur qui
hastam recurvam exponunt pro calamistro,[1] cum nulla proportio sit
inter calamistrum et hastam. Qui aure hebetiore non sunt neque a
studiis litterarum penitus retorridi, hi facile diiudicabunt trivialem esse et
protritam illam de calamistro enarrationem. Quae vero a nobis dicuntur
Ovidii sentential esse accommodatissima et de antiquitatis consuetudine
deprompta.

[2.1] Apud eundem in quinto Fastorum versus est scite docteque con-
scriptus et ab ipso poeta ita editus, *Frigidus argestes summas mulcebit aristas*
[5.161], ubi argestes pro vento occidentali accipitur et sensus est manifestarius. [2] Hunc ventum scribit Plinius in XVIII Naturalis historiae
flare ab occasu solsticiali et occidentali latere septentrionis [18.338].
Eiusdem meminit in secundo his verbis: "Ab occasu equinoctiali favo-
nius, ab occasu solstitiali corus; zephiron et argesten vocant [2.119]."
Aristoteles in secundo Meteororum refert argesten flare adversus eurum
[363b.23–25]. Gellius in secundo Noctium Atticarum autor est eum
flare adversus aquilonem [2.22.12]. [3] Frigidus optimo epitheto pronun-
ciatur a poeta quoniam, ut tradente Plinio didicimus, ex frigidissimis
ventis et ipse argestes est, sicuti omnes qui a septentrionis parte spirant;
hunc Latini modo caurum modo corum appellitant. [4] Qui Ovidium
'frigidus agrestis' dixisse putant,[2] in libros scilicet de corruptis exemplari-
bus factos inciderunt et perinde frigidam atque agrestem interpretationem attulerunt.

[3.1] Idem in sexto Fastorum commemorans priscorum frugalitatem
inquit: *Nec Latium norat, quam prebet Ionia dives* [6.175]. Quem versum

---

[1] 1.4] *Allucinantur qui . . . pro calamistro*: it is Paolo Marsi in his commentary on the
Fasti: "Nec hasta recurva: stilus reflexus, hoc est calamistrum" (Venice 1482, fol. h4v;
I will always quote from this edition).

[2] 2.4] *Qui Ovidium . . . putant*: Poliziano (*In Ber.*, 264r) claims that Beroaldo here
implies that 'argestes' is his emendation, while it is the reading even of printed editions
(*codices etiam impressi*). But Marsi, both in his text and in his commentary, has 'agrestis,'
with the explanation: "Agrestis: rusticus ipse" (fol. t4v). 'Agrestis' appears as well in the
text of the Opera of Ovid edited by Barnaba Celsano Vicentino, Vicenza 1480 (fol.
t6v). According to modern apparatus, 'agrestis' is the vulgate reading; 'argestes' appears
only in a MS (C) corrected by Vossius.

commentatores enarrantes aiunt: "Nondum advecti erant in Latium cigni ex Ionia Asiatica."[1] [2] Non invenio apud scriptores idoneos quod cignea caro inter delicias ganeae et luxuriosas dapes a prefectis popinarum comendetur, cum autore Alberto Magno libro De animalibus XXIII dura sit et nullo iucundo sapore lautorum cenis expetenda [13.32]. [3] Quo circa eo versu de attagene Ionico Ovidium intellexisse indubitanter asserimus qui inter esculentiores aves precipuo sapore censetur [Plin. *N.H.* 10. 133], ut indicat aepigrammaticus poeta cuius hi sunt versiculi: "Inter sapores fertur alitus primus Ionicarum gustus attagenarum [Mart. 13.61]." [4] Et Oratius in Epodo inquit: "Non Afra avis descendat in ventrem meum, Non attagen Ionicus Iucundior [2.53–55]." Quem locum enarrans Porphirio ita scribit: "Attagen avis est Asiatica inter nobilissimas habita. Ionicus vero ab Ionia dictus, quae est regio Asiae [*In Hor. Epod.* 2.54]." [5] Sententiam hanc nostram Plinii quoque verba corroborant ita de attagene scribentis in X Naturalis historiae: "Attagen maxime Ionius celebratur[2] vocalis alias, captus vero obmutescens, quondam existimatus inter raras aves [10.133]." [6] Preterea ab Aulo Gellio in VII Noctium Atticarum Phrygia attagena numeratur inter edulia laudatiora [potius 6.16.5]. Divus quoque Hieronymus non minus graviter quam eleganter ad Salvinam scribens sic ait: "Procul sint a conviviis tuis phasides aves, crassae turtures, attagen Ionicus, et omnes aves quibus amplissima patrimonia avolant [*Epist.* 79.7; *PL* 22,729]." Ab eodem alibi dictum est: "Tu attagenem voras et de accipensere comeso gloriaris [*Epist.* 45.5]."[3] Idem in libro contra Iovinianum[a] II: "Apud nos," inquit, "attagen et ficedula, mulus et scarus in deliciis computantur [2.15; *PL* 23,308]."[4] [7] Igitur, volens Ovidius ostendere priscorum victum fuisse simplicem atque parabilem, ait avem quam mittit Ionia,

a. 3.6] Iovinianum: 1496, 1502; 'Iovianum,' 1488.

[1] 3.1] *Quem versum . . . asiatica*: Marsi, fol. z1r.

[2] 3.5] *celebratur*: 'celebratur,' *humanistic editions*; 'celeber et,' Mayhoff.

[3] 3.6] *Ab eodem . . . gloriaris*: 'attagenam ructuas et de comeso accipensere gloriaris,' *PL* 22, 482.

[4] 3.6] Poliziano comments that this is an easy explanation; he has already given it, and he is satisfied with his sources (Martial, Horace, and Pliny); but he takes note of the references to Jerome and Gellius, of which, apparently, he was not aware (*In Ber.*, 264r). They do not appear as sources for 'attagen' in his notes on the *Fasti* (*Commento ai Fasti*, 419).

hoc est attagenem, fuisse ignotam mensis antiquorum, qui nullas delica-
tiores dapes vestigabant, qui nullas peregrinas lautitias conquirebant, sicut
posteri indulgentia fortunae luxuriantis helluari et saporibus preciosis
palatum suum oblectare coeperunt ultra Phasim et in Ioniam ventris
causa navigantes, quorum gulam severissimus vitiorum castigator Anneus
Seneca censoria oratione frequenter insectatur [e.g., *Epist.* 89.22; 95.19].

[4.1] In eodem luculento Fastorum opere scriptum est *Ebrius incinctis
philyra*[b] *conviva capillis Saltat* [5.337–38]. Ad cuius loci enarrationem
sciendum est phyliras esse membranas tenuissimas inter corticem lignum-
que arboris tiliae quae, ut docet Plinius in XVI, in coronis celebres fuere
antiquorum honore [16.65].[1] [2] In hoc significatu accipitur phylira ab
Ovidio demonstrante convivas saltare coronatos illis coronis quae ex
phylira contexuntur. De qua dixit Horatius in lyrico carmine scribens:
"Displicent nexae phylira coronae [1.38.2]." [3] Idem Plinius autor est
in XXI Claudium Pulchrum celare lemniscos quae sunt coronarum
ornamenta instituisse bracteasque etiam phylirae dedisse [21.6]. Idem
philyra<m> accipit pro capillamentis filisque tenuissimis cum sic inquit
in XXIV: "Philyra croci nimium[2] salem cibis eximunt [24.3]." Idem ita
scriptum reliquit in XIII: "Preparantur ex papiro carthae divisae[3] acu in
pretenues sed quam latissimas phyliras [13.74]." [4] Quidam tamen

---

b. 4.1] *philyra*: 1496, 1502; 'phylira' is the consistent spelling in the 1488 ed. According
to Mayhoff's apparatus, *phylira* is found only in MS V of the *N.H.* I rather think that it
is a misspelling of the 1488 ed. of the *Annotationes*.

---

[1] 4.1] *Ad cuius loci . . . antiquorum honore*: this was a contentious topic in humanistic
times. Poliziano affirms that this explanation is his own, and refers to his notes on the
Fasti, where, he says, he quotes more than just Horace and Pliny (*In Ber.*, 264v). In fact
he adds Ulpian, Theophrastus, Festus, Suetonius, *Etymologicon Magnum*, and Herodian
(cf. *Commento ai Fasti*, 389–91). He used these sources for his elegant explanation in
chap. 72 of his *Miscellanea* (see here, *Intro.*, sect. 3). However, the fundamental text for
this explanation is Pliny, an author well-known to Beroaldo (cf. Krautter, "Angelo
Poliziano als Kritiker," 320–22). After the publication of the *Miscellanea*, Merula claimed
priority for this explanation (cf. Vincenzo Fera, *Una ignota 'Expositio Suetoni' del Poliziano*, Messina 1983, 193 n. 1.)

[2] 4.3] *Phylira croci nimium*: 'philyra coci et polline nimium', Mayhoff.

[3] 4.3] *carthae divisae*: 'charta diviso,' Mayhoff.

Pliniani codices non philyras habent sed phyluras,[1] qua dictione significantur membranae sive capillamenta tenuissima. Nusquam apud Plinium philyra significat nomen proprium feminae coronariae sicut nonnulli arbitrati sunt.[2] Marcianus in libro De nuptiis Philologiae phyliram accipit pro membrana tenuissima de qua diximus, cuius haec verba sunt: "libri . . . in philyrae cortice subnotati [2.136]."

[5.1] Apud eundem in primo eiusdem operis hi versus passim ita leguntur: *Nec defensa iuvant capitolia, quominus anser Det iecur in lances, inache laute, tuas* [1.453–54]. Menda est, ut ego existimo, in secundo versu et illud 'inache laute'[3] expungendum est et in eius locum substituendum 'Inachi vacca.'[4] [2] Ita hunc locum audentius emendavi nactus reverendae vetustatis codicem, in quo ita scriptum legimus 'Inache vacca,'[5] ubi, unius tantummodo litterae immutatione, versus emendandus fuit et in Nasonis familiam redigendus. Quo significare voluit iecur anserinum in sacris deae Isidis adhiberi, quae vacca nuncupatur ob fabulam notissimam et patronymico nomine Inachis, hoc est Inachi filia vocitatur [Ov. *Met.* 1.568–750; Serv. *In Georg.* 3.153]. [3] Et de hac intellegere malim quam de Inacho,[6] cum illius deae nomen et cerimoniae monumentis historicorum ac poetarum sint cognitissimae, Inachi vero nomen inter celebratos deos ignotum. [4] Exta autem anserum grata fuisse in sacris Egyptiacis insinuare videtur illud satyrici poetae carmen "Ut[c] veniam

---

c. 5.4] *Ut*: 1496, 1502; 'et,' 1488.

---

[1] 4.4] *Quidam tamen . . . phyluras*: MSS FE, a, v (Mayhoff); 'filluras', humanistic editions.

[2] 4.4] *nonnulli arbitrati sunt*: Marsi, fol. u3r.

[3] 5.1] *Inache laute*: this is the reading of several MSS of the 12–13th cc., some *recentiores*, and A (10th century). Marsi has 'inace laute' in his text and 'inache laute' in the lemma of his commentary (fol. d3r).

[4] 5.1] *Inachi vacca*: this is the reading of several 14–15th cc. MSS. Poliziano says that it was also the reading of a San Marco MS, and he had already made this emendation (*In Ber.*, 264v). He then asks with some irony why Beroaldo feels so daring in emending, if he found the reading in a good manuscript. But the attitude of Beroaldo toward manuscripts was different from Poliziano's (see *Intro.*, sect. 2). I did not find this lemma in Poliziano's notes on the *Fasti*; however, if the reading was in a San Marco manuscript, Poliziano is most likely right to say he made the emendation first. See Krautter, "Angelo Poliziano als Kritiker," 319. The reading of modern editors is 'Inachi lauta' (with the exception of Alton, who has 'Inachioti').

[5] 5.2] *Inache vacca*: this does not appear in the apparatus of any of the modern editors.

[6] 5.3] *Et de hac . . . de Inacho*: he alludes to Marsi's explanation (fol. d3r).

culpae non abnuat ansere magno [Iuv. 5.540]." Herodotus quoque scribit in Euterpe sacerdotes Egypti vesci carnibus anserinis [2.37]. Et Diodorus autor est regum Egyptiorum mensis nihil preter anserem et vitulum inferri solitum [1.70.11].[1]

[6.1] Eiusdem poetae versus est in Fastorum libris vulgatissimus, *Pontibus infirmos precipitasse senes* [5.634], ex quo, ut opinor, irroboravit convaluitque falsa vetus opinio tamquam apud priscos Romanos sexagenarii de pontibus precipitati necarentur,[2] sicut apud Caspios inclusi fame senes necabantur cum sexagesimum annum excessissent, sicuti Derbices soliti fuisse dicuntur iugulare eos qui septuaginta annos nati essent [Strab. 11. 11.8], sicut Bactriani, ut autor est Onesicritus, senio morbove confectos adhuc viventes obiciebant canibus [apud Strab. 11.11.3]. [2] Sed haec haud incredibilia dictu sunt in Scythicis barbaricisque nationibus ab omni penitus humanitate sequestratis, quibus nullus mos, nullus cultus, nulla fuit mansuetudo. De Romanis vero istud existimare nefas est a quibus omnium virtutum omnisque pietatis clarissima exempla fluxerunt. [3] Dum itaque mecum scrutor causam huius invulgatae opinionis probabilem, apud Nonium [523] Varronemque [ibid.] reperio Romanos qui sexaginta annos habebant liberos fuisse a publicis negociis neque suffragia tulisse in creandis magistratibus quae per pontes ferebantur. Ideo in proverbium res deducta est ut diceretur sexagenarios de pontibus precipitari quoniam scilicet a latione suffragi removebantur, quae per pontes fiebant non in Tyberi fabricatos, sed in Campo Martio suffragiorum ferendorum causa.[3] [4] De quibus intellexit Cicero sic scribens in primo Rethoricorum: "Pontes disturbat, cistas deiicit [*Rhet. Her.* 1.21]." Idem alibi ait: "Nempe tu[4] et populum suffragio et magistratum consilio privasti, cum pontes disturbasti [*Rhet. Her.* 2.17]." Et apud Tranquil-

---

lum in Iulio Caesare id genus pontes significari asseruimus cum illum locum publica enarratione[1] explicaremus, "Cunctati utrumne illum in Campo per comitia tribus ad suffragia vocantem partibus divisis e ponte deiicerent atque exceptum trucidarent [Suet., *Iul.* 80.4]." Inde depontanos eleganti vocabulo senes appellatos esse legimus ab ista videlicet pontis deiectione [Paul. 75], hoc est ferendi per pontes suffragii ademptione. [5] Hinc illud est eleganter nimis et scite dictum a Macrobio in primo Saturnalium: "Adimere vis [doctis viris] in verborum comitiis ius suffragandi, et tamquam sexagenarios maiores de ponte deiicies? [1.5.10]." Et hoc est quod egregius poeta Ovidius significavit in Fastis sic scribens: "Pars putat, ut ferrent iuvenes suffragia soli, Pontibus infirmos precipitasse senes [5.633–34]." Qui duo versus toti referendi sunt ad illum ritum antiquorum de quo iam diximus et non ad illas ineptias quas semidoctum vulgus existimat.[2] Cicero quoque in oratione pro Sexto Roscio Amerino ad hanc rem alludens ait: "Habeo etiam dicere quem contra morem maiorum minorem annis LX e ponte deiecerit [100]."[3] [6] "Sunt qui dicant post urbem a Gallis liberatam ob inopiam cibatus ceptos sexagenarios[4] iaci in Tiberim, ex quo numero unus, filii pietate occultatus, saepe profuerit patriae consilio suo sub persona filii;" quo cognito, illi ignotum est et mos talis abolitus [Fest. 335], scribit Festus. Quo tempore per pontem ceperunt ferre suffragium iuvenes conclamavisse ut de ponte deiicerentur sexagenarii qui iam nullo publico munere fungerentur ut ipsi potius quam illi deligerent magistratus [ibid.]. Opinionem de ponte Tiberino confirmavit Afranius [ibid.]. Propter haec apud Tranquillum in Cesare dictatore potes intelligere de ponte Tiberino [80.4], quamvis aliter paulo ante tradiderimus:

---

[1] 6.4] *publica enarratione*: in his course on Suetonius; Poliziano repeats that Beroaldo took it from Biondo. In his later commentary on Suetonius at the lemma *Pontes deiecerunt* (*Iul.*, 80.4) Beroaldo refers to this annotation (Bologna 1493, fol. f 1r).

[2] 6.5] *semidoctum vulgus existimat*: a probable allusion to Marsi, who explains, under the lemma 'iuvenes praecipitasse,' "praecipites iecisse e pontibus," and under 'senes infirmos,' "invalidos, qui defendere se non poterant a iuvenibus" (fol. x5r).

[3] 6.5] *e ponte deiecerit*: 'de ponte in Tiberim deiecerit,' edd.

[4] 6.6] *sexagenarios*: 'sexaginta annorum homines', Lindsay.

nam cum invidorum referta sint omnia, cavendum nobis est ne calum-
niandi ansam calumniatoribus prebeamus.[d]

[7.1] Apud eundem versiculus est in IV Fastorum qui et perperam legi
et perperam enarrari solet, *Pallade, sit titio doctior ille licet* [potius 3.824].
Hunc versum nos emendantes ita legimus ut pro 'titio' 'Tichio' pronuntiemus[1] et de Tichio artifice dictum esse asseramus cerdonum peritis-
simo, qui Aiacis clypeum mirando artificio fabrefecit, de quo ita scribit
Homerus: "Aiacis clypeum Tichius construxerat olim cultor Hyles
habitus cerdone peritior omni [*Il.* 7.219–23]."[2] [2] Et huius carminis
Homerici testimonio usus est Strabo in nono Geographiae [9.2.20] et in
XIII [13.4.6] ubi disputat ex civitate ne Hyde an Hyle fuerit Tichius,
cum Hyda sub Tmolo in Lydia sita sit, Hyle vero in agro Boetio.

[8.1] Quaestio est apud Aulum Gellium libro Noctium Atticarum XVIII
quam ob causam patricii Megalensibus mutitare soliti sunt [18.2.11].
Quae quaestio quoniam ab ipso inenarrata relinquitur, me facturum
operae precium existimavi si eam cum Nasonis carmine explicarem
[*Fast.* 4.353–360] et verbum illud 'mutitare', quod rarum inventu est,
enodarem. [2] Romani, Hanibale Italiam vexante, sacra Magnae Matris
ascita ex Phrygia Romae collocaverunt quae accepit is vir qui optimus

---

d. 6.6] *Sunt qui dicant . . . calumniatoribus prebeamus*: all this paragraph is added at the end
of the *Annotationes* in the 1488 ed. (fol. h3r: "Adde illi capiti quod est de sexagenariis
scriptum hanc quasi appendicem quam impressores per incuriam preterierunt"). It is
inserted here in the 1496 and 1502 eds. with two variants: 'deiici in Tyberim' instead
of 'iaci in Tiberim'; and 'ferre' instead of 'fere'. I have accepted 'ferre' in the text
instead of 'fere', an obvious mistake of the 1488 addition.

---

[1] 7.1] *'Tichio' pronuntiemus*: 'Titio' is the reading of Marsi, who already identifies
him as the maker of Ajax' shield (fol. n8v). 'Tychio' is the reading of most *recentiores*
MSS and also, according to Poliziano, of a San Marco MS (*In Ber.*, 264v). The emendation is almost certainly Poliziano's; it appears in his commentary on the *Fasti* (*Commento
ai Fasti*, 306) and in that on Statius (Angelo Poliziano, *Commento inedito alle Selve di
Stazio*, Lucia Cesarini-Martinelli ed. [Florence 1978], 68; hereafter cited as *Commento
alle Selve*). See Krautter, "Angelo Poliziano als Kritiker," 319. The modern reading is
'Tychio.'
[2] 7.1] *Aiacis clipeum . . . omni*: these lines are quoted according to the translation of
Strabo 9.2.20 by Guarino (n.p., but Treviso 1480, fol. x3r-v), mentioned below by
Beroaldo.

a senatu iudicatus est, Scipio Nasica, sicuti Livius [29.14.1–14], Cicero [*Har. resp.* 24] et Silius Italicus [17.1–22] memoriae prodiderunt. Diem qui dicatus erat ipsius deae cerimoniis Megalesia nuncuparunt, ut docet Marcus Varro [*Ling.* 6.15]. [3] Ludos quoque celebrari voluerunt ante templum in ipso Magnae Matris conspectu, qui et ipsi Megalesia dicuntur dictione Graecanica, unde Cicero in oratione De aruspicum responsis loquens de Megalensibus ait: "Qui ludi ne uno quidem verbo[1] appellantur Latino [24]," ut vocabulo ipso et appetita religio externa et Matris Magnae nomine suscepta declaret. Sed haec tamquam nota transeunter attingere satis est. [4] Preterea antiquo Romanorum ritu fuit institutum ut ludis Megalensibus mutua inter se convivia patricii agitarent, propterea quod ipsa dea sedem bene mutavisset ex Pesinunte[e] Phrygiae Romam transportata, quae domicilii permutatio numen Magnae Matris fecit augustius et venerabilius; atque ita patricii vicissim ineunt convivia et, ut inquit Ovidius in Fastis, "Captant mutatis sedibus omen idem [4.356]." [5] Et hoc significat ipsum verbum mutitare, hoc est mutua inter se convivia agitare, sicut idem Gelius in secundo apertissime declarat apposita ipsius verbi interpretatione [2.24.2].[2] Nimirum istae sunt illae sodalitates, hoc est sodalium inter se mutua convivia, de quibus ait M. Cato Censorius apud Ciceronem, cuius haec sunt verba: "Primum semper habui sodales: sodalitates autem me quaestore constitutae sunt sacris Idae[f] Magnae Matris acceptis. Epulabar igitur cum sodalibus omnino modice [*De sen.* 45]." Ovidius verbum illud quod est 'mutitare' circumlocutione quadam poetica expressisse videtur in quarto

---

e. 8.4] *Pesinunte*: 1496, 1502; 'pessimonte,' 1488.
f. 8.5] *Idae*: 1496, 1502; 'Ideis,' 1488.

---

[1] 8.3] *Qui ludi . . . verbo*: 'qui uni ludi ne verbo quidem,' edd.

[2] 8.5] *Et hoc significat . . . interpretatione*: Poliziano, strangely enough, says that he did not find this passage in Gellius (*In Ber.*, 264v). In his commentary on the *Fasti*, a note added by a different hand, it seems, insists on this point: "De Megalesiacis adducit ipse [Beroaldo] Ciceronem de Aruspicum responsis 'qui ne uno quidem verbo appellari latine dicas'. Vide an Gellius scribat patricios Megalenses mutitare solitos, quod in 18, quem citat, libro nondum inveni" (*Commento ai Fasti*, 316). He also comments that both he himself, in his notes on the *Fasti* and on Statius, and Biondo (*De Roma triumphante*, 2:48) had already explained the *ludi Megalenses*. Besides the note just quoted, Poliziano has a brief explanation of the *ludi* in his *Commento ai Fasti*, 316, and just mentions them in the commentary on Statius (*Commento alle Selve*, 245). Neither Poliziano nor Biondo explain the verb 'mutitare,' which interests Beroaldo here.

Fastorum, ubi historiam Cybelis luculente memorans ait: "Cur vicibus factis ineunt convivia, quaero [4.353]." [6] Et quoniam hoc in loco incidimus in mentione Megalesiorum non est pretereunda illius satyrici carminis enarratio, "Atque a plebeis longe Megalesia [Iuv. 6.69]," quo Iuvenalis haud dubie signat duo genera ludorum, videlicet ludos Cybelios qui dicuntur Megalesia, atque plebeios. Ludi autem plebei dicti sunt quos exactis regibus pro libertate plebis fecerunt, aut pro reconciliatione plebis post secessionem in Aventinum, prout docet Pedianus Asconius [ps.-Ascon. *Verr. In Act.* 1.31; Stangl, 217]. De his ita loquitur Livius in XXIIII: "Plebei ludi [M.Aurelio Cotta et M.Claudio Marcello consulibus] ter instaurati sunt [potius 21.49.3]."[1] [7] Plebeiorum ludorum crebra mentio est apud eruditos de quibus intelligens poeta satyricus ait mulieres Romanas quae ludis et histrionibus vehementer oblectantur tristes esse et moestas quotiens ludi cessant [Iuv. 6.67–70]. Quotiens post plebeios ludos longo temporis intervallo Megalesia subsecuntur et ita a plebeis exponendum erit a ludis, hoc est post ludos qui plebei nuncupantur. Et hic est verus poetae sensus; qui aliter sentit an bene sentiat viderint eruditi.

[9.1] Apud eundem Ovidium versus est in tertio Fastorum depravatus, quem errorem esse possit agnoscere quivis vel mediocriter eruditus, quem non esse animadversum ab his qui doctrinae nomine gloriantur, vehementissime admiror. Ita enim in omnibus fere codicibus scriptum est: *Is decies senos tercentum et quinque diebus iunxit et e pleno tempora quinta die* [3.163–64]. [2] Hanc lectionem multi sequentes interpretationem implicatissimam attulerunt nec se ullo pacto explicare queunt.[2] Quo circa tu illud 'tempora quinta' ita corrigito 'tempora quarta' prout scripsisse Ovidium haud dubie credimus,[3] et sensus efficitur manifestarius.

---

[1] 8.6] *Ludi autem . . . sunt*: this explanation, with the quotations from Asconius and Livy, is already in Biondo (*De Roma triumphante*, 2:48), as pointed out by Poliziano (*In Ber.*, 264v).

[2] 9.2] *interpretationem implicatissimam . . . queunt*: see Marsi, fol. i8r: "tempora quinta dixit non quod quinis annis fiat intercalatio, sed quaternis, hoc est in fine cuiuscumquam quarti anni; sed quia de quinto in quintum numerando utrumque intercalatum, ut quartanam febrem dicimus quia de quarto in quartum et tamen duo sunt intermedii dies, sed numeratur a die febris ad alteram febrem, ita ab anno intercalationis ad alteram intercalationem."

[3] 9.2] *'tempora quarta' . . . credimus*: 'tempora quinta' is the reading of all MSS; 'quarta' in MSS is a correction of humanistic hands. Poliziano objected to this emendation, since 'quinta' was also the reading of a San Marco MS (*In Ber.*, 265r). It is now

Significat enim poeta id quod manifestissimum est: Iulium Cesarem dictatorem annum ad solis numerum accomodasse qui CCCLXV diebus et quadrante cursum conficit et ita annus trecentorum et LXV diebus effectus est et, ne quadrans deesset, statuit ut quarto quoque anno sacerdotes diem unum intercalarent quem bissextum censuit nominandum. Cuius rei autores sunt Macrobius [1.14.3–6], Solinus [1.45–47], et Tranquillus [Suet. *Reliq. fr.* 130]. [3] Itaque Ovidius quadrantem illum, hoc est sex horas quae anno civili supersunt, quarta diei tempora eleganter appellat qui XXIV horarum spatio terminatur et pro illo quadrante diei qui annum verum suppleturus esse videbatur. Instituit Iulius Caesar ut, peracto quadrienii circuitu, dies unus in mense Februario post terminalia intercaleretur, ex quo scribit Censorinus annos ad suam usque memoriam Iulianos vocitatos [20.10–11].

[10.1] Apud Ovidium in Ibida versus hic est: *Comicus ut liquidis periit, dum nabat, in undis* [591]. Quo versu Terentii comediarum scriptoris significavit interitum, qui, teste Donato, cum navem conscendisset Graecia revertens, naufragio periclitatus occubuit cum centum et octo fabulis conversis a Menandro [*Vita Ter.* 5]. Quidam tradunt Terentium, postquam sex populo edidit comedias, iter in Asiam fecisse et cum navem conscendisset nusquam deinceps visum fuisse [ibid.]. [2] Unde vehementer illorum doctrinam desidero qui in huius loci enarratione interpretamenta nugatoria commenti sunt,[1] sicut in eo quoque loco parum curiose historiam pensitaverunt, "Ut quos dux Penus mersit putealibus undis [Ov. *Ib.* 389]."[2] Eo enim versu significatur Hanibalis crudelitas quam unus scriptorum maxime expressit, Appianus in eo libro

common opinion that 'quinta' is the correct reading of the MSS, but Ovid himself made a mistake here.

[1] 10.2] *Unde vehementer . . . commenti sunt*: Beroaldo may be alluding to Calderini who, in his commentary on the *Ibis* identifies the playwright as Menander (Venice 1491, 16r). Poliziano identifies him as Eupolis (*In Ber.*, 265r and *Misc.* 10). Modern scholars do not agree either, and they argue for Terence, Menander or Eupolis (see the discussion in *P. Ovidii Nasonis Ibis*, A. La Penna ed. [Florence 1957], 158).

[2] 10.2] *sicut . . . pensitaverunt, 'Ut . . . undis'*: it is Calderini again, who also refers to Hannibal's cruelty, but to a different episode cited in a passage of Valerius Maximus (9.1.2 ext.). Modern scholars agree that the Ovidian line alludes to the cruelty of Hannibal, but they refer to the episode of the senators of Acerra, whom Hannibal ordered to be thrown into a well and covered up with dirt. The story is told both by Appian, quoted here by Beroaldo, and by Valerius Maximus in a different passage from that referred to by Calderini (9.6.2 ext.).

cui titulus est Lybicus, apud quem Publius Cornelius Hanibalis ducis
Poenorum truculenta facinora memorans ait: "Carthaginenses senatum
Nucerinorum intra balnea conclusum adhibito igne necaverunt, cives
abeuntes telis insecuti sunt, Aceranorum preterea senatum per indutias
fidentem puteis mersere ora saxis obruentes [*Pun.* 63]."[1] Nec multo
post inquit: "Captivos [Hanibal] partim fossis obruit, partim fluminibus
immersit per quorum corpora tamquam per pontes ductaret exercitum
[ibid.]." Scribit Seneca libro secundo De ira Hanibalem, cum fossam
sanguine humano plenam vidisset, dixisse "O formosum spectaculum!
[2.5.4]." [3] Sed iam ab Ovidio ad alios poetas transeamus: pauca
quaedam prout memoriae suppetunt annotantes quae interpretationis
indigere videantur.

[11.1] Pene preterii locum illum Ovidii qui non fuit dissimulanter
pretereundus qui est in primo De remedio amoris: *Ingenium magni livor
detractat Homeri; Quisquis es, ex illo, Zoile, nomen habes* [365–66]. Existimant plerique omnes gramatistae trivialesque doctores Ovidium his
duobus versibus significare voluisse invidum qui detrahebat Homero ab
illa Homerica detractione fuisse Zoilum nominatum, tamquam Zoilus
lividus detractorque significetur.[2] [2] Sed longe aliud est quod sensit
Ovidius qui historiam vetustissimam signavit quae talis est: Zoilus libros
scripsit adversus Homerum eosque tamquam rem luculentam attulit regi
Ptolomeo qui, cum videret indigne carpi vexarique omnis philologie
ducem omnisque doctrinae parentem, nullum Zoilo responsum dedit,
quem mox ad egestatem redactum patibulo affecit.[3] [3] Hic, cum esset
Homeri emulus atque obtrectator, adoptavit sibi hoc cognomentum ut
homeromastix nominaretur tamquam Homeri flagellum: mastix enim
Grece significat flagellum [Vitr. 7. pr. 8–9], unde comici poete verbero-

---

[1] 10.2] *Carthaginenses senatum . . . obruentes*: this and the following quotation from
Appian are cited directly from the translation of Pier Candido Decembrio (Scandiano,
14<9>5, fol. C2r).

[2] 11.1] *Plerique omnes . . . significetur*: not identified. The first printed commentary on
the *De remedio amoris* is that of Bartolomeo Merula, Venice 1494.

[3] 11.2] *Zoilus . . . patibulo affecit*: Poliziano (*In Ber.*, 265r) notes that he had already
touched upon this story both in his *Ambra* and in his youthful *Praefatio in Homerum* (cf.
Angelus Politianus, *Opera omnia*, 1:581 and 490). Calderini in his commentary on
Martial 2.42 had also seen that in Vitruvius Zoilus is the name of the detractor of
Homer: "Zoilus non est recens nomen apud Martialem; est et nomen tutoris apud
Livium et oratoris apud Strabonem; et apud Vitruvium calumniatoris Homerici" (Venice
1485, fol. d2v).

nes mastigias identidem appellant [e.g., Plaut. *Curcul.* 567; *Capt.* 600; Ter. *Adelph.* 781] et inde factum est ut omnibus detractoribus hoc cognomen accomodemus. Plinius in prohemio Naturalis historiae: "Ut obiter caveam istos homeromasticas [pr. 28]"; ita enim carptores suos nuncupat. [4] Illud attende quod docti scriptores usurpant obtrectatores omnis eleganter masticas vocitari addito illius nomine cui obloquuntur ut, exempli gratia, ciceromastix nominetur qui detrahit Ciceroni, virgiliomastix qui Virgilio [Serv. *In Buc.* 2.23]. Inde ait Aulus Gellius quendam librum scripsisse adversus Ciceronem qui infando titulo erat inscriptus Ciceromastix [17.1.1]. [5] Igitur Ovidius, ostendere volens maximos quoque poetas et extra omnem ingenii aleam collocatos esse obnoxios invidiae et obtrectationibus, dicit livorem Zoili exarsisse in Homerum qui est divinissimus poetarum; a quo livore atque detractione Zoilus nomen invenit ut scilicet homeromastix nomine detestando passim cognominaretur. Historia traditur a Vitruvio in VII De architectura [7. pr. 8–9]. Huius Zoili testimonio utitur Strabo quem vocat Homeri vituperatorem [6.2.4; C 272.40–42].[1]

[12.1] Apud Oratium in primo Epistolarum vetus est verbum et docte et eleganter collocatum quod non paucos alioquin eruditos fefellit. Sic enim scribitur: *Nec semel irrisus triviis attollere curat Fracto crure planum* [1.17.58–59], ubi planus accipitur pro scurra et sicophanta sicuti Cicero [*Pro Cluent.* 72] et Laberius acceperunt et observavit Aulus Gellius in XV Noctium Atticarum [potius 16.7.10].[2] [2] Qui existimant planum apud Oratium nomen esse adiectivum,[3] syllabae ratione facile coarguuntur que in plano prima quando significat sicophanta corripitur, quando adiectivum nomen est producitur. Clarum est quod a nobis dicitur et quod ab aliis; adeo ut res ipsa se ipsam fulciat atque corrobet citra aliena adminicula unde hoc et id genus alia indicasse satis erit ac super.

---

[1] 11.5] *Quem vocat . . . vituperatorem*: Guarino's translation of this passage of Strabo reads: "Is est qui Homerum uti fabularum scriptorem vituperat" (fol. o5v).

[2] 12.1] *ubi planus. . . . Noctium Atticarum*: Poliziano claims to have already explained the meaning of 'planus' and that Porphyry (an author known also to Beroaldo) explains it too. He notices that Beroaldo omits Pliny as his source here, but reminds himself to check two of Beroaldo's other sources, Cicero and Gellius (*In Ber.*, 265r).

[3] 12.2] *Qui existimant . . . adiectivum*: this is Cristoforo Landino in his commentary on Horace: "Cum sepe decepti fuerimus ab iis qui fractum crus simulantes et humi iacentes clament 'Attollite,' non prestamus fidem iis qui fracto crure planum, id est vere, auxilium implorant" (Florence 1482, 249v). The story is found in ps.-Acro.

[13.1] Apud eundem in eodem Epistolarum libro versus ille notissimus est: *Sed nimis arcta*[g] *premunt olidae convivia,*[h] *caprae* [1.5.29], quo significat convivas et coepulones nimis arcte discumbentes nimisque ob numerosam multitudinem constipatos in mensa[i] ledi foetore molestissimo, qui modo hircus, modo caper, modo trogos nominatur a poetis.[1] [2] Namque, ut autor est Censorinus, in secunda annorum ebdomade vel incipiente tertia vox crassior fit et inequabilis, quod antiqui Latini dicunt hirquitallire et inde ipsos putant hirquitallos appellari quod tunc corpus hircum olere incipiat [14.7]. Aristoteles id quod Latine hirquitallire dicitur Graece vocat 'tragigin' libro VII De animalibus [*Hist. anim.* 581a.21], quam dictionem interpres Aristotelicus in Latinum vertens caprire dixit.[2] [3] Idem Aristoteles in Problematis [4.24] autor est virus hirci illos redolere qui rem agunt veneream quique ea etate sunt quae Veneri sufficiat: inde foetorem alarum hircum vocitamus quae omnium maxime partium nostri corporis male olent propterea quod immobiles inexercitataeque habentur. [4] Hinc est illud ab Oratio dictum eleganter in Epodo, "Cubat[3] hircus in alis [12.5]." Catullus caprum appellat illo versiculo, "Valle sub alarum trux habitare caper [49.6]." A Martiale tragos Grece nuncupatur: "Inde tragos celeresque pili mirandaque matri Barba [11.22.7–8]." Et quoniam hircus maritum significat capellarum et accipitur pro graveolentia,[ibis] luculente et festive dixit Ovidius "offendat[4] nares virque paterque gregis! [*Ars* 1.522]," cum faetorem hircinum significare voluisset. [5] Et ita ab Oratio poetica quadam venustate ollidae capre appellantur male olentes convivae. Ab hirco hircosus derivatur: Persius, "Hic aliquis de gente hircosa centurionum [3.77]."

---

g. 13.1] *nimis arcta:* 1496, 1502; 'minus arte,' 1488.
h. 13.1] *convivia:* 1496, 1502; 'communia,' 1488.
i. 13.1] *in mensa:* 1496, 1502; 'immensa,' 1488.
ibis. 13.4] *graveolentia:* 1496, 1502; 'grave olentia', 1488.

---

[1] 13.1] *quo significat . . . a poetis:* once again Poliziano affirms, "nostrum est" (*In Ber.*, 265r).

[2] 13.2] *interpres . . . dixit:* this is Theodorus Gaza in his translation of the *Historia animalium*: "Vox item per id tempus mutari in sonum asperiorem inaequabilioremque incipit, quamquam nondum grave neque enim acuta praeterea est neque tota aequabilis sed similis fidibus incontentis et asperis quod caprire denominant" (Venice 1498, 6v).

[3] 13.4] *Cubat:* 'cubet,' edd.

[4] 13.4] *offendat:* 'nec laedat,' edd.

[14.1] Idem ait in II Epistolarum: *Diversum confusa genus panthera camello* [2.1.195]. Quo versu plane camelopardalin^j poetica circumlocutione descripsit.[1] Est autem camelopardalis collo similis equo, pedibus et cruribus bovi, capite camello, albis maculis rutilum colorem distinguentibus, unde appellata camelopardalis; nabuna Aethiopes vocant, ut autor est Plinius in octavo Naturalis historiae [8.69]. Hoc est illud animal quod Italici lingua vernacula gyrapham appellant. Scribit Albertus Magnus libro XXII De animalibus suis temporibus Federicum imperatorem camelopardalim secum habuisse [13.16] et hac tempestate Florentiae visa est dono missa Laurentio Medici a re Aegyptiaco. [2] Sensus Oratii est risurum fuisse Democritum cui omnia mortalium ridenda videbantur sicuti Heraclito flenda, si populum Romanum stupere vidisset aspectu camelopardalis. Et hoc ideo dictum est quia Plinio [*N.H.* 8.69] atque Solino [30.19] autoribus primum visa fuit Romae ludis circensibus Caesaris dictatoris. Autor est Iulius Capitolinus fuisse Romae sub imperatore camelopardales decem [*Gord. Tres.* 33.1]. [3] Errant qui existimant ab Oratio significari camellum cum panthera coeuntem,[2] cum 'panthera confusa genus camello' doctissima periphrasi pro camelopardali accipienda sit, quae, ut diximus, ex maculis panthere et capite camelino formatur et ita cum camelo genus panthera confundit.

[15.1] Apud eundem in eodem Epistolarum libro scriptum est: *Ibit eo quo vis qui zonam perdidit* [2.2.40]. Inquit, ubi non simpliciter dictum esse existimare debemus qui zonam perdidit, sed morem priscorum expri-

---

j. 14.1] *camelopardalin*: 1496, 1502; 'camelopardali,' 1488.

---

[1] 14.1] *Quo versu . . . descripsit*: this is one of the interpretations that without doubt was taken by Beroaldo from Poliziano, as Poliziano himself strongly and most convincingly claims both in his *In Ber.* and in his *Misc.* He only could have made the identification, since he had seen a giraffe painted in Filippo Strozzi's house, and Lorenzo de' Medici, who had seen one in Naples, had described it to him (*In Ber.*, 265v); he himself later had seen a real one, when a giraffe was sent as a gift to Lorenzo in Florence by the Egyptian Sultan (*Misc.* 3; fols. b8v–c1r). See Krautter, "Angelo Poliziano als Kritiker," 320.

[2] 14.3] *Errant qui . . . coeuntem*: ps.-Acro: "Panthera autem dispari sexu procreatur ex panthera et camelo."

mere voluisse qui zonas numis aureis refertas habebant.[1] [2] Quod
probatissimum testimoniis comprobatur imprimis Tranquilli qui scribit
Vitelium zonam se aureorum plenam circumdedisse [Suet. *Vit.* 16] et
Apuleii cuius haec sunt verba ex libro VII De asino aureo: "Plotina
preciosissimis monilium et auro monetali zonis refertis incincta [7.6]."
Preterea Caius Grachus fortis orator in oratione quam habuit ad populum sic scriptum reliquit: "Itaque, Quirites, cum Romam profectus sum,
zonas, quas plenas argenti extuli, eas ex provintia inanes rettuli [Gell.
15.12.4]." Tradit Plutarchus in Demetrio Sosigenem aureos nummos
tercentos habuisse in cingulo militari pro viatico [49.4]. Spartianus
quoque autor est Pescenium Nigrum iussisse ne milites in zonis nummos
aureos vel argenteos portarent ad bellum, sed publice commendarent
repetituri post prelia quod dederant [*Pesc. Nig.* 10.7]. Quin etiam
Lampridius Alexandrum imperatorem Romanum dicere solitum ait:
"Miles non timet nisi vestitus armatus [et] calciatus et satur et habens
aliquid in zonula [*Alex. Sev.* 52.3]." [3] Et talis est Oratiana sententia:
inducit enim militem Lucullianum qui factus erat dives et bene numatus
recusantem ire ad castellum oppugnandum et ita imperatori Lucullo
respondentem: "Ibit ad omne periculum rusticanus miles et inops et qui
zonam perdidit," hoc est, qui aureos amisit, quos in zona milites portare
consueverunt, propterea quod mendicitas militaris ad omnem desperati-
onem vocat armatum; qui vero satur est et aliquid habet in zona timet
pericula subire. [4] Ad hanc veterum consuetudinem referendus est ille
satyrici poetae sensus, "Obrutus, et zonam leva morsuque tenebit [Iuv.
14.297]," quem Iuvenalis explanatores preterierunt.[2] Namque significare
voluit poeta zonam a naufrago teneri non solum manu sed etiam mordi-
cus, propterea[k] quod zona erat monetali auro referta, quam ne perdat

---

k. 15.4] *propterea*: 1496, 1502; 'proterea,' 1488.

---

[1] 15.1] *qui zonam . . . habebant*: Poliziano (*In Ber.*, 265v) says that this had been
explained by him in his Juvenal and by Porphyry (in his commentary on Horace, which
may well be the common source).

[2] 15.4] *Iuvenalis explanatores preterierunt*: neither Calderini nor Merula explain this
line. Poliziano comments that what Beroaldo says of the commentators of Juvenal does
not touch him ("Quod [Beroaldo] ait Iuvenalis explanatores hoc praeterisse non tangit
me" [*In Ber.*, 265v]).

omnibus nervis viribusque contendit. Ecclesiastica sententia precipit ne aes, hoc est pecuniam, in zonis habeamus [Matth. 10.9].

[16.1] Idem in Epistola ad Maecenatem scripta sic inquit: *Designatorem decorat lictoribus atris* [1.7.6], in cuius loci enarratione labuntur interpretes et quid designator significet non satis diligenter exponunt.[1] [2] Sed nos, omissis aliorum interpretamentis, nostra probemus: "designare vetustissimo significatu est rem novam facere in utranque partem et bonam et malam," sicuti docet Donatus enarrans illud Terentianum in Adelphis, "Modo quid designavit [*Ad Ter. Ad.* 87]." Inde designatores dicti sunt curatores funerum qui ludis funebribus presunt ob eam causam quod in his ludis multa fiant nova et spectanda.[2] Scribit iurisconsultus de his qui notantur infamia designatores ministerium non artem ludicram exercere ideoque ignominiosos non haberi, et sane locus iste a principe, ut verbis iurisconsulti utar, hodie non pro modico beneficio datur [Ulp. *Dig.* 3.2.4]. [3] Ad hoc idem pertinentia verba Senecae subieci ex libro De beneficiis VI quae haec sunt: "An tu Aruntium et Aterium et caeteros, qui captandorum testamentorum artem professi sunt, non putas eadem habere quae designatores et libitinarios vota? Illi[3] quorum mortes optent nesciunt, hi familiarissimum quenque ex quo propter amicitiam rei[4] plurimum est mori cupiunt [*Benef.* 6.38.4]." Hactenus Seneca. [4] Sensus autem Oratii hic est: dabis, inquit, mihi, Maecenas, veniam diutius vellicanti et in agro commoranti quam promiserim, quoniam egrotare Romae formido per dies autumni pestiferos dum designatores, hoc est prefecti ludorum funebrium, lictoribus stratis decorantur et per multorum mortes munia sua frequenter usurpant funebribus ludis presidendo.

[17.1] Scribit idem Oratius in primo Epistolarum, *Mancipiis locuples eget aeris Cappadocum rex* [1.6.39]. Quo versu significat quosdam esse famulosos et famulitio numeroso copiosos, sed rei nummariae egentissimos. Et

---

[1] 16.1] *labuntur interpretes . . . exponunt:* this is Landino who explains: "Designatorem eum dicit qui sculpit titulos in sepulchris" (239r). Poliziano again says that he has already given this explanation (*In Ber.*, 265v); but cf. Donatus and ps.-Acro. Poliziano, however, takes note of Beroaldo's quotation from Seneca (see below) and reminds himself to check it.

[2] 16.2] *Inde designatores . . . spectanda:* the source is still the same passage of Donatus, but cf. also ps.-Acro, *In Hor. Epist.* 1.7.6, who has the same explanation.

[3] 16.3] *Illi:* 'illi tamen,' edd.

[4] 16.3] *rei:* 'spei,' edd.

ita rex Cappadocum non accipitur pro rege Cappadociae, sed pro eo qui maximam habeat familiam servorum.[1] Rex enim alias dominus alias regnator alias dives significatur et ita apud luculentos scriptores frequenter significat divitem atque potentem qui a clientibus colitur et parasitis; et in hoc significatu Iuvenalis [1.136; 5.14; 130], Martialis [2.18.8], et Plautus [*Poen.* 671; *Stich.* 455] accipiunt. [2] Et alibi ab Oratio dictum est: "Sive reges Sive inopes erimus coloni [*Carm.* 2.14.11–12]." Columella quoque libro primo de salutatore loquens ait: "Somnium[2] regis sui rumoribus auguratur[3] [1. pr. 9]." Scribit eruditissime Donatus regem nomen esse ad aliquid, ut dialectici loquuntur: ut enim libertus est patroni ita rex parasiti et parasitus regis [*Ad Ter. Phorm.* 338]. [3] Capadocas vero servos appellamus a nomine regionis ex qua venales optimi deportabantur, sicuti lydum et syrum prisci nuncuparunt, sicuti davum et getam vocitamus a Getis populis et Dacis, quos olim davos vocitatos esse existimat Strabo, ex quo apud Athenienses Davorum et Getarum nomina servilia in usu erant frequentissimo [7.3.12].[4] Et inde apud poetas comicos identidem reperies servos Getas et Davos appellitari [Plaut. *Amph.* 365 and 614; *Truc.* 577; and especially Ter. *Adelph.*, *Andr.* and *Phorm.*]. De Cappadocibus mancipiis meminit Persius: "Cappadocas rigida pingues pavisse[5] catasta [6.77]." Et Martialis inquit: "Quid te Capadocum sex onus esse iuvat? [6.77.4]." Ad mancipia quae ex Capadocia bona deferebantur aludens, Apuleius in libro septimo De asino aureo ait: "At ille Capadocum me et satis forticulum nuntiat[6] [potius 8.24]." [4] Ita ab Oratio rex Capadocum dicitur dominus mancipiorum quorum legiones a nonnullis Romanorum locupletissimis habebantur,[1] ut

---

l. 17.3] *habebantur.* 1496, 1502 ; 'habeantur,' 1488.

---

[1] 17.1] *Quo versu . . . servorum*: Poliziano again affirms, "nostrum est," then he examines Beroaldo's sources and concludes that Beroaldo has added on his own only the quotation from Apuleius (*In Ber.*, 266r).

[2] 17.2] *Somnium*: 'somnumque,' Lundström.

[3] 17.2] *auguratur.* 'augurantis,' Lundström.

[4] 17.3] *existimat Strabo . . . frequentissimo*: Guarino translates: "Ex quo apud Athenienses Davorum et Getarum nomina servilia plurimum abundabant" (fol. q2r).

[5] 17.3] *pavisse*: 'plausisse,' edd.

[6] 17.3] *nuntiat*: 'denuntiat,' edd.

luculente tradit Plinius qui in XXXIII ait : "Servorum causa nomen-
clatorem^m esse adhibendum [33.26]."

[18.1] Scribit idem in primo Sermonum: *Vin tu curtis Iudaeis oppedere?*
[9.68–70], quod verbum vetus est et significat contrapedere.[1] Nam a
pedo-pedis, cuius significatio notior est quam ut egeat interpretationis,
formatur oppedere, id quod docet Priscianus in X utens istius versiculi
testimonio [*Gramm.* 10.23; Keil II 515]. [2] Errant qui existimant
oppedere dici quasi pedem pedi opponere;[2] nam, preter autoritatem
Prisciani, syllabae repugnantis ratione refelluntur, quae longa est in verbo
pedo, brevis in pede.

[19.1] In secundo Sermonum scriptum legimus: *Foris est promus et atrum
Defendens pisces hyemat mare* [2.2.16–17], ubi promus non pro pisce
accipitur,[3] sed pro eo qui preest promendis cibariis [ps. Acr. and Porph.
ibid.]. Etenim in familia potentiorum et luculentiorum alius est condus,
alius promus, alius alii ministerio assignatus. Condum vero illum appellaverunt qui recondit in cellam penuariam ipsa penora; promus vero is
dictus est qui depromit ea quae usionis gratia depromenda sunt, ut docet
Fulgentius Placiadis [*Serm. antiq.* 24]. Inde est illud Plautinum: "Sum
promus condus et procurator peni [*Pseud.* 608]." Et facete dictum est ab
Ausonio: "Promusque quam condus magis [*Epist.* 26.20; Peiper, 274]."
Et Apuleius eleganter in Apologia promum librorum appellat eum qui
libris promendis et exhibendis preest [53]. [2] Sensus itaque Oratii hic

---

m. 17.3] *nomenclatorem*: 1496, 1502; 'nomen latorem,' 1488.

---

[1] 18.1] *et significat contrapedere*: Poliziano claims to have explained this also (*In Ber.*,
266r), but the common source may be again Porphyry (see note below).

[2] 18.2] *Errant qui . . . opponere*: this is Landino who explains: "Oppedere: resistere et
opponere. Translatio a militibus cum pedem pedi opponunt. Verg., 'Heret pede pes' "
(196r). Cf. ps.-Acro (*In Hor. Serm.*, 1.9.70): "Oppedere: contradicere, quasi contra
pedem opponere. Alii verbum foeditatis volunt, sed falsum est," while Porphyry (ibid.):
". . . Oppedere Iudaeis autem quasi contemnere eos ac religiones eorum deridere
significat."

[3] 19.1] *promus . . . accipitur*: it is again Landino: "Promus: species piscis est" (201r).
Poliziano claims once more to have already given this explanation (*In Ber.*, 266r).
Bartolomeo Fonzio also corrects Landino and gives the same explanation, quoting
Apuleius, Ausonius, and Plautus (Di Benedetto, 'Landino, Fonzio e Orazio', 447; see
also here, *Intro.*, sect. 4). The common sources may be again Porphyry and ps.-Acro.

est: eum qui multiplici corporis labore exercitus ac delasatus est esurientem non aspernaturum vilia cibaria; et si domi non erit promus, hoc est ille qui promat conditos in cellario cibos esculentiores, et si pisces haberi non poterunt[n] mari hyemante et undabundo, libentissime tamen panem cum sale in esca sumpturum ad sedandam murmurantis prae inedia stomachi esuritionem. Namque, ut dicere solebat Socrates, optimum obsonium est fames, unde cum esurienti olim Ptolomeo cibarius panis in casa datus esset, nihil visum est illo pane iucundius [Cic. *Tusc.* 5.97]. [3] Ab eodem in eodem sermone gulonum gula digna rapacibus Harpyis speciose nuncupatur [2.2.40] significante videlicet helluonum ingluviem mereri, ut ita cibaria illis luxuriosa Harpiarum raptu de mensa eripiantur et contactu fedantur, quemadmodum Phineo cibos abripiebant et immundo ore dapes polluebant [Serv. *In Aen.* 3.209; Hyg. *Fab.* 19]. Poeticam elegantiam non penitus inspexerunt illi qui existimarunt ab Oratio dici gulam dignam Harpyis pro ea quae voretur ab Harpyis vel quae sit voracissima ut Harpya.[1] Qui in poetarum lectione infrequens non est, is facillime cognoscet poeticum morsum ad id esse referendum ad quod nos referri debere censuimus.

[20.1] In secundo sermonum Damasippum introducit sermocinantem qui, ostendere volens se aere alieno et foeneratorum usuris omne patrimonium perdidisse, perquam eleganter ait: *Postquam omnis res mea[o] Ianum ad medium fracta est* [2.3.18–19]. [2] Nam Romae in regione basilicae Pauli consistebant foeneratores qui locus Ianus dicebatur, quoniam scilicet in eo Iani simulacra collocata visebantur[p], cuius rei meminit Porphirio [*In Hor. Serm.* 2.3.18], ut alibi signat Oratius sic scribens in primo Epistolarum: "Haec Ianus summus ab imo[q] Perdocet [*Epist.* 1.1.54–55]." Cicero in VI Antoniarum Ianum medium sicuti Oratius

---

n. 19.2] *poterunt*: 1496, 1502; 'poterint,' 1488.
o. 20.1] *mea*: 1496, 1502; 1488 *om.*
p. 20.2] *visebantur*: 1496, 1502; 'viscebantur,' 1488.
q. 20.2] *ab imo*: 1496, 1502; 'ab ipso,' 1488.

---

[1] 19.3] *Qui existimarunt . . . Harpya*: it is once more Landino: "Harpyis: vel lege gula digna Harpyis, id est que voretur ab Harpya, vel melius digna Harpyis, id est talis qualem decet Harpiam, quod animal rapacissimum voracissimumque est" (202r), whose source is ps.-Acro *In Hor. Serm.* 2.2.40.

nuncupavit et pro eodem significatu accepit, cuius haec verba sunt: "Non possem, sine risu, dicere: L. Antonio iano medio.[1] Itane? Ianus medius in L.[2] clientela sit? quis [enim] unquam in illo[3] inventus est qui Lucio Antonio mille nummum ferret expensum? [*Phil.* 6.5.15]." De hoc eodem intellexit Ovidius eo versu: "Qui Puteal Ianumque timet celeresque calendas [*De rem.* 561]." [3] Ad Ianum igitur medium, ait Damasippus, se rem suam, hoc est patrimonium, fregisse quoniam sub feneratoribus corruerat in vico Iani consistentibus. Qui ad medium Ianum pro mercatura exponunt, quid sibi velint ignoro.[4]

[21.1] In eodem sermone perquam scite dictionem divisit ita ut partem in fine superioris, partem in principio inferioris carminis collocaret; sic enim inquit: *Stramentis incubet, unde Octoginta annos natus* [2.3.117–18]. Ibi illud 'unde octoginta' pro una tantum dictione dictum accipere debemus, sicuti undeviginti, undetriginta veteres dictitarunt, et undeoctoginta dixit Oratius, id est septuagintanovem annos habens etatis, hoc est octoginta unde unum deest,[5] sicuti interpretatur Priscianus in libro De ponderibus qui hunc Oratianum locum curiosissime observavit et cum diligentia rettulit [*De fig. num.* 30; *Gramm.* 18.210; Keil 3.311]. [2] Nec mirandum est dictionem compositam duos in versus fuisse distinctam, cum etiam simplicia verba dividantur ut in illo saphyco Catulliano: "Gallicum Rhenum, horribiles et ultiMosque Britannos" [11.11–12]. Et ab Oratio in secundo Carminum dictio ista venale dividitur eo versu: "Grosphe, non gemmis neque purpura veNale nec aureo [2.16.7–8]."

[22.1] Quaeri solet ab eruditis quid significet apud eundem in secundo Sermonum pyrgus eo versu, *Mitteret in pyrgum*[6] *talos* [2.7.17]. Namque

---

[1] 20.2] *iano medio*: 'a Iano Medio patrono,' edd.

[2] 20.2] *in L.*: 'in L. Antonii,' edd.

[3] 20.2] *in illo*: 'in illo Iano,' edd.

[4] 20.3] *Qui ad medium . . . exponunt*: this is again Landino: "Ad medium ianum: ad mediam mercaturam. Sententia est quod in medio cursu mercature a fortuna afflictus est. . ." (205v). Poliziano (*In Ber.*, 266r) affirms that Beroaldo's explanation is the same as the one given by himself in his notes on Statius (cf. *Commento alle Selve*, 62–63), and only adds a couple of other sources (Porphyry and Cicero, *Phil.* 6.5.15). But cf. ps.-Acro and Porphyry.

[5] 21.1] *Ibi illud . . . deest*: this is also the reading and interpretation of modern scholars. Poliziano (*In Ber.*, 266r) has 'neque octoginta', apparently an error for 'unde-octaginta'.

[6] 22.1] *pyrgum*: it is the vulgate reading both of MSS and of humanistic editions;

non pauci ex eruditioribus pyrgum esse dixerunt alveolum, hoc est tabulam lusoriam, quam et fritillum appellari existimaverunt.[1] In quo duplici labuntur errore cum neque pyrgus significet alveolum, neque alveolus pro fritillo accipiatur. [2] Nos autem pyrgum esse dicimus illud vasculum quo coniecti tali agitatique mittuntur, cuius effigies instar turriculae est unde nomen mutuatur. Pyrgos enim Graece turris Latine significatur. Martialis Latino verbo uti maluit et turriculam appellavit. Namque in Apophoretis lemma est 'turricula' quae in eodem significatu accipitur quo pyrgum accepit Oratius. Sic enim ipsa loquitur: "Quae scit compositos manus improba mittere talos, Si per me misit, nil nisi vota facit[2] [14.16]." A Persio per quandam similitudinem eleganter orca nominatur ita scribente: "Scire erat in voto, damnosa canicula quantum Raderet, angustae collo non fallier orcae [3.49–50]." [3] Haec est illa turricula sive pyrgos quae alio nomine fritillus a poetis identidem appellatur, neque unquam significat tabulam lusoriam, quae modo alveus modo alveolus, nonnunquam latruncularia tabula nominitatur. Fritillum autem esse idem quod pyrgum ostendit aperte Porphirio qui apud Oratium pyrgum dicit significare, "quod nos fritillum dicimus, in quo coniectae tesserae agitateque mittuntur [*In Hor. Serm.* 2.7.17]."[3] [4] Nil esse potest hac interpretatione manifestius, nil lucidius: nam dicit tesseras coniici fritillo tanquam vasculo quo agitatae deinde mittuntur in alveolum. Hoc idem indicat versus ille Iuvenalis, "Parvoque eadem movet arma fritillo [14.5]." Illud enim epitheton 'parvo' haud dubie demonstrat de turricula dictum esse,[4] non de tabula lusoria, quae lata et spatiosa esse consuevit. [5] Seneca quoque in libello quem de Claudii ludo composuit sic ait: "Eacus iubet Claudium ludere percusso[5] fritillo [*Apocol.* 14.4];" et mox: "Nam quotiens missurus erat resonante fritillo, Utraque subducto fugiebat tessera fundo [ibid., 15.1]," ubi haud dubie

---

'phimum' is the accepted reading in the modern editions.

[1] 22.1] *non pauci ... existimaverunt*: this is Landino: "Pyrgum quem et alveum et alveolum alio vocabulo vocitabant vas est in quo iaciuntur tali" (219v).

[2] 22.2] *facit*: 'feret,' edd.

[3] 22.3] *quod nos ... mittuntur*: cf. also ps.-Acro (*In Hor. Serm.* 2.7.17): "Pyrgum, alii fritillum dicunt."

[4] 22.4] *Illud enim ... dictum esse*: Poliziano disagrees with Beroaldo's interpretation; he thinks that, since a boy is playing, he has a small die-box. He also thinks that Beroaldo is wrong in identifying the 'orca' in Pers. 3.49–50 with 'pyrgum' (*In Ber.*, 266r). Modern commentators agree with Beroaldo.

[5] 22.5] *Claudius ... percusso*: 'Aeacus iubet illum alea ludere pertuso,' edd.

fritillum accipimus non pro tabula lusoria sed pro pyrgo: resonat enim fritillus concussione tesserarum quas ait subterfugisse de vasculo priusquam emitterentur in tabulam lusoriam. Sed haec hactenus; iam ad alia festinet oratio.

[23.1] Apud Martialem in epitaphio matronae quod libro X continetur legitur hic versus: *Bis mea Romano spectata est vita Terento*^{qbis} [10.63.3]; quo eleganter significare voluit matronam quae loquens inducitur se annos centenos vixisse. [2] Nam per Terentum Romanum ludos seculares intellige, qui instituto veterum Romanorum centesimo quoque anno fiebant, sicuti Censorinus affirmat ostendens seculum eo annorum spatio terminari [17.7], quamvis Oratius Flaccus in carmine quod secularibus ludis cantatum est centesimo et X quoque anno ludos seculares celebrari designaverit [*Carmen saec.* 21–22]. [3] Idem Ludi Terentini cognominabantur quoniam in campo Martio fiebant in eo loco qui Terentus dictus est, quod eo loco ara Ditis patris in terra occultabatur, ut inquit Festus [Paul. 350]. Originem ludorum secularium refert Valerius libro II capite De institutis antiquis, qui docet quemadmodum in Terento Romano, hoc est Campo Martio, Valesius aram effodit Diti patri et Proserpinae consecratam et hostias furvas Terenti immolavit ludosque fecit continuis tribus noctibus [Val. Max. 2.4.5], qui ob hoc Terentini appellantur a Censorino [17.8]. De quibus eleganter dixit Ausonius, "Trina Terentino celebrata trinoctia ludo" [*Griph.* 16.34; Peiper, 202]. [4] Martialis igitur, volens ostendere matronam diutissime vixisse, dicit eam bis spectasse Romanum Terentum, hoc est ludos seculares, qui in Terento Campi Martis fiebant, quos nemo bis spectare potest nisi qui supra aetatem vixerit centenariam. Unde eruditi autumant seculares dici potuisse quod plerunque semel fiant hominis aetate. [5] Potest et epigrammaticus poeta videri historiam suorum temporum significasse. Namque Domicianus, ut autor est Tranquillus, fecit ludos seculares computata temporum ratione ab anno non quo Claudius proxime, sed quo olim Augustus ediderat [Suet. *Dom.* 4.3]. Claudius enim ludos et ipse fecerat seculares inter quos et divi Augusti ludos sexagintatres non amplius anni interfuere, ut tradit Plinius in VII [*N.H.* 7.159]; quo circa inter seculares Claudii et Domiciani non legitimum seculi spatium interfuisse cognoscimus, sed annos plus

---

qbis. 23.1] *Terento*: 1496, 1502; 'Tarento,' 1488.

minus quadraginta medio intervallo esse colligimus, cum a secularibus Augusti ad seculares Domiciani ratio temporis legitimi computata conveniat.[1] [6] Et ita hic erit Martialis sensus ut matrona in epitaphio dicat se bis interfuisse ludis secularibus, scilicet illis quos Claudius et his quos Domicianus ediderunt intervallo annorum circiter quadraginta. Unde procul dubio asserimus Martialem significare voluisse matronam tam diu vixisse ut bis seculares ludos spectare potuerit, inter quos non longa secula interfuerunt, sicuti idonei scriptores affirmant quosdam histriones saltasse "utrisque secularibus ludis," et divi Augusti et quos fecit Claudius Caesar [Plin., ibid.]. [7] Non possum non vehementer admirari viros eruditos et magnae in litteris autoritatis versum Martialis ita exposuisse ut intelligant sexagesimum annum significari et aiunt trigesimo quoque anno sacra celebrari solita in Terento Romano.[2] In qua interpretatione duplex est error manifestarius: unus, quod nullo idoneo auctore confirmant ludos Terentinos fieri solitos singulis tricennis annis; alter, quod etiam si id verum esset quod affirmant, non tamen versus epigrammatici poetae id significaret quod interpretantur. Nam si verum esset, quod minime verum esse concedo, ut trigesimo quoque anno ludi fierent in Romano Terento, non tamen necessum esset eam explevisse annum sexagesimum quae bis id ludicri genus prospectasset: nam, postquam nata fuerat adhuc infans potuit semel vidisse, et deinde post annos triginta iterum spectasse, adeo ut quae sexagesimum expleverit annum, potuerit non bis, sed ter interfuisse spectaculis, quae trigesimo quoque anno fieri consueverunt. [8] Sententia poetae hec est: matronae vitam bis spectatam fuisse in ludis secularibus sive Terentinis, vel quot tot annos vixerat quot inter binos ludos seculares intersunt, vel, quod verius esse existimo, quia seculares ludos spectavit et quos Claudius et quos Domitianus fecerunt, non observato seculi intervallo. De hoc

---

[1] 23.5] *Potest et epigrammaticus . . . computata conveniat*: Poliziano protests that this explanation is his, and refers to his notes on the *Fasti* and on Statius. He notices, however, that Beroaldo quotes other authors, such as Censorinus and Ausonius (*In Ber.*, 266v). In his commentary on the *Fasti* he simply refers to his notes on Statius, where he also criticizes Calderini (*Commento ai Fasti*, 115; *Commento alle Selve*, 316–17). Poliziano discusses at length this line of Martial also in his *Misc.* 58 (fols. i3v–k2r).

[2] 23.7] *viros eruditos . . . in Terento Romano*: this is Calderini in his commentary on Martial: "Bis Romano Terento: id est lx explevi annum. Nam XXX quoque anno sacra celebrabantur in campo Martio ad locum quem Terenton appellabant" (Venice 1482, fol. u2r). No comment in Merula.

Terento meminit Papinius in Silvis illo versu: "Aut instaurati peccaverit ara Terenti [Stat. *Silv.* 1.4.18]."

[24.1] Hendecasyllabon eiusdem poetae sic incipit: *Ride si sapis, o puella, ride Pelignus, puto, dixerat poeta* [2.41.1–2]. Existimant Martialis enarratores hoc dictum esse propter illam Ovidii sententiam quae est in libris De arte amandi: "Sint modici risus[1] parveque utrinque lacunae [3.283]."[2] [2] Ego vero legi apud Martianum Capellam in libro De astrologia hoc hendecasyllabon ipsius esse Nasonis. Verba Martiani haec sunt: "Peligni de cetero iuvenis versiculo resipisce et in[3] tragicum corrugata[4]: 'Ride si sapis, o puella, ride' [8.809]." His Martianis verbis perspicuum est versiculum istum ab Ovidio fuisse ita perscriptum sicuti a Martiale repetitus est et, ut opinor, in tragedia Ovidii cui titulus est Medea legebatur,[5] quam scripsit magna cum laude, quam ita laudat Quintilianus in X: "Medea Ovidii mihi videtur ostendere quantum vir ille prestare potuerit, si ingenio suo temperare quam indulgere maluisset [*Inst.* 10.1.98]."

[25.1] Eiusdem est ille phalecius: *Iuro per Sirios tibi tumores* [4.43.7]. Quaeri solet quod per Sirios tumores sit iusiurandum. Nota sunt quae ab interpretibus traduntur asserentibus illud 'tumores' referendum esse ad Siriorum naturam qui sunt tumentes.[6] [2] Ego vero existimo iusiuran-

---

[1] 24.1] *risus:* 'rictus,' edd.

[2] 24.1] *Martialis enarratores . . . lacunae:* it is again Calderini: "Ride: in Maximinam, quae anus esset et iam paucos haberet dentes et eos quidem rubiginosos, risu et blanditiis imitabatur puellas, quasi secuta Ovidii praeceptum in Arte qui ait puellas risu nonnunquam conciliari. Poeta consulit ne accipiat illud tanquam sibi dictum, cum potius risu offendat quam blandiatur et suum secuta consilium ploret potius quam rideat" (fol. d8v). No comment in Merula.

[3] 24.2] *in:* 'ni,' edd.

[4] 24.2] *corrugata:* 'corrugaris', edd.

[5] 24.2] *His Martianis . . . legebatur:* Poliziano rejects the idea that these lines come from the lost Medea of Ovid and suggests that they may come from his epigrams (*In Ber.*, 266v and *Misc.* 59, fols. k2v–k3r). They are not found in any existing Ovidian work.

[6] 25.1] *ab interpretibus . . . tumentes:* Beroaldo alludes here again to Calderini, who seems to interpret this expression to mean "for the sacred mysteries of Isis," where 'Syrios' would refer to the goddess Isis (under the name of Syria), whose priests fought each other during the ceremonies in honor of the goddess (fol. h3v); and to take 'tumores' as an epithet of the Syrians ("Tumores dixit quem epitheton Syrorum alibi Syros tumentes appellavit," ibid.). Merula, criticizing Calderini and quoting Persius (5.186–187), seems to understand that 'tumores' are those tumults excited by the

dum esse per illos tumores atque vibices quae in corporibus deae Siriae sacerdotum partim ex prosectu gladiorum, partim ex ictu flagrorum conspiciebantur. Graphice enim et luculente Apuleius in octavo Asini aurei fanaticam religionem deae Siriae describit, quae omnipotens et omniparens dea cognominatur, cuius sacerdotes erant semiviri effeminati cinedi qui brachia renudata gladiis securibusque sibimet desecabant et morsibus muscolos incursabant et flagro talis ovium tesserato tumentia membra cedebant [*Met.* 8.25; 27]. [3] Per illos nunc tumores iurat poeta quos in sacris deae Siriae sacerdotes fanatici suismet corporibus quisque inferebant, quemadmodum etiam iurat per Berecynthios furores, hoc est per illam furibundam bacchationem quam Galli, id est sacerdotes Cybeleii, limphata mente agitabant, virilia sibimet amputantes. Sunt enim communia et fere eadem numina Cybele et dea Siria et, ut inquit Augustinus in septimo De civitate Dei, non absurde multas deas revocant ad unam ut non tam sint deae multae quam multa unius nomina [7.24]. [4] Quo circa existimo Ovidium in Fastis has deas appellasse Palestinas [4.236], perinde ac Furias, quae scilicet in Siria, ubi Palestina est, colebantur, ubi dea Siria furorem incutit suis cultoribus, ubi sacra omnia fiunt plena furibundae bacchationis. Interpres Ovidii nescio quid indictum minimeque conveniens tradit de deabus Palestinis.[1]

[26.1] Apud eundem in Apophoretis lemma est graphiarium cui subicitur hic versus: *Haec tibi erunt armata suo graphiaria ferro* [14.21.1], ubi

---

goddess Syria, whom he also identifies with Isis, whose priests beat and mutilated themselves (see his *Adversus Domicii commentarios in Martialem*, Venice 1478, fols. n6r–v, and his commentary on Martial, Venice 1491, fol. f6r). Both authors, however, are not very clear. Finally Poliziano, disagreeing with Beroaldo and quoting the same passage from Persius as Merula, thinks that 'tumores' are the swellings produced by the gods in the bodies of the priests (*In Ber.*, 267r), as does Friedländer, relying on the same passage from Persius (Leipzig 1886, 357). For all this question and the 'Palestinas deas' below, Poliziano refers to his notes on the *Fasti* where he collects a large number of quotations from many different authors, both Latin and Greek, on Isis, Cybele, their priests and sacrifices (*Commento ai Fasti*, 317–19; 323–25). In his commentary on Persius 5.186–87 and on Suet., *Nero*, 56 he refers back again to his commentary on the *Fasti* (Angelo Poliziano, *Commento inedito alle Satire di Persio*, ed. Lucia Cesarini Martinelli and Roberto Ricciardi [Florence, 1986], 123; Fera, *Una ignota 'expositio,'* 227 and n. 2).

[1] 25.4] *interpres Ovidii . . . Palestinis*: Beroaldo alludes to Marsi who in his commentary on *Fasti* 4.236 argues that 'Palestinae deae' are goddesses from Palestes in Epyrus (fol. p7v). For this passage in Marsi, see Bianchi, "Il commento a Lucano," 98–100.

graphiarium et graphiaria non sunt pro stilis ferreis accipienda,[1] quae graphia nuncupantur, sed pro repositoriis graphiorum; quemadmodum panarium repositorium panis et granarium in quo grana recondun tur et armamentarium ubi naves reponuntur, eadem ratione graphiarium dicimus thecam receptaculumque graphiorum. [2] Id quod et ipsius poetae versus, si quis penitus introspexerit, aperte significat. Nam, cum inquit graphiaria armata esse suo ferro, nonne indicat ipsum, ut ita dicamus, loculamentum quo graphia reconduntur futurum armatum atque instructum suo ferro, hoc est stilis ferreis, id est ipsis graphiis quae instar armorum sunt, ita ut olim Caesar dictator brachium Cascae percussoris graphio traiecerit? [Suet. *Iul.* 82.2]. [3] Absurda et illepida, medius fidius, foret poetae locutio si graphiaria pro graphiis acciperemus. Quid enim tam absurde atque invenuste dici posset quam stilos ferreos, hoc est graphia, armari suo ferro? cum non ipsum graphium eleganter armari dicatur semetipso sed id quod graphium continet, venustissime suis telis armatum esse dicatur. A Tranquillo repositoria graphiorum thecae graphiarie appellantur [Suet. *Claud.* 35.2].

[27.1] Illud quoque distichon, *Non si<m>[r] talorum numero par tessera* [Mart. 14.15.1], non satis erudite qui eruditionis nomine plurimum gloriantur enarraverunt. Non enim poeta eo in loco loquitur de numero punctorum, tamquam in talo plura, in tessera sint pauciora, sed de numero talorum et tesserarum quo in alea veteres utebantur.[2] [2] Nam,

---

r. 27.1] *si<m>*: 'si,' 1488; 'sum,' 1496, 1502.

---

[1] 26.1] *ubi graphiarium . . . accipienda*: it is Calderini: "Graphiarium a grapho dicitur quod significat scribo. Latini stilum dixerunt. . . . Is, si longior fuerit, telum habetur et dicitur graphium, quali Caesar utebatur et usus est in vulnere Cascae. De graphio, id est stilo, ad scribendum Suetonius in Claudio: 'Graphium et libellos quos tenebat in manu.' Stilus autem totus ferreus est" (fol. C1r). Nothing in Merula's commentary.

[2] 27.1] *qui eruditionis . . . utebantur.* Beroaldo alludes again to Calderini's commentary. The point that Martial wants to make here, as Beroaldo points out, is that one plays with fewer 'tesserae' (three) than 'tali' (four), but it is more risky to play with 'tesserae.' Calderini in his commentary on this epigram and the preceding one (Mart. 14.14) instead discusses the shapes of 'tessera' and 'talus' and their marks (fol. B8v), as does Merula criticizing Calderini (*Adversus Domicii commentarios*, fols. p1v–p2r), and more lengthily in his commentary to Juvenal 11.132, where he correctly distinguishes 'tessera' (Greek 'cubus') from 'talus' (Greek 'astragalus') (fol. K2r), which Calderini had confused. Poliziano here chooses to miss Beroaldo's point by affirming that Merula had already explained the matter better. He also

cum tribus tesserulis luderent, sicut etiam hac tempestate in foro aleato-
rio ludere consueverunt, talos quattuor iaciebant in ludo talario, id quod
ex Ciceronis lectione observavimus ita scribentis in primo De divinatione: "Quattuor tali iacti casu venereum[1] efficiunt; nam[2] etiam centum
venereos, si quadringenta[3] talos ieceris, casu futuros putas? [1.23]."
Idem alibi ait: "Dixisti multa de casu; ut venereum est."[4] [3] Ab Oratio
Venus dicitur eo versu: "Quem Venus arbitrium[5] Dicent[6] bibendi
[*Carm.* 2.7.25–26]." Et dixit Augustus: "Qui Venerem iecerat tollebat
universos nummos."[7] Tessera Grece cubus nominatur, sicut Graeci
talum astragalum dixerunt, quamvis astragalus in alia quoque significatione accipiatur, sicut apud Homerum qui scribit in X Odysseae Elpenora
lapsu scalarum exanimatum esse cum fregisset astragalon [10.559–60],
hoc est ipsam iuguli coniuncturam.[8] [4] Polycletus, autore Plinio libro
XXXIV, fecit talis pueros ludentes qui vocantur astragalizontes [*N.H.*
24.55]. Celebratur illud Lysandri Spartani apud Grecos scriptores apo-
phthegma: "Viros fallendos esse iureiurando, pueros vero astragalis[9]
[Plut. *Mor.* 229B]." Sed de talis et Venere dictum a nobis quoque est in
commentariis Propertii satis copiose.[10]

[28.1] In quibusdam Plinianis annotationibus quas pene puer edidi,[11]

---

complains that Beroaldo does not prove that three 'tesserae' were used to play (*In Ber.*,
267r). Friedländer (304) and modern scholars agree with Beroaldo.

[1] 27.2] *venereum*: 'venerium,' and, below, 'venerios,' edd.

[2] 27.2] *nam* : 'num,' edd.

[3] 27.2] *quadringenta*: 'quadringentos,' edd.

[4] 27.2] *Dixisti . . . venereum est*: Cic. *De div.* 2.48: "Dixisti multa de casu; ut Venerium iaci posse casu quattuor talis iactis . . . ," edd.

[5] 27.3] *arbitrium*: 'arbitrum,' edd.

[6] 27.3] *Dicent*: 'dicet,' edd.

[7] 27.3] *Qui Venerem . . . nummos*: Suet. *Aug.* 71.2: 'quos tollebat universos, qui
Venerem iecerat,' edd.

[8] 27.3] Beroaldo prefers to keep the Greek form 'astragalon,' while Griffolini (?)
translates it with 'collum' (Strassburg 1510, fol. D4r) and Volaterrano with 'cervix'
(Rome 1510, fol. H4v).

[9] 27.4] *Viros . . . astragalis*: Filelfo's translation is different: "[Lysander] aiebat puero-
rum esse talis decipere, virorum autem iureiurando" (n. p. [but Venice], n. d., pages not
numbered; Hain 13139).

[10] 27.4] *Sed de talis . . . copiose*: see his commentary to Prop. 4.8.45 (fol. r2v).

[11] 28.1] *In quibusdam . . . edidi*: the sixth of the 'correctiones' by Beroaldo that
immediately follow the Pliny text edited by him (Parma 1476, and subsequent editions)
corrects and explains this passage from Pliny's *N.H.* 14.68 quoted below.

Ceretanas pernas a Martiale nominari [13.54] scripsi non propter Cerites
Etruriae populos, sicut tradi solet,[1] sed propter Ceretanos quos Plinius
[N.H. 3.22] et Strabo [3.4.11] in Hispania esse dixerunt, a quibus
multifariam pernae condiuntur Cantabricis perquam similes proventum
non mediocrem hominibus exhibentes, apud quos vina quoque generosa
nascebantur. [2] De quibus dixit idem Martialis: "Ceretana nepos ponat,
Setina putabis [13.124.1]." De quo genere vini loquitur Plinius in XIV,
quem locum mendosum ita emendavimus; nam cum in omnibus passim
codicibus legeretur "Ceterano inter Gallias consistit autoritas, [14.68]"
nos emendavimus 'Ceretano.'[2] Et ita Ceretanas pernas et vina Ceretana
nominari scito a Marciale non ab Ethruscis Ceretibus sed ab Hispanis
Ceretanis.

[29.1] Apud Iuvenalem in satyra "Quis nescit Volusi" versus est qui,
tanquam facilis et manifestus, ab enarratoribus preteriri solet,[3] in quo
tamen sensus est arcanus, ex prisca Romanorum consuetudine traductus.
Verba poetae haec sunt: *Vel terra clauditur infans Et minor igne rogi*
[15.138–39]. [2] Enimvero nemo est qui existimet huic loco ullum
sensum occultiorem subesse, cum tamen subsit. Namque unica Plinii
sententia hunc locum declarari observavimus, qui scribit in septimo
Naturalis historiae morem gentium non esse hominem priusquam genito
dente cremari [7.72]. [3] Ex quibus verbis ita hoc satyrici poetae dictum
interpretamur quod, natura iubente, gemimus cum infans humatur qui,
nondum genito dente, cremari non meruit. Et ob hoc minor igne rogi
eleganter nuncupatur, quia scilicet nondum ad id pervenit aetatis qua
rogali flamma comburri possit, ideoque minor igne rogi est; non, ut
quidam autumant,[4] quod flamma crematus in cineres diminutus rediga-
tur. [4] Et hoc poeta furtim innuisse videtur cum dixit "vel terra clauditur infans," quoniam scilicet infantes humabantur, hoc est humo conte-

---

[1] 28.1] *sicut tradi solet*: the allusion is once more to Calderini: ". . . Ex Gallia a
populis Menapis et ex Etruria a Ceretanis optimae pernae mittebantur" (fol. B2r).

[2] 28.2] *'Ceretano'*: 'Baeterranum,' Mayhoff with MS H; the variants in his apparatus
are: 'veternarum' of MSS E, a; and 'Ceretano' as the vulgate reading of the humanistic
editions; there is no variant 'ceterano.' Poliziano gives as readings of MSS 'ceterarum'
and 'e terrarum' (*In Ber.*, 267r).

[3] 29.1] *Ab enarratoribus . . . solet*: in fact, there is no comment either in Calderini's
or Merula's commentaries.

[4] 29.3] *quidam autumant*: not identified.

gebantur nec eorum cadavera sicuti virorum cremabantur.[1] Scribit
Placiades quod huic loco convenit, suggrundaria dicta fuisse antiquitus
sepulchra infantium qui necdum XL dies complevissent cum nec busta
dici potuerint, quia ossa quae comburerentur non erant, nec tanta
magnitudo cadaveris quae loco tumesceret [Fulg. *Serm. Ant.* 7]. [5] Sed
in his et id genus aliis opus est iuditio quo nil in omni doctrinarum
genere prestantius est cui primas secundas et tertias in studiis litterarum
merito concesserim, id quod Demosthenes in eloquentia pronuntiationi
tribuebat [Cic. *De orat.* 3.56; Quint. *Inst.* 11.3.6].

[30.1] Illud in prima satyra *Criminibus debent <h>ortos* [1.75] non id
significat quod vulgo dici solet,[2] sed hoc: homines qui per virtutem
divites efficiuntur debent eas divitias virtuti, qui vero per flagitia et
crimina fiunt opulenti, illi criminibus debent illas opulentias. Iuvenalis
igitur significare volens virtutem Romae fuisse contemptibilem, per
scelera vero divitias parari adeo ut mali divitiores essent bonis, ait
criminibus debent <h>ortos, hoc est hi qui habent <h>ortos excultos,
magnifica pretoria, mensas citreas et id genus bona luculenta, debent ea
criminibus, quia sunt illa per fraudes et per crimina assequuti. [2] Qui
criminibus exponunt pro hominibus criminosis[3] elegantiam eloquutionis
non adamussim pensitarunt. Talis est locutio apud Lucanum apud quem
ita ait in quinto Caesar ad Amiclam nautam: "Non ultra cuncta carinae
Debebis [5.534–35]." Et alibi a Iuvenale dictum est: "Preter honores
Quos illis damus ac dedimus, quibus omnia debes [8.69–70]." Translatio
est sumpta a debitore qui debet creditori pecuniam quam ab illo mutuo
accepit. [3] Scribit Cornelius Tacitus Tigillinum vitiis adeptum esse
premia virtutum [*Hist.* 1.72.1], ergo Tigillinus vitiis debebat prefecturam
vigilum et pretorii aliaque ornamenta quae vitiis erat consecutus.

[31.1] Apud eundem in satyra "Et spes et ratio" versus hic est: *Qui venit
ad dubium grandi cum codice nomen* [7.110], cuius hanc ego arbitror esse

---

[1] 29.2–4] *Namque unica . . . cremabantur.* Poliziano affirms, "Lege de hoc Blondum
in 2" (*In Ber.*, 267v), but I do not find any explanation about this particular custom in
Biondo's *De Roma triumphante* (2:38–44), where he discusses burials and tombs.

[2] 30.1] *quod vulgo dici solet:* he probably alludes to Merula's interpretation; see *Annot.*
30.2 and note.

[3] 30.2] *Qui criminibus . . . criminosis:* Merula (Venice 1478, fol. a7r): "Criminibus:
criminosis et improbis"; nothing in Calderini.

sententiam ut dicat poeta causidicos magna sonare cum a debitore, qui acrior est creditore, conducuntur, qui quidem debitor venit ad debitum dubiosum diluendum cum codice, scilicet accepti et expensi. [2] Et ita nomen hoc in loco pro debito accipimus sicuti apud Oratium "Cautos nominibus certis[1] expendere nummos [*Epist.* 2.1.105]," et alibi, "Nomina sectatur modo sumpta veste virili Sub patribus duris tyronum [*Serm.* 1.2.16–17]." "Nomina dicuntur tituli debitorum,[2] praesertim in his debitis in quibus nomina scripta sunt, quibus pecuniae commodatae sunt [ps.-Ascon. *Verr. In Act.* 2.1.28; Stangl, 231]." Et ita nomina debita vel debitores significare docet Asconius [ibid.]. Apud iurisconsultos nomina saepissime leges pro debitis debitoribusque usurpari[s]. Fenerator Alphius, ut inquit luculente Columella, dicere solebat bona nomina interdum fieri mala si numquam interpelles [1.7.2], et Cicero in oratione pro Roscio comedo in eodem significatu nomina accepit sic scribens: "Non refert parva nomina in codices? Immo omnis summas [*Pro Q. Rosc.* 4]." Idem in epistola quadam ad Atticum: "Perfeci," inquit, "ut Salaminii[t] totum nomen persolverent."[3] [3] Codicem vero non pro volumine legum in hoc satyrici poetae loco dictum esse existimare debemus,[4] sed pro tabulis in quibus accepti et expensi rationes perscribuntur, de quo ita loquitur Cicero: "Quomodo sextertia CCCLIII[5] in codice accepti et expensi non sunt? [*Pro Q. Rosc.* 4]." Idem alibi ait: "Utrum cetera nomina in codicem accepti et expensi digesta habes an non? [ibid. 9]." [4] Debitor igitur qui in ius vocatur a creditore venit cum grandi codice, in quo accepta et expensa perscripta sunt, ad nomen, hoc est debitum explicandum quod dubium et incertum erat. [5] Illud quoque quod paulo post subsequitur in eadem satyra ita passim legitur:

---

s. 31.2] *Nomina dicuntur . . . debitoribusque usurpari*: added before the colophon, 1488 (fol. h3v); inserted here, 1496, 1502. (See Intro., sect. 5).
t. 31.2] *Salaminii*: 1496, 1502; 'Salammii,' 1488.

---

[1] 31.2] *certis*: 'rectis,' edd.

[2] 31.2] *Nomina . . . debitorum*: 'Tituli debitorum nomina dicuntur; iis,' Stangl.

[3] 31.2] *Perfeci . . . persolverent*: Cic. *Ad Att.* 6.2.7, but "Salaminos autem . . . adduxi, ut totum nomen Scaptio vellent solvere," edd.

[4] 31.3] *Codicem vero . . . debemus*: this is Calderini's interpretation: "Cum grandi codice, scilicet legum" (Venice 1485, fol. e6v). Merula comments only: "Ad dubium nomen: actoris aut rei prout iudices senserint" (Venice 1478, fol. f7v).

[5] 31.3] *CCCLIII*: 'CCCIƆƆ,' edd.

Parte alia solum rus sati[1] *pone Lacertae* [7.114]. Ego existimo legendum esse 'rus Sisapone Lacertae' et ita in vetusto codice scriptum deprendi.[2] Est autem Sisapo locus in Hispania ubi minium celeberrimum nascebatur, quod docet Plinius libro XXXIII laudans miniaria Sisaponiensia. Verba Plini haec sunt: "Celeberrimum minium ex Sisaponensi regione Bethica miniario metallo vectigalibus populi Romani, nullius rei diligentiore custodia [118]." Idem alibi ait: "Sisaponensibus miniariis suae venae harena[3] sine argento. Excoquitur [*N.H.* 33.121]." [6] Sensus poetae est rus exiguum non in Italia, sed in provintia et ea quidem longiqua, hoc est regione Sisaponensi, tantumdem valere quantum patrimonia centum causidicorum. Ex quo colligimus Iuvenalem demonstrare voluisse causidicos Romae tenuissimum quaesticulum lucellumque suis fecisse temporibus.

[32.1] Apud eundem versus est hic cunctis in ore: *Translatus subito ad Marsos mensamque Sabellam* [3.169]. Quem versum ex aperto obscurum, ex explicato implicatissimum, ut mihi videtur, commentatores efficiunt, historiam de Curio Dentato significari existimantes,[4] cum poetae sensus sit simplex nec ad ullam historiam referendus, qui ad hunc maxime modum enarrandus est: Romae pudet homines cenare fictilibus qui, si repente ad Marsos aut ad Sabellos transferantur, minime hoc sibi esse turpe existimabunt, quoniam scilicet Romae delicatius, apud Marsos et Sabellos frugalius vivitur atque rusticius. [2] Et ita vulgo loqui consuevimus ut dicamus pudere nos uti vasis fictilibus in urbe quibus ruri, si

---

[1] 31.5] *rus sati*: 'russati,' edd.

[2] 31.5] *in vetusto ... deprendi*: Poliziano (*In Ber.*, 267v) does not believe that Beroaldo found the reading in a manuscript. There are no variants in modern apparatus. It may well be a conjecture.

[3] 31.5] *suae venae harena*: humanistic editions; 'sua vena harenae,' Mayhoff.

[4] 32.1] *commentatores ... existimantes*: this reference is to Calderini at the lemma 'Quod turpe negavit': "Sensus est: Romani pauperes non audent coenare in fictilibus ne sint ludibrio, sed Curius Dentatus, qui ab aratro evocatus creatusque subito imperator triumphum duxit de Samnitibus, satis docuit id turpe non esse. Nam Samnitibus aurum efferentibus respondit se malle in suis fictilibus coenare" (fol. c1r). And at the lemma 'Ad Marsos': "Ad triumphalem dignitatem quam de Marsis et Sabellis devictis reportavit. Sabelli enim a Sammnitibus sunt quos vicit Curius. . . ." Poliziano (*In Ber.*, 267v) suggests that Beroaldo's explanation might be Calderini's or Merula's; as one can see above, it is not in Calderini's commentary on Juvenal, and I do not find anything in Merula's commentary in this place. Poliziano also adds that he himself had already discredited Curius' story.

uteremur, nulli turpitudini et probro essemus obnoxii. Quae de Curio dicuntur nec apud historicos leguntur, nec huic loco sunt accommodata. [3] Multa sunt apud eundem non difficili sed subtili enodanda interpretatione, sicut illud: *Praedo*[1] *caballorum praetor sedet* [11.195], ubi satyrice et urbane praetorem qui praesidet ludis exibendis caballorum praedonem appellat, propterea quod palma praemioque fraudat meritos equos, et non ex aequo, sed ex animi libidine hunc et illum iudicat esse victorem qui minime bravium meruerunt, unde praedo quasi spoliator ipsorum equorum quibus non dat meritos honores eleganter appellatur. [4] Illud quoque, *Mittentur braccae, cultelli, frena, flagellum* [2.169] non ita exponere consuevimus tamquam dicat haec munuscula puerilia mitti ei qui Romae factus sit impudicus et effeminatus,[2] sed potius existimamus sensum esse contrarium, qui unico illo verbo 'mittentur' totus continetur. Namque significare volens commertio Romanorum peregrinos adulescentulos contaminari, ait illos Romae corruptos effeminatosque factos et amatoribus indulgentes omissuros esse patrium habitum et suae regionis exercitationes. Et ita 'mittentur' exponemus pro 'omittentur' sicut apud eruditos sepissime usurpari solet. [5] Et hic erit sensus: omittentur et reliquentur braccae, hoc est vestimenta quibus utuntur in patria, et cultelli, frena, flagellum, hoc est studia exercendorum equorum, et virilis disciplina dediscetur et pro moribus patriis atque virilibus institutis in patriam Romanos mores reportabunt, qui sunt perditissimi et profligatissimi. [6] Illius quoque in praesentia versus in mentem venit: *Turgida nec prodest in pixide condita Lyde* [2.141]. Quo versu, ut existimo, significatur femina nomine Lyde quae medicamenta gestabat in pixidibus instar pharmacopolarum eaque venditabat matronis sterilibus tamquam accommodata ad fecunditatem iuvandam. [7] Turgida eleganti epitetho cognominatur, quasi corpulenta et ventriosa, sicut a Plauto nuncupatur doliaris, clauda, crassa [*Pseud.* 659], a Terentio cantara suffarcinata [*Andr.* 769–70], a Persio pannutia Baucis [4.21], ab Oratio Pyrria vinosa [*Epist.* 1.13.14]. Haec enim epitheta anibus et vetulis sunt accommodata, ut inquit Donatus [*Ad Ter. Andr.* 770]. [8] Conditam pixidem vocat medicamentis refertam, quae dictio a condio, non a condo deducitur: ideoque pronuntiandum est media syllaba producta et ita versus legendus:

---

[1] 32.3] *praedo* 'praeda,' edd., with Poliziano (*In Ber.*, 267v).

[2] 32.4] *tamquam dicat . . . effeminatus*: this is Merula, lemma 'Mittentur braccae cultelli frena flagellum': "His sane muneribus honestius et perinde facilius capi videntur pueri quam pecunia . . ." (fol. c1r).

"Turgida nec[1] prodest condita pixide Lide," ubi 'condita' septimus est
casus et cum pixide copulatur. Ego nuperrime versum istum ita scriptum
legi in vetusto codice et olim Angelus Policianus Latine Graeceque
doctissimus mihi retulit se ita locum istum in sincerae fidei libro scriptum animadvertisse.[2] [9] Quae de aranea dici solent[3] neque traduntur
ab autoribus idoneis neque conveniunt et nimis affectate, ne dicam
subabsurde, 'turgida Lide' pro aranea diceretur, cum neque epitheton
conveniat et nomen sit remotissimum.

[33.1] Illud quoque pretereundum non est quod ab eodem dictum est et
perquam docte et perquam eleganter occultumve teges, *Ut curia Martis
Athenis* [9.101]. Signat enim quasi transeunter morem[u] Areopagitarum
qui taciturni iudicia peragebant. [2] Id quod observavimus ex Macrobii
lectione cuius verba sunt haec ex libro novissimo Saturnalium: "Nam
sicut apud Athenas Areopagitae tacentes iudicant, ita inter epulas oportet
semper sileri [7.17]." Ad hoc alludens Iuvenalis dixit arcanum esse occu-
lendum et tegendum, sicuti cum silentio occuluntur et teguntur iudicia
Areopagitarum.

[34.1] Apud Papinium Statium hendecasyllabon est multiiugae eruditionis refertissimum in quo illud in primis indiget interpretationis:
Nusquam turbine conditus ruenti Prunorum globus atque cotanorum? [*Silv.*
4.9.27–28]. Quem locum, ut pleraque alia, quod arroganter minime
dictum velim, nos primi enodavimus. [2] Voluit enim poeta ingeniosus

---

u. 33.1] *morem*: 1496, 1502; 'amorem,' 1488.

---

[1] 32.8] *nec*: 'non,' edd.

[2] 32.8] *Angelus Policianus . . . animadvertisse*: Poliziano (*In Ber.*, 267v) notices with
some satisfaction this acknowledgement; he also discusses this line in *Misc.* 46 (fols. h2r–
v).

[3] 32.9] *Quae de aranea . . . solent*: Calderini in fact explains: "Lydae: hoc est arachnae,
ex cuius remedio foecunditatem venire putabant. Nam, ut scribit Plinius, qui phalangii
dicuntur, ut alia omittam, tricenos vermiculos pariunt, quo foecunditatis exemplo steriles
mulieres eo utebantur remedio" (fol. b3v). And Merula: "Turgidae Lydae: Lyda pro
aranea ponitur. Ex Lydia enim nota est Arachne quae Pallade devicta in araneam versa
fuit . . . Condita in pixydae Lydae: aiunt araneam in pyxide conditam gestare con-
ceptioni referre . . ." (fol. b7v).

quodam verborum involucro circumscribere vasculi illius formam quo
pruna et cotana inter saturnalitia xeniola missitabantur. Nam, turbinis
recti figura, ut docente Plinius didicimus [*N.H.* 2.51], metae contraria
est, quae cum ab imo lata in acutum cacumen fastigietur; e contrario,
turbinis effigies in imo est angustissima, in summo latissima, qualis est
figura pyrorum. [3] Cotana autem, quae sunt e genere ficorum, mittebantur in vasculis quorum forma instar metae est, quod indicat disticon
illud Martialis: "Haec, tibi quae torta venerunt condita meta, Si maiora
forent, cottana, ficus erat [13.28.1–2]," ubi 'torta meta' significat recep-
taculum cotanorum ad effigiem metae figuratum. Neque 'menta' legendum est, sicuti plerique omnes legere consueverunt.[1] [4] Papinius ergo,
volens ostendere potuisse sibi pro munusculo saturnalitio ab amico mitti
globum cotanorum prunorumque conditum in vasculo ad instar metae
figurato, non metam aperte nominavit, ut Martialis, sed turbinem
ruentem pro meta intelligi voluit, quod subobscure quidem, sed eleganter et venuste nimis dictum est. [5] Nam cum turbo rectus contrarius sit
metae, turbo ruens procul dubio erit metae similimus. Scribit Plinius in
secundo quod in primis nostrae sententiae astipulatur: "Figuram umbrae
terrae similem esse metae[2] ac turbini inverso, quando mucrone tantum
ingruat [*N.H.* 2.47]." Et ita Martialis atque Papinius utpote synchroni,
alter aperte alter per circuitum verborum loquentes, idem tamen dicunt.
E contrario Columella significare volens figuram turbinis recti dixit in X
[potius 9.15.12] : "Saccus inversae metae similis, qualis est quo vinum
liquatur." [6] Quae dicuntur a commentatoribus de turbine ruenti[3]
plane ruunt[v] et ab opinione poetae dilabuntur, sicut in eadem silva illud
non satis pensiculate edissertum[w] est, *Chartae, Thebaicaeve, Caricaeve*
[4.9.26]. Autumant enim Thebaicas epiteton esse chartarum et pro

---

v. 34.6] *ruunt*: 1496, 1502 ; 'runt,' 1488.
w. 34.6] *edissertum*: 1496, 1502; 'edertum,' 1488.

---

[1] 34.3] *sicuti plerique . . . consueverunt*: 'menta' is found in Calderini's text and commentary (Venice 1482, fol. A8r) and in Merula's text (Venice 1475, fol. q3v; nothing
in his commentary).

[2] 34.5] *Figuram . . . metae . . .* : 'Figuram autem umbrae similem metae,' Mayhoff.

[3] 34.6] *Quae dicuntur . . . ruenti*: Calderini explains: "Ruenti turbine. Vel ad formam
respexit: nam turbinata figura nonnullorum pomorum dicitur quae et geometrica est.
Plinius de piris turbinatior his forma. Vel quod placet quoniam dum poma condunt
turbinis instar ruunt" (Venice 1498, fol. g1r).

Egyptiacis exponunt.[1] [7] Ego opinor a Papinio trium rerum in eo
versiculo fieri mentionem, videlicet chartarum et caricarum, quae duo
nota sunt, et thebaicarum, quod ignotius est. Sunt autem thebaicae
generosiores palmae. Plinius in quintodecimo: "Crusta thebaicae placent
succo uva et caricae [15.116]." Idem in XIII [13.97]: "Succum decoc-
tarum antiqui pro hydromelite dabant aegris ad vires reparandas, sitim
sedandam, in quem usum[2] preferebant thebaicas." Ab eodem alibi
thebaides nominantur qui in decimotertio de palmis scribens inquit: "In
totam arentes thebaides [13.47];" et alibi: "Thebaidis fructus in cados
conditur [ibid.]." [8] Praeterea structura ipsa textusque verborum in
hendecassyllabo Papinii insinuare videtur non esse thebaice pro adiectivo
accipiendum, sed pro substantivo. Huc adde quod inter munuscula
saturnalitia palmae in primis mittebantur, id quod epigrammarii poetae
versibus notum est [Mart. 6.28.5–6] et Ovidii testimonio ita scribentis:
"Quid vult palma sibi rugosaque carica dixi [*Fast.* 1.185]." [9] Itaque,
cum in tota Papinii silva pleraque omnia enumerentur quae in Saturnalibus ultro citroque mitti solita erant neque usque dactyli aut cariotides
qui sunt palmarum fructus nominentur, procul dubio nomine thebaicarum palmas significasse contenderim. Plura tamen ad hoc asserendum
dicere supersedeo, cum evidens sit et quid ab interpretibus dicatur et
quid a nobis: utrum ergo videbitur cuique probabilius eo utatur. [10]
Illud vero haud quaquam oculis conniventibus est transeundum quod in
eadem silva [Stat. *Silv.* 4.9.33] cocleas pro testudinibus interpretantur,[3]
ubi hominum alioquin eruditorum desidero diligentiam, non animadver-
tentium cocleas eo in loco nequaquam posse accipi pro testudine, etiam
si coclearum nomine testudines significarentur. Nam, cum poeta amicum sordide avaritie criminari vellet utpote nulla munuscula remitten-
tem, ostendit nec ea quidem quae vilissima sunt et nullo pretio censen-
tur sibi misitasse, qualia sunt ova, pilea, lardum, perna lucanica et id
genus multa inter quae cocleas quoque enumerat quae parvo pretio

---

[1] 34.6] *Autumant enim . . . exponunt*: this is again Calderini: "Carthae Thebaicae: nam
carthae mittebantur in Saturnalibus, ut est apud Martialem. Thebaice, a Thebais Aegypti.
Sunt qui chartam ficum putent" (ibid.).

[2] 34.7] *in quem usum*: 'quo usu,' Mayhoff.

[3] 34.10] *cocleas . . . interpretantur*: this is Calderini again, at the lemma 'Nusquam
cyniphis': "id est non habebas testudinem quam mitteres mihi. Nam excogitatum est
putamina testudinum in laminas secare lectosque et repositoria his vestire, quod Arvilius
Pollio primus docuit sagacis ingenii ad luxuriae instrumenta angustiorum intelligit, quod
ex putamine testudinum constabat mittebanturque in Saturnalibus, Mar[tialis]" (fol. g1r).

constant, quae a clientibus ad patronos mittebantur, unde ait Martialis Saturnalia munuscula recensens, "cum bulbis cocleisque caseoque [4.46.11]." [11] Testudo vero testudinisque putamina erant in magna existimatione et solis usurpata divitibus quae a luxuriosis in mari quaere-bantur, quae secabantur in laminas et his lectos et repositoria vestiebant, sicut docet Plinius in IX [9.39] et decimosexto [16.233], cuius verba haec sunt: "Placuit materiem in mari quaeri. Testudo in hoc secta, nuperque portentosis ingeniis principatu Neronis inventum, ut pigmentis perderet se plurisque veniret imitat lignum. Sic lectis pretia queruntur ita lignum emi testudinem facit." Hactenus Plinius. Inde scriptum est a iurisconsulto Digestis de supelectile legata: "Nunc ex ebore et testudine supelectile utuntur [Cels. *Dig.* 33.10.7.1]." Hec est illa luxuries quam satirice Iuvenalis incessit his versibus: "Qualis in Oceani fluctu testudo nataret, Clarum Troiugenis factura et nobile fulcrum [11. 94–95]." Idem alibi supelectilem nobilem signans ait pro ebore et lata testudine [14.308] et a Martiale dictum est testudineon exaclinon[1] [9.59.9], ut opinor, a luxurioso putamine a quo conficiebantur. [12] Quicquid igitur in hoc loco referunt enarratores de testudine mecum facit et adversus ipsos reclamitat, cum poeta illic vilia tantummodo munuscula nominitet qualia sibi conveniebant. Testudines autem inter preciosa munera antiquitus enumerabantur. Dum vero ait "Cynipheis rigata campis," cocleas a regione laudavit, intelligens Aphricanas quae sunt laudatissimae, quarum cibus stomacho medetur; post Aphricanas laudantur Astypaleicae cocleae et Siculae et ex insulis Caprearum, autor Plinius in XXX Naturalis historiae [30.45]. [13] In eodem hendecasyllabo error est non magnae rei manifestus, quem errorem esse poterit agnoscere non aliquis eruditorum sed qui tantummodo rationem metricam calluerit. Ita enim legunt hunc versum commentatores: *Quantum vel dare cereos arentes* [*Silv.* 4.9.40];[2] ex qua lectione phalecius aperte claudicans efficitur in penultimo pede, quo circa emendandum ita est, sicut etiam in bonis codicibus[3] scriptum

---

[1] 34.11] *testudineon exaclinon*: 'testudineum hexaclinon,' edd.

[2] 34.13] *commentatores . . . arentes*: in Calderini's edition of Venice 1483 'arentes' appears both in the text and in the commentary (fol. K2v; although he suggests a possible reading 'olentes, propter syllabam') as it does in the edition of 1483 without commentary (fol. K2r). In the 1498 Venetian edition 'arentes' is corrected to 'olentes' in the text by the editor, while 'arentes' remains in the commentary: "Cereos arentes, in aliis omnibus codicibus cereos auentes legitur. Tu vero leges cereos arentes; nam ab arido et paupere cliente mittuntur, Mart.: 'cesset cereus aridi olientis.' Vel lege olentes propter syllabam . . ." (fol. g1v).

[3] 34.13] *in bonis codicibus*: Poliziano observes that there are no good manuscripts of

legimus: "quantum vel[1] dare cereos olentes,"[2] quod epitheton cereis accommodatissimum est et nulla efficitur phalecii carminis prevaricatio.

[35.1] Apud eundem in tertio Silvarum silva est plena eruditionis et indiga interpretationis in cuius enarratione interpretes eruditis auribus non satisfaciunt, et in eo potissimo loco ubi de Nilotico incremento loquens inquit: *Cur vada desidant et ripa coerceat undas Cecropio stagnata luto?* [3.2.109–10]. Quem locum, omissis aliorum interpretamentis, ita enarrabimus prout a Francisco Puteolano preceptore nostro viro eruditissimo didicimus, qui primus, ut arbitror, hunc nodum enodavit, qui Bononiae litteras litteratas professus est, explosis trivialibus nugatoriisque grammatistarum prestigiis quae melius est non didicisse.[3] [2] Igitur, qui et ingenio maximo et doctrina non mediocri preditus et in rebus diiudicandis dubiis excellit ita versum Papinii enarrare solebat ut diceret id significari a poeta quod scribit Plinius in X, qui loquens de nidificatione avibus loculentissime refert quemadmodum harundines "in Egypti heracleotico hostio molem continuatione nidorum evaganti Nilo inexpugnabilem opponunt stadii fere unius spatio, quod humano opere perfici non posset. In eadem Egypto iuxta oppidum Copton insula est sacra deae[4] Isidi, quam ne laceret idem, Nilus hirundines muniunt opere[5], incipientibus vernis diebus palea et stramento rostro[6] firmantes [10.94]." [3] Ex his Plinii verbis planum fit, ut dicere solebat preceptor meus, cur a Papinio dicatur quod ripa Nilotica undas coerceat stagnata luto Cecro-

---

Statius, and that he himself found 'alentes' in the archetype (*In Ber.*, 267v). Later, however, he added this reading to his notes on Statius: "Beroaldus 'olentes' legit" (*Commento alle Selve*, 708). Beroaldo's emendation is good and it may well have had a manuscript basis since it appears in the MS that Poggio Bracciolini had made from the antigraph discovered by him. See Lucia Cesarini Martinelli, "Le *Selve* di Stazio nella critica testuale," 154–55, 161; and Krautter, "Der 'Grammaticus' Poliziano," 115–16.

[1] 34.13]: *vel*: 'nec,' edd.

[2] 34.13] *olentes*: 'olentis,' edd.

[3] 35.1] *Quem locum . . . didicisse*: Poliziano (*In Ber.*, 267v) is skeptical about Francesco dal Pozzo as a source for this interpretation; he notes that Merula had already explained the meaning of these lines in his commentary to Juvenal (15.28), quoting not only the same passage of Pliny (10.94), quoted below by Beroaldo, but also Apul. *Met.* 2.28 (Venice 1478, fols. m1 r–v), as he himself had already done commenting the same passage (Poliziano, *Commento alle Selve*, 576).

[4] 35.2] *deae*: om. Mayhoff.

[5] 35.2] *ne laceret . . . muniunt opere*: 'ne lacerent amnis idem, muniunt opere,' Mayhoff.

[6] 35.2] *rostro*: 'rostrum eius,' Mayhoff.

pio, hoc est munita nidis hirundinum luteis, quae propter fabulam notissimam[1] cecropiae et attides cognominantur. Illa itaque continuatio nidorum qui ex luto contexti sunt in ripa evagantem Nilum coercet per unius stadii longitudinem: id enim spatium occupant nidi hirundinini. [4] Subsequitur in eodem Papinii versu: *Cur invida Memphis?* [3.2.110]. Causa queri solet invidiae Memphiticae. Commentatores nescio quid de Api memorant[2] minime consentaneum. Mihi Memphis invida nuncupari videtur propterea quod sacerdotes Memphitici, qui philosophiae et astronomiae dediti erant et in rerum scientia celestium cerimoniisque mysticis precellebant, fuerunt incomunicabiles nec dogmata disciplinasque aliis commostrabant, immo plurima occultabant, autor Strabo libro ultimo Geographiae [17.1.29]. Preterea, libri sacerdotum Egyptiacorum litteris ignorabilibus erant prenotati ut a curiositate prophanorum muniti essent, sicuti docet Apuleius libro ultimo De Asino aureo, qui et ipse initiatus cerimoniis Isiacis anuntiare non vult sacrorum arcana ad intelligentias prophanorum [*Met.* 11.22]. [5] Ob hoc dicta est, ut opinor, a Papinio invida Memphis, quoniam scilicet Egyptiaci sacerdotes tanquam invidentia et livore agitati nolint communicare cum externis suas cerimonias disciplinasque sacrorum, quamvis alioquin exorati nonnullos Grecorum viros in philosophia prestantes docuisse ferantur, sicuti Pythagoram, Eudocxum atque Platonem.

[36.1] In epigrammatis Catullianis carmen est in Caesarem quo vetus proverbium exprimitur, si probe legatur, quod plerique viri alioquin eruditi sic legunt: *Nec si orem utrum sis salvus an alter homo* [93.2].[3] Nos

---

[1] 35.3] *propter fabulam notissimam*: he refers to the story of Procne and Philomela; cf. Ov. *Met.* 6.424–721; for 'attides' see also Sen. *Herc. O.* 199, and Mart. 5. 67.1.

[2] 35.4] *commentatores . . . de Api memorant* : this is Calderini at the lemma 'Cur invida Memphis' (fol. e1v); Poliziano does not comment on this passage in his *In Ber.*; in his commentary on Statius, *Silv.* 3.2.110 he proposes various explanations including the one offered by Calderini (*Commento alle Selve*, 577). Modern scholars agree with Calderini and Poliziano.

[3] 36.1] *plerique viri . . . 'Nec si . . . an alter homo'*: 'alter homo' is the reading of the editions of Catullus of Reggio Emilia (1481, fol. h5v), by Calpurnio (Vicenza 1481, fol. d4v), and Antonio Partenio (Brescia, Apr. 21, 1486, fol. i3v).

vero ita legendum esse affirmamus ut in probatissimis codicibus[1] legimus: "Albus an ater homo." [2] Per quae verba proverbialiter significat Catullus se nihili facere utrum Caesar bonus sit an malus. Nam albus bonus et liberalis, ater malus et sordidus significatur, sicuti interpretatur Porphirio apud Oratium qui et ipse in secundo Epistolarum usus est hac proverbiali eloquutione illo versu, "Mortalis in unum Quodque caput, vultu mutabilis, albus et ater [*In Hor. Epist.* 2.2.189]." Et haec est illa Catulliana mordacitas quam signavit subobscure Quintilianus in XI cuius verba subieci: "Negat se magnifacere aliquis poetarum, 'utrum Caesar sit ater an albus homo', insania: verte ut id Caesar de illo dixerit, arogantia est [*Inst.* 11.1.38]." [3] Ex his Quintiliani verbis colligimus hoc dictum fuisse a poeta Catullo in Caesarem isto versiculo et ita legendum 'ater an albus homo', quod proverbiale dictum apud eruditos frequens est sicut apud Apuleium, qui ita scribit in Apologia: "Etiam libenter te nuper usque albus an ater esses ignoravi, adhuc hercle non satis novi [16]." Et apud divum Hieronymum, qui non minus diligenter ethnicorum[x] libros lectitavit quam ecclesiasticis dogmatibus incubuit, scriptum legimus in libro contra Helvidium: "Quare balbutis et erubescis?[2] Albus, ut aiunt, aterve sis nescio [16; *PL* 23, 210]."

[37.1] In eiusdem poetae hendecasyllabo hi duo versiculi lectitantur: *Non est sana puella, nec rogare Qualis sit solet haec[3] imaginosum* [41.7]; quibus venuste et festiviter poeta significat puellam utpote sanae mentis minime compotem nusquam speculum contemplari ut ex eius inspec-

---

x. 36.3] *ethnicorum*: 1496, 1502; 'etmicorum,' 1488.

---

[1] 36.1] *in probatissimis codicibus*: 'ater' does not appear in any modern apparatus, except in that of Thomson, who finds the reading in late fifteenth century humanistic manuscripts. The archetype V has 'si salvus an alter.' However, this emendation appears also in Poliziano's marginalia to his 1472 edition of Catullus (Gaisser, "Catullus and His First Interpreters," 88 and n. 13). In his *In Ber.*, 268r, Poliziano notes that Beroaldo's explanation is like that of Porphyry (*In Hor. Epist.* 2.2.189), and Quintilian (*Inst.* 11.1.38), and he wants to check the passages of Horace, Apuleius, and Jerome quoted by Beroaldo; he does not claim this emendation as his own.

[2] 36.3] *Quare balbutis et erubescis?*: this sentence, present in older editions, is expunged in the text of *PL*.

[3] 37.1] *haec*: 'aes' is a Froelhich's conjecture (1849) accepted by some modern editors.

tione cognoscat qualis ipsa sit. [2] Specula enim ob hoc inventa sunt, sicuti scribit Seneca libro primo Questionum, "Ut homo ipse se nosceret deformis in speculo ut sciret redimendum esse virtutibus quicquid corpori deesset [1.17.4]." Speculum novo quidem sed eleganti vocabulo 'imaginosum' Catullus appellat ab imaginibus scilicet quae in speculo numerosae visuntur; adeo ut in speculo uno imagines unius rei plures appareant inde imaginare dicitur speculum.[1] Quo verbo in hoc significatu usus est Gellius sic scribens in decimoquinto Noctium Atticarum: "Speculum in certo loco positum nihil imaginat, aliorsum translatum facit imagines [potius 16.18.3]." [3] Illa igitur dicitur rogare speculum quae illud consulit, illud interrogat subinde spectando qualis sit et utrum formosa an deformis appareat. Verba autem Catulli sic ordinantur: non est sana puella nec solet haec rogare imaginosum, hoc est consulere speculum qualis sit, utrum formositate conspicua an deformitate monstrabilis. [4] Apud eundem error est leniculae rei quem cognoscere possit quivis qui modo regulas metricas percalluerit. Namque in hendecasyllabo claudicat ille versus claudicatione secundi pedis manifestaria: *Cinna est gravis*[2] *is sibi paravit* [10.30]. Igitur legendum est "Cinna est Caius,[3] is sibi paravit;" et intelligendum de Cinna cuius prenomen erat Caius et ita sodalis Catulli significatur qui dicebatur Caius Cinna. Quod autem Caius dictio trissyllaba sit et faciat dactylum etiam pueri sciunt et docet illud Martialis carmen "Non mavis, quam ter Caius esse tuus? [9.92.12]."

[38.1] Apud Tibullum quaeri solet super eo versu, *Etiam Phoebo gratissima dona Cres tulit* [3.7.8–9], quisnam intelligendus ille Cres sit qui Phoebo gratissima dona dicaverit. Nos, unico Ausonii versiculo [*Techn.* 10.88; Peiper, 164] diligentissime pensitato indubitanter de Dedalo dictum esse affirmamus,[4] qui, ut carminibus poetarum notum est et potissimum Virgilii, remigium alarum Phoebo Cumano consecravit

---

[1] 37.2] *Speculum novo . . . speculum*: Poliziano (*In Ber.*, 268r) attributes to Pico della Mirandola the explanation of 'imaginosum' as 'mirror.'

[2] 37.4] *gravis*: this is the common reading of humanistic editions. Cf. the editions of Reggio Emilia (fol. e3r), Calpurnio, (fol. a3v), and Partenio (fol. b2r).

[3] 37.4] *Caius*: Poliziano (*In Ber.*, 268r) credits Pico also with this emendation.

[4] 38.1] *de Dedalo . . . affirmamus*: Poliziano (*In Ber.*, 268r) does not like this explanation ('non placet'). Modern scholars understand the passage to mean that Apollo had Cretan priests come to Delphi from Cnossus (Tibullo, *Elegie*, ed. O. Tescari [Milan], 1951, 276 n.1; *The Poems of Tibullus*, ed. E.M. Michael [Bloomington] 1962, 92 and 118).

[*Aen.* 6.14–19]. [2] Sed non pauci reclamant asserentes Dedalum Atheni-
ensem fuisse, non Cretensem.[1] Nos vero non inficiamur eum Atticum
fuisse, id quod historici et Diodorus in V testantur [potius 4.76.1], sed
Cretem dicimus a Tibullo nominari quia Cretae vixit, Cretae floruit,
Cretae architecturam in primis exercuit, labyrintho illo memoratissimo
exedificato. Unde et Cres dictus est ab Ausonio cuius auctoritate fulti
hunc locum Tibulli ad Dedalum inferri debere asseveramus. Versus
Ausonii hic est in monosyllabis:. "Prepetibus pennis super aerea vectus
homo Cres [*Techn.* 10.88; Peiper, 164]."

[39.1] Apud Lucanum in tertio Pharsaliae versus est quem nos primi
sicut multa alia enodavimus, quod tamen sine arogantia dictum sit.
Lucani versum subiecimus ut facilius nostra interpretatio qualis sit
percipiatur: *Pontus, et Herculeis aufertur gloria metis* [3.278].[2] [2] Qui
hactenus Lucanum professi sunt sic exposuerunt ut dicerent ita ab
Alexandro Magno positas fuisse in Ponto Euxino aras pro metis termi-
nisque expeditionum, sicuti ab Hercule in mari Gaditano columne
positae fuisse feruntur.[3] Nec quisquam est qui non existimet hoc a
Lucano significari et hanc sententiam optime quadrare, sed profecto
longe aliud est quam quod opinantur. [3] Voluit enim Lucanus illorum
scriptorum opinionem significare qui maria omnia interiora nasci existi-

---

[1] 38.2] *Sed non pauci . . . Cretensem:* Bernardino of Verona writes in his commentary
on Tibullus, lemma 'Cres tulit': "Quidam Daedalum male putant qui remigium alarum
postquam ex Creta in Italiam aufugit consecravit Apollini. Nam Daedalus non Cretensis
sed Atheniensis fuit. . . ." (Venice 1487, fol. e3v).

[2] 39.1] *Quem nos primi . . . 'gloria metis':* Beroaldo repeats here the interpretation he
had first given in his youthful (1478) commentary on Lucan under the lemma 'Herculeis
aufertur gloria metis': "Abyla mons Africe, Calpe Europe sunt mete et termini laborum
Herculis, ut ait Plinius; quam ob causam indigene columnas Herculis vocant creduntque
perfossis his duobus montibus admisisse maria quae antea erant exclusa et sic mare
Atlanticum diffundi in interiora maria, ut Mela et Strabo. . . . Verum ait Lucanus quod
Pontus Euxinus aufert gloriam metis Herculeis, quoniam fuit multorum opinio, teste
Plinio, qui maria omnia interiora a Ponto Euxino nasci, non a Gaditano freto existima-
vere, haud improbabili argumento quoniam estus semper a Ponto profluens numquam
reciprocetur ad eundem; et sic Pontus negat solam Gades admittere Oceanum quoniam
et ipse creditur admittere" (I quote from *Lucanus cum tribus commentariis,* Lyon 1519,
73v).

[3] 39.2] *Qui hactenus . . . feruntur:* cf. the commentary on Lucan attributed to
Ognibene Bonisoli: "Quia non solum Hercules in Oceano Gades posuit, sed etiam
Alexander in Meotide palude terminum statuit" (Brescia 1486, fol. g4r; Venice 1486,
fol. f6v).

maverunt non a freto Gaditano, sicuti plerique omnes affirmant, sed a Ponto Euxino, cuius opinionis haud improbabile argumentum est, quoniam estus semper e Ponto profluens, numquam reciprocatur ad eundem, sicuti Solinus [18.2] et Plinius [*N.H.* 4.93] tradiderunt. [4] Sensus itaque Lucani hic erit: Pontum Euxinum auferre illam gloriam metis Herculeis, quae scilicet est vulgatissima, Herculem Abylam, quae in Africa est, et Calpen, quae in Hispania, iunctos olim colles diremisse atque ita maria mediterranea admissa fuisse; ideo autem Pontus Euxinus auferre dicitur hanc gloriam Herculi, quia maria omnia interiora illo capite nascuntur, non a Gaditano freto; et ita haec gloria admissi intra terras Oceani erit Ponto Euxino, non Herculi ascribenda, quod expressius significare volens Lucanus subiunxit Oceanumque negat solas admittere Gades. Hanc unicam esse veramque poete sententiam diligens et subtilis lector agnoscet, si modo non sit aure neque hispida neque agresti.

[40.1] Idem ait in primo: *Mensasque priores Aspernata fames* [1.163–64]; quem locum grammatici grammaticaliter exponentes mensas pro cibariis interpretantur.[1] [2] Nos vero dicimus a poeta luxum Romanorum acerbe castigari, qui, fastiditis frugalitatis prisce moribus, mensas preciosas usque ab extrema Mauritania petebant, quae citrae a scriptoribus cognominantur, quarum extimationem auro equiperat vel potius anteponit epigrammaticus poeta, qui de mensa citrea loquens ait: "Accipe, foelices, Atlantica munera, silvas: Aurea qui dederit dona, minora dabit [Mart. 14.89]." [3] Hae sunt illae mensae quas foeminae viris contra margaritas rege[re]bant et olim Cetegus mensam citream libris quattuordecim permutavit latifundi taxatione, si quis praedia tanti mercari malit: unde a Plinio harum mensarum insania festivo epitheto dicta est, qui in XIII multa de mensis citreis luculentissime perscribit [13.91]. De his intellexit Strabo sic scribens libro ultimo Geographiae: "Mauritania arbores et multas et magnas habet et omnia fert et mensas ex uno integroque ligno

---

[1] 40.1] *grammatici . . . interpretantur*: this is again the commentary attributed to Bonisoli: "Mensas priores: ['quae eiusmodi fuerant scilicet quod', *add.* Venice 1486, fol. a7v] quia adeo continentes Romani erant ut frequentius usus apud eos esset pultis quam panis" (Brescia 1486, fol. a6r).

ac varias Romanis suppeditat [17.3.4]."[1] [4] Pedes mensarum citrearum
eburneos facere eadem luxuria demonstravit, unde ait Plinius in XII:
"Iure luxuriae, eodem ebore numi<n>um^xbis, ora spectabantur[2] et
mensarum pedes [*N.H.* 12.5]." Et idem sepe Martialis ostendit [9.59.7–
10; 14.89] et a Iuvenale eleganter dictum est de mensis citreis eburnicos
pedes habentibus, "Latos nisi sustinet orbes Grande ebur [11.122–23]."
[5] De mensis citreis intellexit idem Lucanus in nono cum ait: "Externo
mensas epulasque petivimus orbe[3] [9.430];" et idem alibi citreas mensas
appellat periphrasticos orbes sectos Atlantide silva [10.144–45]. Erant et
mensae antiquitus inter laudatas e brusco nigriscentes [Plin. *N.H.* 16.68].
Argentearum quoque mensarum usum apud Romanos bonis fortunae
luxuriantes frequens fuit [id. 33.140–54]. [6] Quales autem essent
mensae illae priores quas fames delicatorum, ut inquit Lucanus, asper-
nabatur docet Iuvenalis his versibus: "Illa domi natas nostraque ex arbore
mensas Tempora viderunt; hos lignum stabat in[4] usus, Annosam si forte
nucem deiecerit eurus [11.117–19]."

[41.1] Questio est inter eruditos quamnam historiam signaverit idem
Lucanus his versibus: *O fortunati, fugiens quos barbarus hostis Fontibus
immixto stravit per rura veneno* [4.319–20]. Multi multa commenti sunt,[5]
sed nullo idoneo autore consistentia. [2] Nos existimamus hos versus ad
Iubam et Curionis milites esse referendos.[6] Scribit enim Appianus libro
II Bellorum civilium, cum Curio, qui Caesarem in bello civili secutus
est, ex Sicilia in Aphricam navigasset, Aphricanos, quibus Iuba imperita-

---

xbis. 40.4] *numi<n>um:* 'numicium', 1488, 1496, 1502.

---

[1] 40.3] *Strabo . . . suppeditat:* quoted from the translation of Strabo by Tifernate with
the slight variant 'atque et ea mensa' ([Treviso] 1480, fol. P8r).

[2] 40.4] *numi<n>um ora spectabantur:* 'numinum ora spectarentur,' Mayhoff.

[3] 40.5] *Externo . . . orbe:* 'Extremoque epulas mensasque petimus ab orbe,' edd.

[4] 40.6] *in:* 'ad,' edd.

[5] 41.1] *Multi . . . sunt:* the commentary attributed to Bonisoli explains that Lucan
here refers to Mithridates, who was lucky since he, at least, was able to drink the water
from springs, even if poisoned for him by Pompey (Brescia 1486, fol. k2r; Venice 1486,
fol. h7v).

[6] 41.2] *Nos existimamus . . . referendos:* Beroaldo had given the same explanation in
his youthful commentary on Lucan (1478), where, however, he did not mention the
story of Iugurtha, as he does at the end of this annotation (Lyon 1519, 99r–v).

bat, veneno aquas infecisse, quas cum biberent milites Curionis repente egrotare ceperunt et quaedam quasi nebula illorum visum obducebat somno caput invadente, mox vomitus, deinde spasmus totum corpus affligebat, ex quo debilitatus est non modice atque vexatus omnis pene Curionis exercitus [2.44–45]. [3] Lucanus ergo, huius historiae conscius, barbarum hostem appellat Iubam et illos Aphros qui fugientes adventantem Curionem veneno fontes letiferas atque aquas exitiales reddiderunt. [4] Non absurde etiam referri hoc posset ad Iugurtham regem Numidarum qui, qua venturum Metellum Romanum imperatorem hostesque Romanos audiverat, pabulum et aquarum fontes corrumpebat, sicuti docet Salustius in Iugurtha [55.8].

[42.1] In illo quoque Lucani poetae versu *Tresque petunt veram credi Salamina carinae* [3.183] existimo subesse sensum occultiorem eruditioremque quem a grammaticis enarretur,[1] qui talis est: olim inter Athenienses et Megarenses de proprietate Salaminis insulae usque ad interitum armis dimicatum est. Tandem, post multas ultro citroque illatas clades et acceptas, Lacedemonii iudices et disceptatores electi fuerunt qui rem controversiosam, hoc est Salamina, adiudicarunt Atheniensibus. [2] Quo quidem in iudicio Megarios ab Atheniensibus victos fuisse Homeri versu traditum est, qui significat Aiacem Salaminium naves suas Atheniensibus iunxisse; quem versum Solon ex industria tamquam subdititium inseruisse fertur Homerico poemati ut ipsius poete testimonio comprobaret insulam Salamina Atheniensium a primordio fuisse. Versus Homeri hi sunt: "Bis senis Salamine Aiax cum navibus ibat Cecropidum quo castra loco posuere phalanges" [*Il.* 2.557–58]. Haec a Plutarcho [*Solon.* 10.2],[2] Strabone [9.1.10],[3] et Diogene Laertio [*Solon.* 1.48] traduntur. Meminit

---

[1] 42.1] *Sensum . . . a grammaticis*: the commentary attributed to Bonisoli at the lemma 'Tres petunt veram' explains that by 'veram' Lucan means the original Salamis, not the new Salamis founded by Teucer after the Trojan war when, after the death of his brother Ajax, he did not dare to go home to his father. Telamon had told his sons, when they left for the war, not to come back without the other (Brescia, fol. g1v; Venice, fol. f4r, with slight variations). Poliziano is not happy with Beroaldo's explanation: "mihi parum satisfacit" (*In Ber.*, 268r).

[2] 42.2] *a Plutarcho*: these two lines from the *Iliad* are translated exactly in this way both in Plutarch's *Vita Solonis* by Lapo Birago (Venice 1478, fol. d3r) and in Diogenes Laertius' *Solon* by Ambrogio Traversari (Bologna 1495, fol. b1v).

[3] 42.2] *Strabone*: In Guarino's translation of Strabo the two lines of Homer ([Treviso] 1480, fol. u5v) are different from those of Lapo Birago and Ambrogio Traversari cited above.

huius quoque exempli Quintilianus in quinto docens autoritatem poetarum non esse repudiandam [*Inst.* 5.11.40]. [3] Igitur Lucanus, volens historiam hanc magis signare quam scribere, dixit tres naves Salaminiorum remansisse in Pyreo portu Atheniensium, quae docent Salamina credendam esse veram et non ambiguam, hoc est esse et antiquitus fuisse sub ditione imperioque Atheniensium, non Megariorum. Qui non cutem poetae sed sanguinem quoque ipsum ac medullam, sicuti dici solet, introspicere voluerit,[1] is profecto cognoscet hanc nostram interpretationem poeticae adamussim convenire sententiae.

[43.1] Apud eundem in quinto Pharsaliae scriptum est: *Nec celo[2] servare licet: tonat augure surdo* [5.395]. Quo versu plane signat poeta omnem augurum disciplinam omnemque ritum priscorum in creandis magistratibus fuisse sublatum posteaquam ad unum Caesarem cuncta delata fuerunt, qui dictator, qui consul creatus est, prevaricato omni iure suspiciorum.[3] [2] In commentariis enim augurum scriptum erat "Iove tonante fulgurante comicia populi habere nefas." Hoc, ut Cicero autumat, rei publicae causa constitutum est: comitiorum enim non habendorum causas esse voluerunt. Itaque fulmen vitium solum est comitiorum, quod idem omnibus rebus optimum auspicium habebatur, si sinistrum fuisset [*Div.* 2.42]. Quando igitur comitia Romae habebantur causa magistratum creandorum, solebant augures de celo servare, hoc est diligenter inspicere, si aut fulmen vidissent aut tonitrua audivissent: qua re per augures nuntiata, illi magistratus vitio creati esse dicebantur et ita se abdicare cogebantur. Namque 'vitium', teste Donato, augures est si tonet tantum, 'vitium et calamitas' si tonet et grandinet simul et fulminet [*Ad Ter. Hec.* prol. 1.2.1–2]. [3] Inde vitiosi magistratus vitio creati dicuntur apud historicos et hoc est quod ait Livius: "Expugnatum esse ut vitiosus dictator per augures fieret" [32.34.10]. Et alibi inquit Marcello "consulatum ineunti cum tonuisset vocati augures vitio creatum videri pronuntiaverunt" [33.31.13]. Mendum est manifestarium in codicibus Livianis impressis unius litterae immutatione: nam pro 'tonu-

---

[1] 42.3] *Qui non cutem . . . voluerit*: cf. Gell., *Noct. Att.*, 18.4.2; Beroaldo uses the same expression in *Annot.* 104.4 and in his commentary on Apuleius. See here *Intro.*, 8 and n. 3.

[2] 43.1] *celo*: 'caelum,' edd.

[3] 43.1] *Quo versu . . . iure suspiciorum*: Poliziano observes that this has been already noted by Biondo (*In Ber.*, 268r), but Biondo in his *De Roma triumphante* (1:24–27) does not make the same point as Beroaldo.

isset' impressum est passim 'tenuisset'.[1] Cicero in Antonianis vitiosum consulem appellat, hoc est vitio creatum, ex augurum disciplina qui nuntiationem habebant qua comitia auspiciis vel impedire vel vitiare possent [*Phil.* 3.9]. [4] Et proprie haec obnuntiatio dicebatur et obnuntiare dicuntur augures qui aliquid mali ominis sevumque viderint. Obnuntiatio enim quasi mali ominis nuntiatio est, id quod etymologia verbi significat. Inde apud scriptores idoneos identidem reperies mentionem fieri obnuntiationis [Cic. *Div.* 1.29; *Ad Att.* 4.17.4; *Ad Q. fr.* 3.3.2], et hoc est quod sepissime legimus apud Ciceronem Clodium tulisse legem ne quis de caelo servaret ne quis obnuntiaret [*Pro Sext.* 33]. Propter quam rogationem obnuntiatio, ut inquit Asconius, qua perniciosis legibus resistebatur, erat ablata [*Pis.* 9; Stangl, 16]. Et de hac obnuntiatione apud Tranquillum[2] docuimus esse intelligendum in eo loco "Lege agraria promulgata obnunciantem collegam armis foro expulit" [Suet. *Iul.* 20.1]. [5] Sensus Lucani hic est: non licet, Caesare dominante et consulatum per vim occupante comiciaque consularia ex animi libidine habente, servare de celo nec obnuntiare per augurem si vitium et calamitas intervenissent, hoc est si fulminasset aut tonuisset. Immo augures surdos se esse simulant si tonitrua in comitiis audiverint, nec Caesari obnuntiare audent. Ex quo docet nullis auspiciis Caesarem creasse se consulem, calcata pollutaque omni augurum disciplina. [6] Illud adde, spectionem in auguralibus poni antiquitus pro inspectione, quia ius sacrorum, autore Festo, augures habuerunt inspectione ut videlicet auspicio rerum quas vidissent rem gererent. Olim auguribus spectio data fuit sine nuntiatione, qui mox nuntiationem habuerunt, de qua dudum dictum est [Fest.-Paul. 333].

[44.1] Legimus in codice Festi Pompei vetusto ex quo epitoma quod passim legitur circumscriptum fuit, Manium consecrasse Dianae Aricinae lucum Aricinum,[3] quem Tranquillus appellat nemorensem in Iulio

---

[1] 43.3] *in codicibus . . . 'tenuisset'*: 'tenuisset' is still the accepted reading.

[2] 43.4] *Et de hac . . . apud Tranquillum*: Poliziano (*In Ber.*, 268r) notes that he had given the same explanation in his commentary on Suetonius; there is nothing on this passage in Poliziano's notes on Suetonius published by Gianna Gardenal (*Il Poliziano e Svetonio. Contributo alla storia della filologia umanistica.* Florence, 1975).

[3] 44.1] *Manium . . . lucum aricinum*: Poliziano repeats only the quotes from Festus and Persius in his *In Ber.*, 268r, but discusses the meaning of this word in his *Misc.* 18 (fol. e1v). In his commentary on Persius there is also a brief note: "Manius: an fictum nomen a Maniis, de quis in Iuniano?" (*Commento a Persio*, 127).

Caesare [Suet. *Iul.* 46], "a quo Manio multi et clari viri orti sunt et per multos annos fuerunt, unde proverbium [invulgatum est] 'Multi Manii Aricinae' [Fest.-Paul. 145]." [2] Ad hoc proverbium aludens clamculum Persius in novissima satyra dixit: "Accedo Bovillas Clivumque ad Virbi presto est mihi Manius heres" [6.55–56]. Nam cum de clivo Aricino loqueretur, Manium potius quam alium non temere dixit sibi heredem presto futurum, sed memor proverbii quod est "multi Manii Ariciae," ut iam docuimus, eleganter et erudite Manium nominavit tamquam nomen apud Aricinos vulgatissimum. Qui locus a grege trivialium doctorum incuriose ac negligenter magis contaminari solet quam explicari.[1] [3] Illud addamus quod antiquitus is Manius appellabatur qui auctore Varone mane natus diceretur sicuti qui luce Lucius [*Ling.* 9.60].

[45.1] Queri solet inter eruditos quid significet illud apud Plinium libro primo Epistolarum: *Omnino Marci nostri lecythus*[2] *fugimus* [1.2.4]. Ego existimo illis verbis significari nitores et flosculos amenasque egressiones quibus Cicero in orationibus sepe usus est cum laude [*Ad Att.* 1.14.3]. [2] Namque lecythus Grece vas olearium nuncupatur, quam dictionem Latini quoque scriptores usurpant, unde Hieronymus, Instrumenti veteris luculentus interpres, hoc verbo usus est in libro Regum III, cuius hoc est interpretamentum: "Hydria farinae non deficiet, nec lecythus olei minuetur usque in diem in quam[3] Dominus daturus est pluviam super faciem terrae" [3.17.14]. Idem alibi ait: "Paulum[4] olei in lecytho" [ibid. 12]. [3] Divus Ciprianus, qui inter scriptores ecclesiasticos Latinissimus est, pro lecytho capsacen est interpretatus. Ita enim scribit libro Epistolarum II: "Fidelia farris deficiet et capsaces olei non minuetur" [*De op. et*

---

[1] 44.2] *Qui locus . . . explicari*: the commentary in the 'Cornutus' edition of Persius (well known in the fifteenth century but printed only in 1499: D. Robathan—F. E. Cranz, *A. Persius Flaccus*, in *Cat. Transl. and Comment.*, 3:206) explains *manius* as 'deformem et ignotum hominem eo quod manie accipitur pro indecori persone quibus pueri terrentur' (*Castigatissimi Persii poema cum Io. Baptistae Plautii frugifera interpretatione necnon cum Cornutii philosophi eius praeceptoris, Ioannis Britannici Brixiani ac Bartholomaei Fontii aureis commentariis*, Venice 1516, fol. x3r). Bartolomeo Fonzio does not have any explanation, while Giovanni Britannico refers to a German Manius, the originator and founder of the German people (quoting Tacitus), to a Roman *eques* Manius, and finally to Manius as a *praenomen* from *mane* as Lucius from *lux* (quoting in both cases Varro: ibid., fol. x3v).

[2] 45.1] *lecythus*: ληκύθους, edd.

[3] 45.2] *in diem in quam*: 'ad diem in qua,' vulgate.

[4] 45.2] *Paulum*: 'paululum,' vulgate.

al. 17; *PL* 4, 638]. Itidem Hieronymus in epistola ad Eustochium capsacem pro lecytho appellavit [22.32; *PL* 32,418]. [4] Cur autem per lecythus apud Plinium intelligi existimem flosculos et nitores Tullianae facundiae ratio hec est: Romani veteres balnea petentes oleo ungebantur, cuius liquor foris gratissimus est humanis corporibus, sicut intus vini; ideoque Greci, "viciorum omnium genitores," ut utar verbis Plinianis [*N.H.* 15.19], olei usum ad luxuriam verterunt in gimnasiis publicando.[1] Ampullam oleariam appellat Apuleius in II Floridorum quam Grece dicimus lecython vocitari eamque numerat inter balnei utensilia [9]. [5] Cum ergo in balneis oleo ungerentur et lecythus, hoc est ampullas olearias, usurparent ad corpus emaculandum nitidumque efficiendum, eleganter et perquam scite Plinius appellat lecythus illos nitores et amenitates quibus oratio nitida et ornata fieri solet, quemadmodum corpus in balneis oleo ex capsace infuso perfunctum fit nitidius atque splendidius. [6] Videturque Plinius imitatus esse ipsum Marcum Ciceronem apud quem uno tantum in loco hoc elocutionis genus observavi. Sic enim scriptum reliquit in libro sexto Epistolarum ad Atticum: "Quid multa? Totum hunc locum quem [in aristocratia] ego varie meis orationibus, quarum tu Aristarchus es, soleo pingere, de flamma, de ferro [nosti illas lecythus] valde graviter pertexuit" [1.14.3]; ubi haud dubie Cicero per 'lecythus' intellexit pigmenta exornationesque oratorias, sicut alibi se myrothecium Isocratis totum consumpsisse in commentario consulatus sui scribendo significat [*Ad Att.* 2.1.1]. Nam per myrothecium, quod significat unguentorum repositorium, intelligi vult methaphoricos pigmenta oratoria et id genus ornamenta dicendi. [7] Plinius ergo librum se scripsisse dicit qui prope totus in contentione dicendi versabatur; "non tamen," inquit, "ex omni parte fugi lecythus Marci (scilicet Ciceronis)," hoc est "illas exortationes nitoresque et amena diverticula inserui, quibus Marcus Tullius orationes suas quibusdam quasi pigmentis condecorat atque venustat."

[46.1] Idem Plinius in epistola ad Calvisium sic scriptum reliquit: *Habes climatericum tempus sed evades* [2.20.3]. Quae verba sunt legibus simillima quarum scriptum, ut inquit Seneca, angustum est, interpretatio diffusa [*Contr.* 9.4.9]. Etenim quid significet climatericum tempus interpreta-

---

[1] 45.4] *Romani veteres . . . publicando*: Poliziano (*In Ber.*, 268v) says that Beroaldo gives the explanation that he (Beroaldo) had learned from Poliziano himself, in the presence of Pico and others.

tione latissima est explicandum. [2] Chaldei appellant climateras pericula
vite fortunarumque hominum, ut memorat Gellius in III, quae fieri
gravissima dicuntur in septemnariis [3.10.9], et, ut eruditissime tradit
Censorinus in libro De die natali, apparet per omnem vitam septimum
quemque annum periculosum et veluti crismon esse, hoc est iudicialem,
et climatericon vocari. Sed genethliaci ex his alios aliis difficiliores esse
dixerunt et nonnulli eos potissimum quos ternae hebdomades conficiunt
putant observandos, hoc est unum et vigesimum et quadragesimum
secundum et sexagesimum tercium, postremumque octogesimum
quartum, in quo Staseas terminum vitae defixit. Alii autem non pauci
unum omnium difficilimum climatera prodidere anno, scilicet uno de
quinquagesimo, quem complent anni septies septeni; et quadrati numeri,
qualis hic est, potentissimi dicuntur [Cens. 14.9–12]. [3] Quidam
climatera periculosum esse dicunt annum sexagesimum tertium qui ex
septemnario ac novenario permixtus est, namque eum hebdomades
novem vel enneades septem conficiunt [Gell. 3.10.9; Plin. *N.H.* 7.161].
Et Gellius autor est libro XIIII [potius 15.7.1] observatum esse sexagesimum tertium vitae nostrae annum cum periculo et clade aliqua evenire
senioribus fere omnibus, id quod divus Augustus in epistola ad Caium
nepotem optime expressit his verbis: "Nam, ut vides, climatera commu-
nem seniorum omnium tertium et sexagesimum annum evasimus" [Gell.
15.7.3]. [4] Si climatericon Latino vocabulo enuntiare velimus commodissime interpretabimur scalarium. Climax enim Graece scala sive
gradatio nominatur et Quintilianus figuram quae dicitur climax Graece
gradationem appellat [*Instit.* 9.3.54]. Plinius quoque climateras elegantissime nuncupavit legem scansilem libro VII Naturalis historiae, cuius
haec verba sunt: "Scansili annorum lege occidua, quam climateras appellant [7.161]." [5] Ex his omnibus, ut arbitror, [h]abunde declaratum est
quid^y significet illud Plinianum "Habes climatericum tempus," hoc est
periculosissimum et maxime pernitiosum, sive annus ille fuerit sexage-
simus tertius sive quadragesimus nonus sive quadragesimus secundus sive
quicunque alius climatericus qui ex septemnariis, ut dixi, maxime
conficitur.

---

y. 46.5] *quid*: 1496, 1502; 'quod,' 1488.

[47.1] Idem libro V scribens ad Flaccum ait: *Recipies epistolas steriles et simpliciter ingratas ac ne illam quidem solertiam Diomedis in permutando munere imitantis* [*Epist.* 5.2.2].[1] Ne diu et maxime quaeras quae fuerit Diomedis illa solertia in muneris permutatione, scito exemplum hoc sumptum esse ex poemate Homerico. [2] Namque in VI Iliados scribit Homerus Glaucum ac Diomedem in medium processisse ut singulari certamine confligerent. Glaucum deinde post enarratos suos natales invitatum a Diomede ut ex hostibus hospites fierent et hospitii necessitudine invicem copularentur, "quod ut ceteri," inquit, "intelligant armaturam permutemus."[2] Et ita inter se arma permutarunt, Glaucus aurea quae centum bovum pretio taxabantur Diomedi dedit, a quo accepit aerea quae novem bovum tantum existimabantur [*Il.* 6.234–36]. Unde ex hac tam impari armorum permutatione Glaucus stupidus et demens iudicatus, Diomedes vero solers et astutus, cum ille iacturam fecerit, hic lucrum. [3] Hoc exemplum quotienscumque muneris aut alterius rei comparatione dissimili fit disputatio, commodissime usurpant Latini scriptores adeo ut iurisconsulti in prohemio Digestorum concinniter et eleganter hoc usi sint sic scribentes: "Nostris temporibus talis legum inventa est permutatio qualem apud Homerum patrem omnis virtutis Glaucus et Diomedes inter se faciunt dissimilia permutantes."[3] In cuius loci interpretatione meras nugas blactit Accursius.[4] [4] Plinius quoque XXXIII cum de commertiis loqueretur meminit huiusce permutationis armorum Glauci cum Diomedis armis [*N.H.* 33.7]. Aulus Gellius in II cum de Menandri atque Cecilii dispari comparatione caput conscriberet dixit: "Diomedes

---

[1] 47.1] *Recipies . . . imitantis*: "Recipies *ergo* epistulas . . . *gratas* . . . *imitantes,*'" Mynors.

[2] 47.2] *Quod ut . . . permutemus*: Beroaldo here follows Valla's translation of the *Iliad* (Brescia 1474, fol. f2v). Poliziano notes that Beroaldo quotes these lines in Latin, not in the original Greek, which he himself had emended. (*In Ber.*, 268v). He also refers to his *Misc.* (92).

[3] 47.3] *Nostris . . . permutantes: De conc. dig.* 2.11, but with slightly different readings: '*vestris* temporibus,' and '*et* apud Homerum'.

[4] 47.3] *cuius loci . . . blactit Accursius*: in fact Accorsi comments at the lemma 'Permutantes': "Diomedes enim cum rediret per mare a Troiana victoria indigebat vino et invenit Glaucum iuxta mare abundantem vino et carentem equis; at ipse multos habebat equos, quos in proelio habuerat, et ita dedit sibi de equis sibi inutilibus pro vino necessario et utili sibi et Glaucus dedit sibi vinum superfluum et accepit equos necessarios. . ." (*Corpus Glossatorum Juris Civilis.* Curante Juris Italici Historiae Instituto Taurinensis Universitatis. Rectore et moderatore Mario Viora [Turin 1969], 7:689 [reprint of Baptista de Tortis' edition, Venice 1488, 306r]).

hercle arma et Glauci non dispari magis pretio estimata sunt" [2.23.7].
Aristoteles in quinto Ethicorum, "Qui sua," inquit, "donat, ut Homerus
de Glauco scripsit dedisse eum arma aurea pro ferreis centeni preci pro
novenis, huic iniuria non fit: nam in ipso est donare [5.9.7]."[1] De hoc
intellexit Martialis illis versibus: "Tam stupidus numquam nec tu, puto,
Glauce, fuisti Chalchea donanti chryseae qui dederas' [9.94.3–4]." [5]
Sensus Plinii est: Flaccum, a quo acceperat optimos turdos, recepturum
epistolas suas penitus steriles et sine ulla remuneratione, ex quo nec
quidem imitaturum se dicit solertiam Diomedis, qui pro armis preciosis
dedit vilia. Nam cum ille aliquid saltem pro remuneratione tradiderit, se
nil penitus remisurum esse festiviter iocatur.

[48.1] Livius libro Ab origine urbis primo ita scriptum reliquit: *Ad
Murtiae datae sedes* [1.33.5]. Quibus verbis non solum subobscurus sed
etiam soloecista videri potest apud grammatistas. Idcirco explicanda sunt
luculentissimi scriptoris verba quibus Murtiae nomine Venus significatur,
quam prisci Myrtheam nuncuparunt a myrtho arbuscula quae Veneri
dicata est; et, ut autor est Plinius in XV, ara fuit Romae vetus Veneris
Myrtheae "quam nunc Murtiam vocant" [15.121]. [2] De qua dea cum
loqueretur Plutarchus in Problematis ita scripsit: "Quam nunc Venerem
Murtiam vocant, antiquitus, ut videretur, Myrtheam nominare consueverunt [*Quaest. Rom.* 20.268E]."[2] Unum genus myrthi coniugulum
appellat Cato [133.2], a coniugiis videlicet ut interpretatur Plinius quia
coniunctioni et arbori preest Venus [*N.H.* 15.120 and 122]. [3] Murtiae
deae sacellum erat sub monte Aventino qui antea Murchus vocabatur, ut
dicit Festus [148]. Huius sacelli meminit Varro a quo Venus Murtheta
[*Ling.* 5.154][3] nuncupatur, et ad hoc alludens Apuleius dixit eleganter
in VI De asino aureo: "Conveniat retro ad metas Murtias Mercurium
predicatorem [6.8]." [4] Declaranda sunt igitur verba Livii hoc pacto, ut
exponamus datas esse sedes Latinis in civitatem acceptis ab Anco rege
habitandas iuxta sedem sive sacellum deae Murtiae, ut iungeretur Palatio
Aventinus. Et hic honestissimus loquendi modus est apud antiquos ut

---

[1] 47.4] *Aristoteles . . . donare*: the quotation is from the Latin translation of Leonardo
Bruni, Bologna, n.d. (H 1742), fol. e5v.

[2] 48.2] *Quam nunc . . . consueverunt*: the passage is here quoted in the Latin translation of Giovanni Pietro da Lucca published by Calpurnio (n.d. [Venice, ca. 1477; H*
13137], fol. b1r).

[3] 48.3] *Murtheta*: 'Murteae,' edd.

absolute dicatur ad Dianae, ad Vestae, ad Apollinis, et extrinsicus subintelligamus templum. Ita Oratius libro primo Sermonum, "Ventum erat ad Vestae [1.9.35]" scilicet templum vel aedem; Terentius in Adelphis, "Ubi ad Dianae Veneris ito ad dexteram [582]," id est ad Dianae templum. Et hunc antiquitus fuisse loquendi morem optime declarant Porphirio [*In Hor. Serm.*, ibid.] et Donatus [*Ad Ter.*, ibid.], quo etiam decenter usus est Cicero in Epistolis ad Atticum his verbis: "Senatus ad Apolinis datus est."[1] [5] Est preterea altera dea nomine Murcea, quam ita prisci nominaverunt, ut ait Pomponius, quod preter modum faceret hominem murcidum id est desidiosum, cui contraria erat dea Strenua, cui sacra faciebant ut homines faceret strenuos: cuius rei meminit Augustinus libro IV De civitate dei [4.16].

[49.1] Apud eundem libro VIII in omnibus codicibus haec verba leguntur: *Telo, super quod stans consul precatus est, hostem potiri fas non est; si potiatur, Marti suo lue et auribus[2] piaculum fieri* [8.10.14]. Mendosa est novissima clausula et verbis semihulcis male coagmentata adeo ut nullus verus sensus percipi queat. Nos vero ita emendavimus: 'si potiatur Marti solitaurilibus piaculum fieri.' [2] Sunt tamen solitaurilia sacrificia quae, ut docet Asconius Pedianus, censores urbem completo quinquennio lustrantes de sue, ove, tauro faciebant [ps.-Ascon. *Div. in Caecil.* 8; Stangl, 189], a quibus tribus particulis nomen ipsum compositum esse existimat Quintilianus in primo, ita tamen ut non tam ex tribus quam ex particulis trium solitaurilia coagmententur [*Inst.* 1.5.67]. Et hoc est illud sacrificii genus quod circumscripsit Livius his verbis: "Ibi instructum exercitum omnem Servius sue ove taurisque[3] lustravit, idque conditum lustrum appellatum [1.44.2]." Solitaurilia ad agrum lustrandum circumagi docet M. Cato in libro De re rustica [141.1]. [3] Sensus itaque Livii hic erit: consulem Romanum Marti solitaurilibus, hoc est sue ove tauro imolatis, sacrificaturum pro piaculo, si hostis telo potitus fuerit,

---

[1] 48.4] *Senatus . . . datus est*: I have not been able to find this quotation in the letters to Atticus. However I found two similar ones in other letters of Cicero: "Sed cum senatus habitus esset ad Apollinis" (*Fam.* 8.4.4) and "A.d. VII Id. Febr. senatus ad Apollinis fuit" (*Ad Q. fr.* 2.3.3).

[2] 49.1] *suo lue et auribus*: this is the vulgate reading of the manuscripts and of the fifteenth century editions of Livy (for instance, Treviso 1485, fol. 11r). The modern reading is 'suovetaurilibus' here and in all of the following quotations both from Livy and Cato.

[3] 49.2] *sue ove taurisque*: here again the modern reading is 'suovetaurilibus.'

quo eum potiri nefas est. [4] Quod autem Marti solitaurilibus facerent docet M. Cato qui sic ait: "Mars pater eiusdem rei ergo macte hisce solitaurilibus lactentibus esto [141.3–4]." Idem alibi ita verba mystici sacri concipienda esse perscribit: "Mars pater, si quid tibi illisce solitaurilibus lactentibus neque satisfactum est, his solitaurilibus piaculo [141.4]." De solitaurilibus ita ait Festus : "Solitaurilia hostiarum trium diversi generis immolationem signant,[1] tauri, arietis, verris; quod omnes integri solidique corporis sunt.[2] Solum enim lingua Oscorum significat totum et solidum [Fest.-Paul. 292]," unde apud Livium tela soliferrea vocantur tota ferrea [34.14.11].

[50.1] Apud eundem scriptum est libro quarto Ab urbe condita Postumiam virginem vestalem ampliatam deinde absolutam pro colegii pontificum fuisse sententia [4.44.11]; ubi ampliatam intelligimus dictum esse ex consuetudine Romanorum iudiciorum quae hoc modo peregebantur. Namque aut statim sententia dicebatur a iudicibus si absolvendus esset reus, aut amplius pronuntiabatur si videretur esse damnandus et tunc iudices dicebant 'non liquet', hoc est obscura causa est, et, ut eleganter docet Asconius Pedianus, ampliandi signum erat N L, quod significabat 'non liquere'; unde ampliatio dicebatur [ps.-Ascon. *Verr. In Act.* 2.1.26; Stangl, 230] quae appellata ab eo videtur quasi amplius dicendi pronuntiatio, quia qui ampliabatur, interposita dilatione, rursus ad agendam causam redibat. De hac ampliatione intelligendum est apud Plinium ita scribentem in libro cui titulus est De viris illustribus: "Manlius reus factus est ob conspectum Capitolii ampliatus [potius Aur. Vict. *De vir. ill.* 24.6]." [2] Sensus Livii est: virginem vestalem, cum de incestu accusaretur, fuisse ampliatam, hoc est per ampliationem in secundam actionem, interposita dilatione, protractam ut scilicet bis causam dicere posset ex ritu Romanorum iuditiorum. De hac ampliatione intelligit Cicero in tertia in Verrem his verbis: "Et si lex ampliandi faciat potestatem, tamen isti sibi turpe existiment non primo iudicare [*Verr.* Act. 2, 1.26]." Idem in oratione Pro Cinna [sic] inquit: "Cum ampliandi potestas esset, dixisse sibi liquere [*Caecin.* 29]."

---

[1] 49.4] *signant*: 'significant,' Lindsay.

[2] 49.4] *omnes integri solidique corporis sunt*: 'omnes eae solidi integrique sunt corporis,' Lindsay.

[51.1] Idem scribit libro XXVII: *Inter maiorum rerum curas comitia maximi curionis vetus excitaverunt certamen* [27.8.1], ubi maximus curio significat sacerdotem cuius sacerdotii petitionem antiquitus nemo nisi ex patribus habebat. Sunt autem curiones dicti a curiis in quibus sacerdotes ita res divinas curabant, sicuti senatus res humanas in curia hostilia curare solebat, ut scribit Varro [*Ling.* 5.83; 6.46]. Inde sacra quae in curiis fiebant curionia prisci nuncupaverunt et curionum aes dicebatur quod dabatur curioni ob sacerdotium curionatus. [2] Dionisius Alicarnaseus hos curiones signare videtur dum scribit in II duces curiarum factos esse sacrificulos a Romulo imitato Graecorum consuetudinem, apud quos instituta fuerunt prytanea in quibus sacra fiebant ab his qui maxima prediti essent maiestate, qui Graece prytanes nuncupantur [2.65.4]. Quem magistratum significat Seneca sic scribens in Epistolis ad Lucilium: "Non vis nisi cerix aut prytanis aut suffes administrare rem publicam."[1] [3] Princeps Romanorum curionum maximus cognominabatur quemadmodum in collegio pontificum is maximus dicitur qui preest. De curione maximo locutus est Ovidius qui sic ait in II Fastorum: "Curio legitimis tunc fornacalia verbis Maximus indicit nec stata sacra facit [527–28]." Itaque de hoc sacerdotio curionis maximi qui per sufragia creabatur cum loqueretur, Titus Livius dicit comitia curionis maximi creandi causa concitavisse vetus certamen, videlicet competitorum [3.7.6]. [4] In alia significatione curiones pro preconibus accipiuntur apud opinatissimos scriptores apud quos identidem reperies curionem pro ministro atque precone usurpari. In hoc significatu accipe apud Plinium ita scribentem libro VII: "Post aliquot annos adiectus est et meridies, accenso consulum id pronuntiante, cum curio[2] inter rostra et argeorum thesin[3] prospexisset: talem[4] solem; a columna aenea[5] ad carcerem inclinato sidere supremam pronuntiavit" [*N.H.* 7.212]. Iulius quoque Capitolinus in Galienis inquit: "Ille per curionem dici iussit 'imposturam fecit et passus est' [potius Trebell. Poll., *Gall.* 12.5]." Idem alibi, "Per curionem," inquit, "dici iussit: 'taurum totiens non ferire

---

[1] 51.2] *Non vis . . . rem publicam*: the quotation is from the *De Tranq. an.* 4.5, where the text is, however, slightly different: "Non vis enim nisi consul aut prytanis aut ceryx aut sufes administrare rem publicam."

[2] 51.4] *cum curio*: 'a curia,' Mayhoff.

[3] 51.4] *argeorum thesin*: 'Graecostasin,' Mayhoff.

[4] 51.4] *talem*: *om.* Mayhoff.

[5] 51.4] *aenea*: 'Maenia,' Mayhoff.

difficile est' [ibid. 12.4]." Apud Apuleium scriptum est in primo De
asino aureo: "Non quidem curio[1] sum, sed qui velim scire vel cuncta
vel certe plurima [*Met.* 1.2]," ubi curio accipitur in hoc significatu,
quamvis incuriosi parum curiose verba Apuleii pensitantes iunctim[z]
legant 'curiosum,' ut ita duas dictiones in unam indocte compingant. In
hoc sensu curio accipitur a Martiale ita scribente: "Epigrammata curione
non egent [2 pr. 5];" et interpres Eusebii in IV Historiae ecclesiasticae
ita interpretatus est: "Misso igitur curione ad populum iubet voce
maxima protestari: Polycarpum tertio confessum Christianum se esse
[4.132; *PG* 20, 354]."[2] [5] Plautus vero in Aulularia festivissime agnum
curionem appellat macilentum tanquam ob curam sit emaciatus [563–
64]. Unde a contrario Apuleius in Floridis agnum opimum et pinguem
dicere volens appellavit perquam diligenter incuriosum [2].

[52.1] Apud eundem lauticia pro lautia in omnibus codicibus impressum
est.[3] Ita enim libro XXVIII scriptum est: *Locus inde lautitiaque legatis
preberi iussa* [28.39.19]. Nos correximus 'lautia' s<e>cuti[aa] autoritatem
sententiamque Plutarchi qui tradit in Problematis quod Romani quaestores legatis exterarum nationum munera mittebant, quae lautia
dicebantur; iidem egrotos curabant[bb] qui si morbo Romae interissent,
impensa publica funerabant [*Quaest. Rom.* 43.275D].[4] [2] Preterea, ut
autor est Festus, lautia epularum magnificentia nuncupatur; quod nomen
a lavatione dictum autumant, quia apud antiquos elegantiae quae nunc
sunt non erant et raro aliquis lavabat [Paul. 117]. [3] Ob haec lautia

z. 51.4] *iunctim*: 1496, 1502; 'iuncti,' 1488.
aa. 52.1] *s<e>cuti*: 'sicuti,' 1488, 1496, 1502.
bb. 52.1] *iidem . . . curabant*: 1496, 1502 ; 'idem . . . curabat,' 1488.

[1] 51.4] *curio*: 'curiosum,' all the manuscript tradition, accepted by editors; Beroaldo
inserted this emendation in the text of his edition of Apuleius, and there in his commentary he refers the reader back to this annotation (Bologna 1500, 6r).
[2] 51.4] *"Misso . . . se esse"*: this quotation is from the translation of the *Hist. Eccles.*
by Rufinus (Mantua 1479, chap. 15 *ad finem*).
[3] 52.1] *lauticia . . . impressum est*: 'lauticia' is the vulgate reading of MSS and of the
ed. of Treviso 1485, fol. ii4v; 'lautia,' edd.
[4] 52.1] *Nos correximus . . . funerabant*: the translator of Plutarch, Giovanni Pietro da
Lucca, uses the word 'lautia' in translating this passage: "Quaestores legatis munera
mittebant quae lautia dicebantur et aegrotos curabant qui, si morbo interiissent, sumptu
publico sepeliendos curabant" (fol. c4v).

apud Livium legere malim quam lautitia, quamvis non nesciam quid
lautus et lautitia passim significet et quod farina ex tritico aqua consperso
antiquitus lautitia appellabatur [Paul. 118]. Sed nil ista conveniunt cum
Livii sententia, qui lautia accepit in eo significatu quo Plutarcus et Festus
acceperunt, unde et ab eodem alibi dictum est lautia Atalo fuisse decreta
[Liv. 35.23.11].

[53.1] Ille quoque versus apud eundem mendosus est in libro XXII,
cuius haec verba sunt: *Testibus datis tribuni populum summoverunt, super re
illa quae lata est, ut sortirentur, ubi Latini sufragium ferrent* [potius 25.3.16–
17]. Nos illud 'super re illa quae lata est' ita emendavimus, 'sitelaque
alata est.'[1] [2] Est autem sitela cistula qua suffragia populi in creandis
magistratibus legibusque ferendis colligebantur, de qua ita scribit Ciccro
in oratione Pro Cornelio de maiestate: "Neque maius[2] est legere codicem cum intercedatur quam sitelam ipsam cum ipso[3] intercesore deferre
[apud Ascon., *Corn.* 63; Stangl, 57]." Idem alibi pro sitela cistellam
appellat, unde in primo Retoricorum ita scriptum legimus: "Saturninus
legem ferre cepit collegae intercedere; ille nihilominus cistellam[4] detulit
[*Rhet. Her.* 1.21]." Idem libro primo De natura deorum sitelae meminit
his verbis: "Ut igitur Tiberium Grachum cum video[5] contionantem in
Capitolii[6] de Marco Octavio deferentem sitelam, tum eum motum
animi dico esse inanem [106]." Plautus quoque in Cassina situlam atque
sitelam crebro nominavit accepitque pro vasculo in quod sortes coniici-
untur [342; 350–51; 363; 396]. [3] Sensus Livii est: sitelam, hoc est
cistelam, allatam fuisse ut in eam sortes coniicerent et inde sortirentur in
qua tribu Latini suffragia ferre deberent. Hactenus de Livio. [4] Iam,
prout instituimus, ad alios scriptores transeamus. Satis est enim impresentia pauca quaedam degustare et hinc et inde centena annotamenta
colligere.

---

[1] 53.1] *sitelaque alata est*: 'sitellaque lata,' edd.
[2] 53.2] *Neque maius*: 'neque enim maius,' Stangl.
[3] 53.2] *ipsam cum ipso*: 'ipsum de ipso,' Stangl.
[4] 53.2] *cistellam*: 'sitellam,' edd.
[5] 53.2] *video*: 'videor,' edd.
[6] 53.2] *in Capitolii*: 'in Capitolio videre,' edd.

[54.1] Aulus Gellius libro II Noctium Atticarum in eo capite quod de vocabulis regionibusque ventorum luculentissime scribit ita tradit: *Preter hos quos dixi, sunt alii plurifariam venti commenticii suae quisque regionis indigenae, ut oronus quoque ille ad Apulos* [2.22.25]. Quid significet 'oronus ille apud Apulos'[1] [cc] hominem scire arbitror neminem nec ipsum Gellium si revivisceret haec verba satis percepturum. Quo circa nos et sensum et ipsos litterarum apices curiose speculati, ita emendavimus et ita perscriptum fuisse a luculento scriptore asseveramus: 'Oratianusque ille Atabulus.'[2] [2] Est enim Atabulus ventus ita peculiaris Apuliae ut Atheniensibus Sciron, ut Euboiae Olympias, ut Narbonensi Galliae Circius, sicuti docet Plinius in XVII [17.232], quem totum locum transtulisse videtur a Seneca ita scribente libro quarto Quaestionum naturalium: "Atabulus Apuliam infestat, Calabriam Iapyx, Athenas Sciron, Galliam Circius [potius 5.17.5]." Hunc Atabulum Oratius Apulus tamquam Apulum et indigenam celebrat cum ait libro primo Sermonum: "Incipit ex illo montes Apulia notos Ostentare mihi, quos torret Atabulus [5.78–79]." [3] Ob hoc ergo Aulus Gellius scienter et eleganter inter commenticios ventos Atabulum cognominavit Oratianum quoniam ab Oratio peculiariter celebratur, utpote Apulus ventus ab Apulo poeta. Existimo hanc nostram emendationem etiam iniquo iudici non displicituram cum nil possit esse accomodatius, cum hoc solum dicere voluerit Gellius, si quis diligenter attenderit. [4] Scribit Porphirio Atabulum ventum esse in Apulia ferventissimum Greca appellatione

---

cc. 54.1] *Quid significet . . . ad Apulos*: 1496, 1502; 1488 *om.*

---

[1] 54.1] *Quid significet . . . ad Apulos*: 'Oronus quoque ille ad Apulos' is the reading of the MSS and of both the *editio princeps* (Rome 1469) and the 1472 Venetian edition of Gellius (pages not numbered).

[2] 54.1] *'oratianusque . . . atabulus'*: Beroaldo in his edition of Gellius (Bologna 1503, 1v) further corrects this passage to 'ut oratianus quoque ille atabulus,' which is the reading of modern editors. The MSS have either 'atapulus' or 'ad (apud) Apulos.'

dictum quasi τὴν ἄτην καὶ τὸν λοιμὸν,[1] [dd] hoc est nocumentum pestilentiamque inferentem. Nam Atabuli flatus nimio calore Apuliae pestifer est et gravis [*In Hor. Serm.* 1.5.78].

[55.1] Apud eundem locus est depravatus unius litterae inversione quae, quamvis sit parva corruptio, totam tamen obscurat eloqutionem. Ita enim libro XIV scriptum est: *Cum deinde subeuntes montem Caspium conspicimus insulam quandam occupatam igni* [potius 15.1.2]. Quid absurdius dici potest quam quod illi qui Romae sunt subeant montem Caspium, quem ab Italia tot regiones tot maria dispescunt atque disterminant? Nos vero pro Caspium 'Cispium' emendavimus.[2] [2] Est autem Cispius mons in urbe Roma in regione Exquilina de nomine Cispi hominis dictus, ut autumat Festus [Paul. 42]. De hoc Cispio ita scribit Varro in libro primo Latinae linguae: "Cispius[3] mons suo antiquo nomine etiam nunc in sacris appellatur [potius 5.50]." Idem in eodem: "[Exquilinus est] Cispius[4] mons sexticeps apud aedem Iunonis Lucinae ubi editimus[5] habere solet [ibid.]." [3] Dicit itaque Gellius se, cum subiret hunc montem Romanum nomine Cispium, conspexisse insulam flagrantem, hoc est domum ab aliis domibus sequestratam. Tales enim domus insulae appellantur quia instar insularum sunt. Inde crebro leges apud historicos insulas Romae fuisse incendio consumptas [e.g., Suet. *Nero* 38.2] et olim, ut inquit Iulius Capitolinus, imperante Antonino Pio, incendium tercentum quadraginta insulas absumpsit [*Ant. Pius* 9.1]. Germani, autore Tacito, suam quisque domum spatio circundant nullis coherentibus edificiis more insularum quae nusquam continenti coherent sed mari undique ambiuntur [*Germ.* 16. 1].

---

dd. 54.4] *quasi* τὴν ἄτην καὶ τὸν λοιμὸν: 1502; after 'quasi' blank space left for the Greek words, 1488, 1496.

---

[1] 54.4] *quasi* τὴ ἄτην καὶ τὸν λοιμόν: τὴν ἄτην βάλλον, edd.

[2] 55.1] *'Cispium' emendavimus*: 'Caspium' is the reading of all MSS, and of both the *editio princeps* and the 1472 edition of Gellius. Beroaldo, however, in his own edition has 'Caspium' (fol. n3r), while the Venetian edition of Gellius of 1493 has 'Cispium'; 'Cispium,' edd., as corrected here by Beroaldo, to whom they attribute the emendation.

[3] 55.2] *Cispius*: 'Cespeus,' edd.

[4] 55.2] *Cispius*: 'Cespius,' edd.

[5] 55.2] *editimus*: '<a>editumus,' edd.

[56.1] Apud eundem libro XIX menda pertinax inveteravit. Ita enim in omnibus codicibus scriptum legitur: *Elivorum[1] quoque oculi ad easdem vices lunae maiores[2] fiunt aut minores* [potius 20.8.6]. Ex quo genere animalium elivi sint ignorare me non inficior et, cum diu anxieque quaesivissem, apud idoneos scriptores nullam elivorum mentionem factam esse cognovi, nec usquam elivos reperiri arbitror quorum oculos minui et augeri prout luna senescit et adolescit Gellius opinatur. Quapropter ex litterarum similitudine locum mendosum ita emendandum censeo ut pro elivorum legas 'elurorum.'[3] [2] Eluros autem a Graecis appellari quas Latini feles nominitant nemo vel mediocriter doctus ignorat, de quibus scribens Plinius ita ait libro X Naturalis historiae: "Feles autem[4] quo silentio, quam lenibus[5] vestigiis obrepunt avibus! quam occulte speculatu[6] in musculos insiliunt[7]! Excrementa sua effossa obruunt terra, intelligentes odorem illum indicem sui esse [10.202]." [3] Varro et Columella felem accipere videntur pro eo genere animalis quod vulgus fovitium appellat [Varro, *Rust.* 3.11.3; Colum. 8.3.6; 3.9; 15.2]. Plinius vero pro domestico animali quod mures capit, quem Albertus Magnus modo catum modo murilegum nuncupat [*De anim.* 1.50; 54; 2.8; 47; 7.122; 22.41; 117]. Indocti musipulam[8] ee appellant cum musipulae eruditi nominent ipsa decipula quibus mures capiuntur, ut Varronis [*Rust.* 1.8.5] et Senecae [*Epist.* 48.6] lectione facile cognoscimus. Eluron, hoc est felem, Egyptii venerabantur.

[57.1] Apud eundem libro XV nomen dei Romani depravatum legitur: nam pro 'Aius' 'Arius' ab impressoribus scriptum est[9] [potius 16.17.2],

---

ee. 56.3] *musipulam*: 1496, 1502; 'musapulam,' 1488.

---

[1] 56.1] *in omnibus codicibus . . . elivorum*: '(a)elivorum,' the manuscript tradition, and the 1469 and 1472 editions; 'aelurorum,' edd., as corrected here by Beroaldo.

[2] 56.1] *maiores*: 'aut ampliores,' edd.

[3] 56.1] *elurorum*: also in this case Beroaldo in his edition of Gellius kept the reading 'elivorum' (fol. r6r), while the 1493 edition has 'aelurorum' (116r).

[4] 56.2] *autem*: 'quidem,' Mayhoff.

[5] 56.2] *lenibus*: 'levibus,' Mayhoff.

[6] 56.2] *speculatu*: 'speculatae,' Mayhoff.

[7] 56.2] *insiliunt*: 'exiliunt,' Mayhoff.

[8] 56.3] *musipulam*: 'muscipula' or 'muscipulum' edd., also in Varro and Seneca quoted below.

[9] 57.1 *ab impressoribus . . . est*: this is again the reading of all MSS and of both 1469

corrupto nomine vetusto et sensu. [2] Antiqui enim Aium deum appellaverunt ab eo quod aiebat et loquebatur. Namque olim Rome audita
vox est silentio noctis clarior humana voce, quae iuberet magistratibus
nuntiari Gallos adventare et ut providerent ne Roma a Gallis caperetur.
Ex eo dictus est deus Aius loquens, ut docet Cicero in secundo De
divinatione [2.69]. [3] Livius huic deo templum factum fuisse in nova
via autor est, eumque appellat Allocutium quasi ab alloquendo nuncupatum. Mihi videtur legendum esse apud Livium pro Allocutio 'Aio loquenti'[1] [5.50.6; 5.52.11] ut cum Varrone [apud. Gell. 16.17.2], Gellio
et Cicerone concordet, a quibus hic deus uno consensu Aius loquens
nuncupatur. Quidam codices Liviani habent allocutionem[2] tamquam
nomen dei feminino genere in casu recto sit pronunciandum allocutio.
Qui apud Gellium legunt Arius, hi profecto arioli sunt a theologia
etnicorum abhorrentes.

[58.1] Apud eundem menda est manifestaria unius tantum litterae
inversione. Namque ubi nominat carmen meliti poetae, emendandum
est 'melici poetae'[3] [2.22.1]. [2] Dicimus enim melicos lyricos poetas et
ita a Plinio Simonides, qui scriptor fuit lyrici carminis, melicus nuncupatur in septimo Naturalis historiae [7.89 and 192], quamvis in pervulgatis
codicibus non melicum legerimus sed medicum.[4] Ausonius, "Tu[5]
melicos lyricosque modos [*Epist.* 12.54; Peiper, 264]." [3] Itaque apud
Gellium nomen melici poetae non pro nomine proprio accipiendum est,
sicuti semidoctum vulgus existimat,[6] sed pro nomine generali uniuscui-
usque poetae qui melicus sit, hoc est musicus et lyricus. Nam antiquitus,
teste Fabio, musici idem vates et sapientes iudicabantur [Quint., *Inst.*

---

and the 1472 editions. Beroaldo has 'Aius' in his edition of Gellius (fol. y4r), while the
1493 edition has 'Arius' (95r). 'Aius,' edd., as corrected here by Beroaldo, to whom
they attribute the emendation.

[1] 57.3] *'Aio loquenti'*: 'Aio locutio,' edd.

[2] 57.3] *Quidam codices . . . allocutionem*: 'in nova via allocutio' is the reading of MSS
D and R, according to the apparatus of modern editions.

[3] 58.1] *melici*: 'meliti' is in the 1469, 1472, and 1493 editions; 'melici,' Beroaldo's
edition (fol. e6v), and edd. (nothing in the apparatus).

[4] 58.2] *in pervulgatis . . . medicum*: the readings 'medico' and 'medicum' appear in
many MSS (see Mayhoff's apparatus) as well as in the fifteenth century editions of Pliny.

[5] 58.2] *tu*: 'et,' Peiper.

[6] 58.3] *semidoctum . . . existimat*: I cannot say to whom Beroaldo is alluding here. In
the 1469 and 1472 editions 'Meliti' is printed with the capital letter but, given the
haphazard use of capital letters in printings of this period, this fact is not meaningful.

1.10.9], unde ait Martianus in libro De nuptiis Philologiae: "Tu vatum mela dulcibus camenis [2.119]," et, teste eodem, tertia symphonia diapasson in melis prohibetur quasi tu dicas in musicis [9.944]. Idem in Musica inquit: "Quae ad melos pertinent, harmonica dicuntur [9.936]." [4] Aristoxenus musicus vocis rationem dividit in rithmon et melos, quorum alterum modulatione, alterum canore et sono constat [Quint. *Inst.* 1.10.22]. Censorinus in libro De die natali poeticam cognominat melicam, cum poetica veluti legitima musica licentior magisque modulata invaluerit, unde omnes poetas accomodato generalique epitheto melicos appellare possumus [frg. 9]. [5] Igitur, quando dixit Gellius apud mensam legi solitum fuisse vetus carmen meliti poetae, tu emenda 'melici' et expone generaliter pro quolibet poeta modulato et absoluto vel pro lyrico. [6] Non me preterit Melitum nomen esse viri proprium qui fuit unus ex accusatoribus Socratis et Socrati ob poetas infestus, ut ostendit Plato in Apologia [2b 12; 19b 1], sed in hoc loco Gelliano nequaquam de isto Melito intelligere debemus sed corrigere et exponere prout nos et correximus et exposimus.

[59.1] Marcus Cicero in Epistolis ad Atticum usurpat vetus proverbium quod minime invulgatum est. Sic enim scribit: *Omnes enim coricei*[1] *subauscultare videntur quod*[2] *loquor* [10.18.1], ubi coricei pro curiosis accipiuntur ex vetustissima historia. [2] Nam tradunt historici totam Corici montis Asiatici preter navigationem latronibus plenam fuisse, qui coricei dicuntur, qui novo genere insidiarum utentes, dispersi per portus ad mercatores qui applicuissent furtim accedebant et subauscultabant quod rerum ferrent et quo navigarent; postea, illis oram solventibus, congregati eos adoriebantur ac diripiebant. Ex quo omnes curiosos et occulta ac secreta auscultantes coriceos appellamus et in proverbio dicimus "coriceus auscultavit," cum quis facere vel dicere secreto videatur quod minime lateat, propter eos qui speculantur et scire student quae non conveniat. Huius historiae et proverbi meminit Strabo in XIV [14.1.32].

[60.1] Apud eundem pertinax menda irroboravit libro Epistolarum ad Celium edilem; in omnibus enim codicibus[3] haec verba passim legun-

---

[1] 59.1] *coricei*: κωρυκαῖοι, edd.

[2] 59.1] *quod*: 'quae,' edd.

[3] 60.1] *in omnibus . . . codicibus*: only in the apparatus of Moricca's edition (Pavia

tur: *Erat enim in eadem epistola veteranus civitatis* [*Fam.* 2.13.3], cuius clausulae cum nulla sit sententia, nulla sit constructio, nos, observatis curiosissime his epistolis quas Celius ad ipsum Ciceronem scribit, ita emendavimus ut pro 'veteranus' legas 'veternus.' [2] Nam Celius in quadam epistola, cum Ciceroni significare vellet omnia Romae frige-scere et pene sopita quiescere, sic scripsit: "Nisi ego cum tabernariis et aquariis pugnarem veternus civitatem occupasset [*Fam.* 8.6.4]." Ad hanc epistolam respondens Cicero dixit: "Erat in eadem epistola veternus civitatis," hoc est hanc clausulam epistola tua continebat quod civitas Roma veterno occupabatur, hoc est marcore et somno. [3] Nemo enim vel mediocriter eruditus ignorat veternum morbum esse in quo in-expugnabilis est pene dormiendi necessitas, quem lethargum Graeci nominant, quod genus morbi acutum est et, ut inquit Celsus, nisi succurratur celeriter, iugulat [3.20.1]. Reperies identidem fieri mentio-nem veterni apud veteres scriptores [Plaut. *Men.* 891; Plin. *N.H.* 7.127; 24.175; Catull. 17.24]. Avicenna et medici recentiores hanc egritudinem subetum appellitant [Avic. *Canon* 3.1.4.1]. A veterno veternosus deri-vatur. "Cato veternosum hydropicum intelligi voluit cum ait 'veternosus quam maxime[1] bibit, tam maxime sitit' [Fest. 369]." [4] Igitur legen-dum est apud Ciceronem 'veternus civitatis,' non autem 'veteranus' ut epistola epistolae, res rei, verbum verbo Celiano respondeat.

[61.1] Scribit Cicero in principio Antoniarum se usurpasse verbum Graecum quod in sedandis discordiis usurpaverat civitas Atheniensium [*Phil.* 1.1]. Quaeri solet quodnam fuerit hoc verbum et ad quas discordi-as sedandas id usurpaverint Athenienses. [2] Ego reperio hoc verbum a Graecis dici amnestiam, quo oblivio iniuriarum significatur, de quo luculente haec scripta est historia apud scriptores idoneos: Thrasibulum civitatem Athenarum opressam a triginta tyrannis in libertatem vindi-casse, cum Atticos palabundos atque dispersos, quos sevissimi tyranni ex genitali solo expulerant, in patriam reduxisset, qui non minus prudentia ac moderatione usus est quam fortitudine ad cuncta pacificanda pacem-

---

1950) do I find "veteranus Ω" where Ω represents the *consensus codicum* MGR of the 9th, 10th, and 11th cc., respectively. The 1485 Venetian edition of the *Familiares* has 'veteranus' (fol. e3r). All modern editions have in this passage the reading 'veternus,' as corrected here by Beroaldo.

[1] 60.3] *maxime*: 'plurimum,' Lindsay.

que reconciliandam. Namque is[ff] legem tulit ne quis ante actarum[gg] rerum accusaretur, ne qua preteritarum iniuriarum mentio fieret, ne quis mulctaretur: et hanc Athenienses amnestiam vocaverunt, hoc est legem oblivionis, qua[hh] concussus et labans Atheniensium rei publicae status in pristinum habitum est revocatus [Val. Max. 4.1 ext.4]. [3] Cicero igitur, cum post interfectum Iulium Cesarem iacere conaretur pacis fundamenta inter Romanos tumultuantes, dicit se usurpasse vetus verbum, hoc est amnestiam, ut ita oblivione sempiterna memoria discordiarum deleretur quemadmodum apud Athenienses Trasibuli consilio factitatum fuerat, et se vetus exemplum Atheniensium renovasse commemorat, videlicet illud quod iam de Trasibulo rettulimus. Scribit Flavius Vopiscus in Aureliano amnestiam fuisse decretam exemplo Atheniensium, deinde subiungit: "Cuius rei et Tullius in Philippicis meminit [39.4]," haud dubie locum illum signans de quo iam diximus. Numquam enim alibi Tullius in totis Philippicis ullam mentionem facit de amnestia. [4] Preterea, autor est Paulus Orosius Claudium imperatorem Romanum in principio sui status ultronea clementia oblivionem omnium dictorum factorumque sanxisse, et ita preclaram illam Atheniensium amnestiam confirmasse quam Romae inducere, Iulio Caesare interfecto, senatus, Cicerone suadente, tentaverat [*Hist.* 7.6.4–5]. Meminit huius quoque oblivionis Tranquillus a Claudio sancitae omisso amnestiae nomine [Suet. *Claud.* 11.1].

[62.1] Cicero in quadam ad Atticum epistola sic ait: *Habes scytalam Laconicam*[1] [10.10.3], quo proverbialiter dicto significare voluit epistolam brevissime concinnatam et occulto significatu obscuratam, sicut Lacedemonii veteres facere consueverunt, qui, occultare volentes litteras publice ad imperatores suos missas ne ab hostibus exceptae consilia sua revelarent, epistolas mirando commento scriptas mittebant. Namque lorum tenuissimum surculo tereti atque oblongo complicabant in eoque loro litteras per transversas iunctarum oras inscribebant; id lorum deinde ex surculo revolutum imperatori suo mittebant qui, huiusce commenti

---

ff. 61.2] *is*: 1496, 1502 ; 'ii,' 1488.
gg. 61.2] *actarum*: 1496, 1502; 'actarium,' 1488.
hh. 61.2] *qua*: 1496, 1502; 'quae,' 1488.

---

[1] 62.1] *scytalam laconicam*: σκυτάλην λακωνικήν, edd.

conscius, surculo compari quem habebat loro consimiliter circumplica-
bat; atque ita litterae per ambitum eundem surculi coalescentes rursum
coibant et ita integram et incorruptam epistolam et facilem legi presta-
bant. Hoc genus epistolae Graece 'scytale Laconice', hoc est scytala
Laconica, nuncupatur, autores Gellius [17.9.6–15] et Plutarchus in
Lysandro [19.5–7]. [2] Preterea, in scribendo Lacedemonii stilo brevis-
simo usi sunt, qui laconismos nuncupatur, quo in primis delectatus est
Brutus, unde ait Cicero in epistola ad Brutum: "Sed quid ago? non
imitor laconismon[1] tuum [*Fam.* 11.25.2]." [3] Igitur Cicero, cum
exemplum epistolae M. Antonii ad se missae inseruisset epistolae ad
Atticum, dixit "habes scytalam Laconicam," hoc est epistolam brevitate
Laconica perscriptam et super rebus arcanis compositam, sicut Lacones
componere consueverant. Possumus et ita commodissime exponere ut
dicat Atticum posse facillime intelligere atque percipere sententiam illius
epistolae Antonianae quam ad eum miserat tamquam habeat surculum
illum Laconicum, in quo circumplicantes epistolas illo loro perscriptas,
ut supra dictum est, facile percipiebant quicquid in epistola arcani
absconditique contineretur. Namque scytala utrunque significat et
epistolam et baculum illum teretem cui epistola circumplicatur. [4]
Subnectamus huic loco illud cuius adeo nuper in mentem venit, quod
depravatum est apud eundem Ciceronem in II De oratore, in quo haec
Crassi verba referuntur: *Sed dices te, cum edes venderes, ne in ruptis quidem
et caecis solum tibi paternum reliquisse*[2] [2.226], ubi non 'ruptis et caecis'
legendum est sed 'ruptis et cesis'; quae verba, cum non ab omnibus
perciperentur, errorem pepererunt mendamque fecerunt frequentissimam
in codicibus Ciceronianis.[3] Antiqui enim "ruta cesa dixerunt,[4] quae
venditor possessionis, sui usus gratia concidit ruendoque contraxit [Fest.
262]." [5] Illud quoque apud eundem in tertio De oratore emendandum
est ut pro 'ceram' emendes 'terram.'[5] Ita enim scriptum legitur: *Magis*

---

[1] 62.2] *laconismon*: λακωνισμόν, edd.

[2] 62.4] *Sed dices . . . reliquisse*: 'Sed *dicet* te, cum *aedis* venderes, ne in *rutis quidem et
caesis solium* tibi paternum *recepisse*,' edd.

[3] 62.4] *in codicibus Ciceronianis*: 'rupiis' or 'rutis et caesis' are the readings of most
manuscripts. In the Cicero edition with the commentary of Ognibene Bonisoli (Venice
1485), while the text has 'cecis,' the commentary has already 'rutis caesis' with an
explanation similar to Beroaldo's and a reference to Cicero's *Topica*.

[4] 62.4] *dixerunt*: 'dicuntur,' Lindsay.

[5] 62.5] *ceram . . . terram*: 'ceram,' MSS; 'caeram,' Bonisoli's edition (fol. s5v); 'terram,'
edd., as corrected here by Beroaldo, but who attribute the emendation to Lambinus.

laudari [unguentum] quod ceram quam quod crocum olere[1] videatur [3.99]. Nos
docente Plinio non 'ceram' sed 'terram' didicimus esse legendum, qui,
libro XXXVII loquens de generibus terrarum, huius loci Ciceroniani
meminit eumque elegantissime declaravit, docens qualis sit terrae odor
ille qui in unguentis a Cicerone probatur: ait enim terram tunc emittere
illum suum alitum divinum ex sole conceptum cui odori comparari
nulla suavitas possit, cum arcus celestis capita sua deiecerit quiescente
terra sub occasu solis et cum a siccitate continua immaduerit hymbre
[potius 17.38–39].

[63.1] Idem Cicero in VI Verrinarum cui titulus est De signis ita scriptum reliquit: *Habes canephoras[2], deorum simulacra restitue* [potius Act. 2,
4.5], ubi verbo Graeco virgines canephoras appellat, quae more Attico
sacra in cistulis reposita capitibus substinebant [ibid. 4.5]. [2] Cana enim
Graeci dicunt quae nos canistra et per diminutionem canistela [Paul. 45],
unde canephorae appellantur quae sacra huiuscemodi vasculis recondita
capite ferebant. De quibus sensisse Oratium autumat Porphirio enarrans
illud in primo Sermonum: "Persepe velut qui Iunonis sacra ferret;" nam
canephorarum lentissimus erat gradus portantium sacra Iunonis [*In Hor.
Serm.* 1.3.10–11]. De canephoris scribit Dionysius Alicarnaseus in primo
[1.20.2], cuius interpres pro canephora interpretatus est canistrifera.[3]
Idem in II sic ait: "Quecumque hae quae canephorae et arephore
dicuntur ministrant in sacris Graecis, hae quoque apud Romanos sic
appellatae[4] [2.21.2]." [3] Scribit Plinius libro XXX sexto Scopam fecisse
Apollinem Palatinum, Vestam sedentem laudatam in Servilianis hortis
duasque chamateras circa eam, quarum partes in Asinii monumentis
sunt, ubi canephorus eiusdem [36.25]. Plinius canephorum accipit pro
eo qui capite gestat sacra, ut iam docuimus. Chameterae autem, si id
quoque scire desyderas, dicuntur humiles depresseque imagines. Chame
enim Graecorum adverbium humi signat Latine, unde chameterae
derivantur. [4] Sensus igitur Ciceronis hic est: Verrem admonet, qui ex
sacrario Heii Mamertini abstulerat imagines deorum cum duobus aliis
simulacris sacra in capite sustinentibus, ut restituat simulacra deorum

---

[1] 62.5] *olere*: 'sapere,' edd.

[2] 63.1] *canephoras*: 'canephoros,' edd., as well as the tradition.

[3] 63.2] *interpres . . . canistrifera*: the translator is Lapo Birago who in fact translates "et
que canistrifera dicitur" (Treviso 1480; pages not numbered).

[4] 63.2] *Quaecumque . . . appellatae*: the translation is again that of Lapo Birago.

quae sustulit quae religionis causa comparaverat, et sibi habeat canephoras, hoc est illa duo signa quae eximia venustate habituque virginali Polycletus fabrefecerat [Symm. *Epist.* 1.29], quae Heius Mamertinus in sacrario ornamenti causa colocaverat.

[64.1] Apud eundem in oratione pro Roscio Amerino mendosum verbum quo tota sententia obscuratur emendavimus. Verba Ciceronis haec sunt: *Decem <h>oris nocturnis sex et l milia passuum cistis pervolavit* [19]. Nos pro 'cistis' correximus 'cisiis.'[1] [2] Est autem cisium genus vehiculi biroti, ut inquit Nonius [123], a quo cisiarius dictus ipse carucarius sive rhedarius, hoc est ipsius cisii auriga. Quo verbo usus est iurisconsultus qui sic scribit libro Digestorum XX in titulo locati et conducti: "Si cisiarius, dum ceteros transire contendit, cisium evertit et servum quassavit vel occidit. Puto ex locato esse in eum actionem [Ulp. *Dig.* 19.2.13]." Cisii meminit Ausonius illo versiculo, "Vel cisio triiugi, si placet, insilias [*Epist.* 4.6; Peiper, 226]," quamvis impressores non 'cisio' impresserunt sed 'ciso,'[2] corrupto vocabulo et sensu. [3] Hanc dictionem usurpat ipse Cicero in secunda Philippica sic scribens: "Delituit in quadam cauponula atque se ibi occultans perpotavit ad vesperum; inde cisio ad urbem celeriter advectus domum venit capite involuto [2.77]." Hic quoque impressores peccaverunt; nam, ubi scribendum erat 'cisio,' impresserunt 'Cassia.'[3] Qui tamen error non tam impressoribus est ascribendus quam correctoribus qui, per viam Cassiam existimantes ad urbem advectum fuisse Antonium, Cassia bene dici existimaverunt, cum Cicero 'cisio,' hoc est curru, intelligi voluerit ad urbem Antonium pervolasse. Non me preterit Cassiae viae mentionem fieri apud luculentos scriptores quam stravit Casius, sed in eo Ciceronis loco 'cisio' legendum est, quod etiam Nonii autoritate corroboratur [123]. [4] Iam clarum est, ut opinor, quid significare voluerit Cicero dicens nuncium velocem cissiis pervolasse, qui scilicet in curru vehebatur expeditissimus. Quod autem vehiculo nunctius ille tantum itineris una nocte confecerit,

[1] 64.1] *'cisiis'*: 'cistis' is not attested in modern apparatus. The 1483 edition of Cicero's *Orationes* has 'cissis' (fol. e4r).

[2] 64.2] *quamvis impressores . . . 'ciso'*: 'ciso' is the reading of the *editio princeps* of Ausonius, Venice 1472 (pages not numbered), the only edition printed before the *Annotationes centum*.

[3] 64.3] *'Cassia'*: this is, in fact, the reading in the 1474 Venetian edition of the *Philippicae* (fol. C2v) and in the 1483 edition of the *Orationes* (Venice 1483, fol. E7r).

idem paulo post apertius significat his verbis: "Non adest iste Titus
Roscius? non suis manibus in curru collocat Automedontem illum sui
sceleris acerbissime[1] nephariaeque victoriae nuntium? [*Rosc. Am.* 98]."

[65.1] Aulus Gellius libro Noctium Atticarum IX describens cerimonias
flaminicae Dialis ita inquit: *Cum it ad argeos, neque comit caput neque
capillos depectit* [potius 10.15.30]. Queri solet a studiosis Gellianae doctrinae[2] quid significet 'argeos', quae dictio, cum nodum habeat, enodanda est a nobis prout ex mutis, ut aiunt, magistris accepimus. [2]
Apud Romanos antiquitus pontifices ac virgines vestales cum flaminica
Diali aliisque religione iniiciatis simulacra ad imaginem hominum
fabricata precipitabant in Tyberim ex ponte Sublicio idque fiebat idibus
Maiis; appellabantque talia simulacra argeos, ut Dionysius Alicarnaseus
docet in primo [1.38.6] et autor est Plutarchus in Problematis,[3] qui
querit quare eiusmodi imagines argei nuncuparentur; traditque antiquis
temporibus barbaros ea loca incolentes Graecos, quos c[o]eperant, in
Tyberim precipitare consuevisse. Hercules deinde, quod etiam memorat
Dionisius [1.38.2], illos edocuit ut pro hominibus simulacra in flumen
abiicerent, qui argei nominabantur, quoniam veteres Graecos omnes
Argivos communiter appellaverunt [*Quaest. Rom.* 32.272B].[4] [3] Historiam Macrobius paulum immutare videtur in primo Saturnalium his
verbis: "Epicadus refert Herculem, occiso Gerione, cum victor per
Italiam duxisset, ponte qui nunc Sublicius dicitur ad tempus instructo,
hominum simulacra pro numero sociorum quos casu peregrinationis

---

[1] 64.4] *acerbissime*: 'acerbissimi,' edd.

[2] 65.1] *studiosis . . . doctrinae*: not identified.

[3] 65.2] *Dionysus . . . Problematis*: in the translation of Dionysius of Halicarnassus by
Lapo Birago (Treviso 1480, pages not numbered) we find in this passage 'argivos'; in the
translation of Plutarch by Giovanni Pietro da Lucca (Venice 1477, fol. b7v) we find
'argaeos.' However, Flavio Biondo had already given this explanation, quoting this
passage of Plutarch, in his De *Roma triumphante* (1:18). Cf. also Poliziano, *Commento ai
Fasti*, 304–05.

[4] 65.2] *Hercules . . . appellaverunt*: this story is also reported by Flavio Biondo, *De
Roma triumphante*, 1:10.

amiserat in fluvium demisisse, ut aqua in mare devecta[1] pro corporibus defunctorum veluti patriis sedibus redderentur [1.11.47]." Hactenus Macrobius. [4] De argeis ita scriptum est apud Festum: "Argeos vocabant scirpeas effigies quae per virgines vestales iaciebantur in Tiberim [Paul. 15]." De his intellexit Livius sic scribens libro Ab urbe condita primo: "Multa alia sacrificia locaque sacris faciendis, quae argeos pontifices vocant, dedicavit [1.21.5]." Argeorum meminit Marcus Varro cuius haec sunt verba ex Latinae linguae libris exscripta: "Argei fiunt ex scirpeis virgultis, simulacra sunt hominum XXX; ea quotannis ponte[2] Sublicio a sacerdotibus publice deiici solent in Tiberim [7.45]." [5] De argeis intellexit Ovidius in Fastis, quamvis argeos non nominaverit, his versibus: "Tunc quoque priscorum virgo simulacra virorum Mittere roboreo scirpea ponte solet [5.621–22];" ubi simulacra scirpea haud dubie pro argeis accipiuntur et pro ponte roboreo pons Sublicius significatur, hoc est ligneus, quoniam sine ferro clavo constructus fuerat, ut meminit Plinius libro XXXVI [36.100].

[66.1] Apud Plinium libro secundo Naturalis historiae verbum vetus est neque protritum neque invulgatum ita scribens: *Nisi[3] terra in medio esset equales dies noctesque habere non posse deprenderunt et dioptrae[4]* [2.176]. Ut autem intelligas quid dioptre significent, scito dioptras esse regulas quibus antiqui utebantur ad aquas librandas, ut docet Vitruvius,[ii] qui sic scribit libro VIII De architectura: "Libratur aqua dioptris aut chorobat[a]e[5] [8.5.1];" inde alibi ab eodem dioptrae libratinae cognominantur [ibid.]. Chorobates autem, si id scire desideras, est regula longa circiter pedes XX quae habet transversaria [ibid.]. [2] Ait itaque Plinius ex dioptris, hoc est regulis illis libratinis, deprensum esse terram habere non posse equinoctia nisi esset mondi media.

―――――――――――――――――

ii. 66.1] *Vitruvius*: 1496, 1502; 'Victrivius', 1488.

―――――――――――――――――

[1] 65.3] *aqua . . . devecta*: 'aqua *secunda* in mare *advecta*,' edd.
[2] 65.4] *ponte*: 'de ponte,' edd.
[3] 66.1] *Nisi*: 'nam,' Mayhoff.
[4] 66.1] *deprenderunt et dioptrae*: 'deprehendere est dioptrae,' Mayhoff.
[5] 66.1] *Libratur . . . chorobat[a]e*: 'Libratur *autem* dioptris aut *libris aquariis, aut chorobate*,' Callebat.

[67.1] Idem in VII ait: *Grammatica Apollodorus enituit, cui Amphyctiones Greciae honorem habuerunt*[1] [7.123]. Si qui sunt qui nesciant quid significet Amphyctiones, illi ex nobis discant Amphictionas esse publicum Greciae concilium, ut scribit Cicero in Rhetoricis [*De inv.* 2.23.69–70] et meminit idem Plinius in XXXV [35.59], unde decreta Amphyctionum citat Demosthenes in oratione Pro Cthesiphonte [*Cor.* 18.154–55]. [2] Constabat autem conventus Amphyctionum ex septem Greciae civitatibus, sicut docet Strabo libro nono,[2] referens quemadmodum Acrisius primus putatur instituisse concilium Amphyctionum Amphyctionumque iurisdictiones declarasse et civitates decrevisse quae ad id concilium communiter accederent [9.3.7]. [3] Quidam non septem, sed XII civitates convenisse tradunt ad Amphyctionum commune concilium, quae bis in anno singulae legatum mittebant ad concilium quem pylagoram vocabant. Postea plures convenere civitates; synodus etiam ipsa pylea nuncupabatur quoniam ad pylas congregabantur, hoc est ad portas, quae nunc Thermopylae dicuntur [ibid.]. Pylagorae autem, hoc est ipsi legati, deae Cereri sacrificabant. [4] Unde autem Amphyctionum nomen ductum sit docet Dionysius, qui sic ait in XIV, Amphyctionem Heleni filium commentum esse Amphyctionicum concilium cui ab ipsius nomine nomen indiderunt [Dion. Hal., *Ant. Rom.*, potius 4.25.3]. Idem leges constituit quas Amphyctionicas vocant, quibus ad concordiam amiciciamque inter ipsos colendam invitabantur [ibid.]. Denique quotienscumque Amphyctionum mentionem fieri reperies apud veteres scriptores, reperies autem sepissime, in hoc significatu semper accipito.

[68.1] Apud eundem haec verba passim leguntur libro VIII: *Magna propter venatum eorum interris gratia est* [8.218]. Nos dictionem vulgariam et in hoc loco Pliniano nihil significantem expunsimus et in eius locum Latinissimam vetustissimamque substituimus: nam pro 'interris' emendavimus 'viverris.'[3] [2] Sunt autem viverrae rustice mustellae quae Graeci ictidas vocant, quibus ossea sunt genitalia, sicuti docet Aristotiles II De animalibus [2.1.20] et repetitum est a Plinio in XI [11.261], qui in

---

    [1] 67.1] *habuerunt*: 'habuere,' Mayhoff.

    [2] 67.2] *ex septem . . . libro nono*: but Strabo as well as Demosthenes and Aeschines (*Orat.* 2.116) says twelve.

    [3] 68.1] *emendavimus viverris*: both the *edition princeps* of Pliny (Rome 1470) and that of Beroaldo himself (Parma 1476) already have the reading 'viverris,' although the two Venetian editions of 1483 (fol. h1v) and 1487 (fol. g8v) have 'vivariis.'

XXVIIII mustellas silvestres a Graecis vocari ictides tradit [29.60]. Ictida autem Theodorus Gaza interpres Aristotilis doctissimus viverram interpretatur.[1] [3] Sensus itaque Plinianus hic erit: viverrae esse in magna existimatione apud Balearicos propter venatum cuniculorum. Namque, ut subdidit idem Plinius, iniiciunt viverras in specus qui sunt multifores atque eiectos superne capiunt. Legatur ergo 'viverris,' quae sententia est luculenta et Plinio accomodata, et illud 'interris' deleatur quo et eloquutio et sensus dehonestantur.

[69.1] Apud eundem libro XV locus est reconditus nec a quo intellectus fuerit hac tempestate satis animadverto. Verba Plinii haec sunt de ficis scribentis: *Ex hoc genere sunt, ut diximus, cotona et carice quaeque conscendenti navim adversus Parthos omen facere M. Crasso venales predicantis voce cauneae* [15.83]. Historia quam signat Plinius a nullo historicorum, quod equidem sciam, tradita est, nec ex ipso Plinio percipere possumus quomodo fici cauneae omen fecerint M. Crasso proficiscenti ad Parthicam expeditionem. [2] Ego ab uno Cicerone hunc locum declaratum esse perpexi his paucissimis verbis quae sunt ab eo scripta libro II De divinatione: "Cum M. Crassus exercitum Brundusii imponeret, quidam in portu caricas Cauno advectas vendens 'Cauneas' clamitabat. Dicamus, si placet, monitum ab eo Crassum, 'caveret ne iret' non fuisse periturum [2.84]." Haec Marci Tullii verba, si quis diligenter pensitaverit et iuditio presentissimo perspexerit, is profecto Plinianam sententiam alioquin subobscuram percipiet, cuius hic est sensus: e genere ficorum sunt cauneae ex insula Cauno advectae, quas venditor cauneas clamabat quando Crassus ex portu Brundusino navem conscendere cum exercitu moliebatur; hoc nomine cauneas venditor intelligebat se habere ficos venales ex Cauno deportatas. [3] Qui vero omnia observant id verbum 'cauneas' malum omen portendere Crasso dixerunt, quasi significare vellet cauneas 'caue ne eas', et ita interpretabantur ob hanc vocem 'cauneas' monitum esse Crassum ab eo venditore ficorum caveret ne iret scilicet ad Parthicum bellum. Hoc est ergo quod ait Plinius cauneas venales voce proclamantis fecisse omen Crasso, quia 'cauneas' significare videtur 'cave ne eas'. [4] Caunus autem, unde fici cauneae nuncupantur, civitas est et estate et autumno pestilens propter estus ac pomorum copiam; unde Caunii

---

[1] 68.2] *Ictida . . . interpretatur*: thus, in fact, Gaza translates this passage: "Genitalis vero ipsius differentia numerosa est . . . aliis osseum ut lupo, vulpi, mustelae ictidi, id est mustelae rusticae, quam viverram interpretor" (Venice 1498, fol. b5v).

colore admodum viridi pallentesque existunt, in quos olim Stratonicus citharedus versu Homerico ita iocatus est: "Tale quidem genus est hominum quale est foliorum". Fuerunt Caunii Rhodiis subiecti a quibus aliquando desciverunt. Molo orationem scripsit adversus Caunios.[1] Scribit Plinius in Cauno gigni homines lienosos [*N.H.* 11.130].

[70.1] In XXV ubi de helleboro loquitur menda est his verbis: *Aliqui pastores[2] eodem nomine invenisse tradunt capras purgari; pastore illo animadvertente[3], datoque lacte earum sanasse parotidas furentes* [25.47]. In hoc enim loco dictio illa 'parotidas' adulterina est et ab incuriosis supposita pro 'Pretidas.'[jj] [4] [2] Namque Plinius eo in loco intelligi vult Pretidas illas, hoc est Preti filias carminibus poetarum celebratas, cum furore agitarentur fuisse sanatas helleboro a Melampode divinationis arte clarissimo, a cuius nomine unum hellebori genus appellatur melampodion. [3] De hac Melampodis curatione meminit Victruvius in VIII De architectura sic scribens: "Apud fontem Clitorium Melampus purgavit Preti filias restituitque earum mentes[5] in pristinam sanitatem [8.3.21]." Et Ovidius in XV Metamorphoseos, cum de fonte Clitorio loqueretur cuius aqua epota facit abstemios, ita subiunxit: "Sive, quod indigenae memorant, Amythaone[kk] natus, Pretidas attonitas postquam per carmen et herbas Eripuit Furiis, purgamina mentis in illas Misit aquas, odiumque meri permansit in undis [15.320–23]." Servius quoque, enarrans illud Virgilianum "Pretides implerunt falsis mugitibus auras," fabulose scripsit illas Iunonis iracondia ac insania fuisse vexatas ut se vaccas putarent adeo ut

---

jj. 70.1] *pretidas*: 1496, 1502; 'pertidas,' 1488.
kk. 70.3] *Amythaone*: 1496, 1502; 'Amitrone,' 1488.

---

[1] 69.4] *Caunus autem . . . Caunios*: the source of all this passage is Strab. 14.2.3.

[2] 70.1] *pastores*: 'pastorem,' Mayhoff.

[3] 70.1] *pastore illo animadvertente*: 'pasto illo animadvertentem,' Mayhoff.

[4] 70.1] *'Pretidas'*: 'Proetidas' is Mayhoff's reading, which is also that of MSS V, d, B, while 'parotidas' is that of E and v (according to Mayhoff's apparatus), and of the humanistic editions of Pliny. Beroaldo had already made this emendation in his commentary to Propertius (see note to 70.4). This reading was a common topic of discussion in the 1480s and the source of much bickering among humanists. See the long discussion about this emendation also in Poliziano, *Misc.* 50.

[5] 70.3] *Melampus . . . mentes*: 'Melampus sacrificiis purgavisset rabiem Proeti filiarum restituissetque earum virginum mentes,' Callebat.

plerumque gemerent et aratra formidarent, quas Melampus poeta purgasse perhibetur [*In Buc.* 6.48]. Addit Probus Pretidas ob hanc dementiam patriam Argos reliquisse [*In Virg.*, ibid.]. [4] His itaque argumentis subnixi asseveramus legendum esse 'Pretidas,' non 'Parotidas' apud Plinium tradentem qua medicina sanaverit Melampus Pretidas furentes, cuius rei etiam meminimus in Propertii commentariis.[1] [5] Non inficior parotidas[ll] identidem ab eodem memorari pro tuberculis[mm] quae, ut autor est Celsus in sexto, sub auribus oriri solent [6.16], sicut et nomen ipsum declarat: 'para' enim Graece apud signat et 'ota' aures dicuntur, unde parotidas nuncupantur; sed haudquaquam in hoc loco apud Plinium 'parotidas' legere debemus, sed, ut iam docuimus, 'Pretidas.' Solent etiam iuxta dentes in gingivis oriri dolentia quae Graeci parotidas appellant, quarum remedia diligentissime scribit Celsus [6.13.1].[2]

71.1] In eodem XXV eodemque capite mendosa dictio est his verbis: *Plurimum helleborum nascitur in Oeta monte et optimum, uno eius loco circa Epirum* [25.49].[3] Nusquam legimus locum esse in Oeta monte Epirum nuncupatum nec Epirotica regio Oetae propinqua est. Quo circa, Theophrasti autoritate confixi [*Hist. Plant.* 9.10.2], 'Pyram' pro 'Epirum' emendavimus.[4] [2] A quo Plinium hunc locum transtulisse facile cognoscas, si Theophrasti librum nonum De plantis cum hoc Pliniano contuleris, in quo cuncta ferme leguntur de hellebore quae memorat Plinius et haec in primis plurimus helleborus optimusque eo provenit loco, non tamen ubique sed parte una tantummodo Oetae quam Pyram vocant. Ex his liquido apparet 'Pyram' legendum esse non 'Epirum.' [3] Cur autem locus ille in Oeta monte Pyra nuncupetur docet Livius

---

ll. 70.5] *parotidas*: 1502; 'parociolas,' 1488, 1496.
mm. 70.5] *tuberculis*: 1502; 'tubercilis,' 1488; 'tuberulis,' 1496.

---

[1] 70.4] *in Propertii commentariis*: see Beroaldo's commentary on Propertius 2.3.51 (fol. d4v, s.v. 'vates').

[2] 70.5] *scribit Celsus*: 'parulidas,' Marx.

[3] 71.1] *Plurimum helleborum . . . Epirum*: 'Plurimum *autem* nascitur in *Oete* monte et optimum, uno eius locum circa *Pyram*,' Mayhoff.

[4] 71.1] *Pyram . . . emendavimus*: 'Epirum,' is still the reading of Beroaldo's edition of Pliny (1476, pages not numbered), and also of the 1483 (fol. y6r) and 1487 (fol. y6r) editions.

XXXVI cuius haec sunt verba: "M. Attilius[1] Oetam ascendit Herculique sacrificium fecit in eo loco quem Pyram, quod ibi mortale dei
corpus[2] crematum sit, appellant [36.30.3]." Fabula est Olyram fluvium
Herculis rogum extinguere conatum esse una cum altero fluvio nomine
Mella; cuius rei meminit Strabo in IX Geographiae [9.4.14]. [4] Sed
hactenus de Plinianis mendis et obscuritatibus, quae omnia ferme
peculiari volumine privatim annotamus quod, ut speramus, neque inutile
neque iniucundum erit sectatoribus Plinianae eruditionis.[3] Sed iam ad
alios transeamus.

[72.1] Apuleius Madaurensis plurimis scatet mendis propterea quod
plurimi eius lectionis sunt infrequentes, quae res scriptorem loculentum
atque eruditum non solum reddit[nn] scrupulosum, sed etiam in dies magis
mendosum facit et enim, ut in presentiarum pauca ex plurimis depravata
atingam quae succurrunt, nonne in primo De asino aureo mendum est
quod correctores dissimulanter preterierunt? Verba Apulei haec sunt de
Theseo scribentis: *Non est aspernatus ales anus hospicium tenue* [*Met.* 1.23].
Truncatum verbum est 'ales,' cuius nullus est sensus, nulla extat historia.
[2] Nos pro 'ales' 'Hecales' emendavimus[4] secuti scriptores idoneos, qui
tradunt vetulam rusticam nomine Hecalem hospiciolo Theseum suscepisse, quae illo ad bellum proficiscente vovit se Iovi immolaturam si
incolumis redisset in patriam; verum ante reditum illius extincta est,
cuius cadaveri dum in rogo semiiustulatum esset, Theseum supervenisse
fertur, unde a poeta in Priapeis Hecalem hanc significante dictum est:

---

nn. 72.1] *reddit*: 1496, 1502; 'redit,' 1488.

---

[1] 71.3] *Attilius*: 'M. Acilius,' edd.

[2] 71.3] *dei corpus*: 'corpus eius dei,' edd.

[3] 71.4] *quae omnia . . . Plinianae eruditionis*: Beroaldo studied, emended, and collected
notes on the text of Pliny throughout most of his life. According to his student and
biographer de Pins, he lost his manuscript one day when he went to the Palazzo
Comunale, and never found it; afterwards, he was desperate and depressed for a long
time (*Vita Philippi Beroaldi*, 142–44).

[4] 72.2] *Hecales emendavimus*: '<Hec>ales,' Helm. The same emendation in Poliziano,
Misc. 24. This was another very much disputed reading among scholars at the end of the
quattrocento. 'Ales' is in the *editio princeps* of Apuleius (Rome 1469; pages not numbered). Beroaldo's edition has 'ales' in the text, but the commentary corrects it into
'Hecales' and refers back to this emendation (Bologna 1500, 27v).

"Aequalis tibi, quam domum revertens Theseus repperit in rogo iacentem [12.3–4]." De Hecale scribit Plutharcus in Theseo [14.2]. [3] Hecales hospicium apud Graecos celebrat Callimachus qui scripsit Hecalesia, cuius testimonium citat Plinius in XXII, quo in loco impressores, ne quid acerbius dicam in correctores, pro 'Hecale' 'Hecate' impresserunt.[1] Plinii verba subieci quae haec sunt: "Estur et soncos—ut quem Theseo apud Callimachum ponat[2] Hecale—caule[3] uterque albus et niger [22.88]." Idem Plinius XXVI cum de crethmo herba loqueretur quae inter eas est quae eduntur silvestrium herbarum, ita subiunxit: "Hanc certe apud Callimachum apponit rustica illa Hecale [26.82]." Cum de hac igitur intelligat Apuleius, legendum est 'Hecales anus' et illud 'ales' obelo confodiendum.

[73.1] Apud eundem pro 'laniena' 'lanien' passim legitur, nullo sensu, nulla constructione, nulla latinitate servata. Ita enim impresserunt: *Ne nefarius homicida totam edium[4] lanien quam cruenter exercuit impune commiserit* [*Met.* 3.3]. Quis non videt dictionem esse inversam et 'lanien' pro 'lanienam' fuisse perscriptum?[5] Quae dictio peculiaris est ipsius Apuleii et signat quandam quasi lanationem. [2] Autor est M. Varro libro primo De analogia lanienam locum esse ubi caro venditur, quod vulgo macellum appellatur, sicut pellesuinam antiqui vocitarunt ubi pelles veneunt [*Ling.* 8.55]. Videturque dicta esse laniena a laniando unde et lanii dicti, qui laniant pectora [Paul. 73; 117], et lanistae qui laniandis presunt gladiatoribus [Suet. *Aug.* 42.3; *Iul.* 26.3].

[74.1] Idem libro Floridorum primo ita scribit: *Si mimus est, riseris, funere plus timueris, si comedia est, faveris, si philosophus, didiceris* [5]. Fateor me

---

[1] 72.3] *impressores . . . impresserunt*: 'Hecale,' Mayhoff. The reading 'Hecate' is found in the editions of Pliny of Rome 1470 (pages not numbered), Parma 1476 (by Beroaldo himself; pages not numbered), Venice 1483 (fol. u3r), and 1487 (fol. u4v).

[2] 72.3] *ponat*: 'adponat,' Mayhoff.

[3] 72.3] *caule*: Mayhoff om.

[4] 73.1] *totam edium*: 'tot caedium,' Helm. Beroaldo's text of Apuleius has 'aedium,' but he corrects it into 'tot cedium' in the commentary (60r; see note below).

[5] 73.1] *Quis . . . perscriptum*: 'lanien,' 1469, the *editio princeps*; the text of Beroaldo's edition has 'totam aedium lanienam,' but in the commentary under the lemma 'totam aedium lanien' he corrects the phrase into 'tot cedium lanienam' (60r). For an explanation of how different readings can appear in the text, in the lemma, and in the commentary of humanistic editions, see Casella, *Il metodo*, 629.

ignorare quid significet 'funere plus timueris', quod, si ita legatur, Apuleius ipse talia se scripsisse inficiabitur et invenustam insulsamque eloquutionem aspernabitur. Nos pro 'funere plus' emendavimus 'funepeus.'[1] [2] Significat autem funepeus eum qui graditur per funes, quem Latini vocant funambulum, Graeci scenobatem, quae vox iam pro Latina recepta est. Primus Messala, ut autumat Porphirio, pro scenobate dixit funambulum [*In Hor. Serm.* 1.10.28], qua dictione usus est et Terentius in Ecyra [34]. [3] Sensus est Apuleii spectatores ridere si mimum in theatro spectaverint histrionem exercentem, timore vero si funepeum animadverterint per funes cum periculo ambulantem, tamquam iam lapsurus sit. Alibi idem Apuleius usus est hac dictione sic scribens: "Comedus sermocinatur, tragedus vociferatur, funepeus[2] periclitatur" [*Flor.* 18].

[75.1] Illud quoque indiget interpretationis quod ab eodem in Apologia scriptum est ex Homero translatum: *Nec Ulysses scrobem nec Aeolies follem nec Helena craterem aliquo pisculento medicavit* [31.24–25]. [2] Ad horum verborum enarrationem inspicienda sunt illa quae de Ulysse, quae de Eolo, quae de Helena tradit Homerus apud quem legimus in XI Odysseae Ulyssem Circes consilio ad inferos demeasse et scrobem effodisse mensura quoquo versu cubitali atque in ea manibus defunctorum sacrificasse mulso vino dulci aqua polentaque commixtis, quae ovium mactatarum cruore repleverit, atque ita facta est manium evocatio per scrobem [11.24–27]. Et hunc Homeri versum emulatus Silius luculente scribit libro XIII Scipionem ad evocandos manes iussu Sybillae Cumanae fecisse scrobem et humo refossa desuper mella vinum ac lac fudisse cum immolatione bidentum [13.417–34]. Hactenus de Ulyssis scrobe. [3] Eolus vero, quem non solum poetae sed et historici ventorum regem esse dixerunt, utrem Ulyssi dedit ventosissimum quo scilicet ventos omnes incluserat praeter[oo] Zephirum ut, illo inflante, domum classe sociisque superstitibus deportaretur. Hunc autem follem cathena argentea arctissime alligatum Ulyssis socii resolverunt thesaurum inclusum arbi-

---

oo. 75.3] *praeter.* 1502; 'propter,' 1488, 1496.

---

[1] 74.1] *emendavimus 'funepeus'*: 'funerep[e]us,' Helm; 'funere plus,' 1469 ed.

[2] 74.3] *funepeus*: 'funerepus,' Helm, as in Poliziano's *Lamia* (Ari Wesseling ed., Leiden 1986, 5,29).

trantes, ut cecinit Homerus in X Odysseae [10.1–55] et ab Ovidio repetitum est in XIV Methamorphoseos [14.223–32]. [4] Quod vero ad Helenae crateram pertinet, propter quem locum ad haec accessimus enarranda, scire debes quemadmodum apud Homerum in IV Odysseae Helena Thelemacho Ulysis filio desyderio patris comploranti crateram propinavit, in qua nobile illud pharmacum vino commiscuit quod nepenthes appellant, quasi sine luctu [4.220–21]. 'Ne' enim privationem significat et 'penthos' luctum. Huius enim efficacissima vis est ad tristitiam animi auferendam et oblivionem moerorum omnium conciliandam. Hoc autem luctus medicamentum Helenae dono dederat Polidamia, Thonis regis Egypti coniunx, qui Menelaum et Helenam hospitio suscepit [ibid.]. Huius pharmaci ab Homerica Helena Thelemacho propinati meminit Plinius libro XXV his verbis: "Herbas certe Egyptias ab regis uxore traditas suae Helenae plurimas narrat [Homerus] ac nobile illud nepenthes oblivionem tristiciae veniamque afferens et ab Helena utique omnibus mortalibus propinandum [25.12]." [5] Idem in XXIII nepenthes hoc melytum nil aliud fuisse quam vinum sentire videtur quod curas dissipat et securitatibus est accomodatum, unde de vino ita scripsit: "Iamque dudum hoc fuit, quod Homerica Helena illa ante cibum administravit[1] [23.41]." [6] Macrobius vero hoc remedium moeroris quod Helena vino miscuerit interpretatur esse dulcedinem sermocinationis, quae non minus hilarare solet convivium quam vini suavitas. Verba Macrobii ex libro Saturnalium novissimo haec sunt transcripta: "Si Homeri latentem prudentiam inscruteris altius delinimentum illud quod Helena miscuit[2] non herba fuit, non ex India succus, sed narrandi oportunitas, quae hospitem moeroris oblitum flexit ad gaudium [7.1.18]." Meminerunt huius quoque nepenthis Homerici Herodotus in Euterpe [2.116.4], Diodorus in secundo [potius 1.97.7], et Strabo libro ultimo Geographiae [17.1.16]. [7] Igitur Apuleius, ut iam illius eruditissimi scriptoris verba explicemus, ad refutanda argumenta accusatorum qui pisces eum quaesisse ad magiam exercendam obiiciebant, ostendit autoritate Homeri pisces magiae celebrandae adhiberi non solere, cum Homerus scribat nihil pisculentum adhibitum fuisse ab Ulysse ad scrobem illam qua manes evocavit, nec ab Eolo ad follem

---

[1] 75.5] *Iamque dudum ... administravit*: '*Iamdudum* hoc fuit quod Homerica *illa Helena* ante cibum *ministravit*,' Mayhoff.

[2] 75.6] *inscruteris ... Helena miscuit*: 'scruteris ... quod Helena *vino* miscuit,' followed by the quotation of Homer's verses in Greek, edd.

illum quo ventos inclusit, nec ab Helena ad crateram illam qua Thelemacho nepenthes, hoc est luctus delinimentum, propinavit, et ita docet falsam fuisse accusatorum criminationem cum nihil negotii sit mago cum piscibus.

[76.1] Idem in nominum similitudinem iocabundus ita scripsit: "*[Potest] cancer^pp ad ulcera, alga ad quercerum? [Apol.* 18]." Quod primo loco posuit satis apertum est, quod postremo non satis, quo circa scito quercerum dici frigidum cum tremore, qua dictione rarenter usi sunt recentiores scriptores, frequenter vero vetustissimi ut Lucilius et Plautus [Paul. 258]. Preterea ita scripsit Aulus Gellius libro ultimo Noctium Atticarum: "An tu forte morbum appellari hic putas egrotationem gravem cum febri rabida et quercera? [20.1.26]." Quibus verbis febrem significat frigidam cum horrore quando totum corpus intremiscit, quae gravis est egrotatio. Preterea antiqui, autore Festo, querceram dixerunt gravem et magnam [Paul. 259]. Alga vero res notissima est, cuius meminit Plinius in XXVII [27.43]. [2] Sensus Apuleii hic est: si ex vocabulo suspiciones ducuntur, poterit similiter propter nominum similitudinem cancer marinus accommodari^qq ad ulcus, qui cancer nuncupatur et algam, quae ab algore hoc est frigore derivari videtur; accommodabitur ad quercerum, hoc est febrem frigidam et gravem, quemadmodum et calculus hac ratione posset videri idoneus ad vesicam hominis calculosi. Si in manum sumpseris ipsum Apuleium, facilius percipies in quem sensum ista dicantur. Nobis satis sit declarasse quomodo alga ad quercerum accommodari posse. [3] Sed antea quam ad alios transeamus illud quoque quod est in primo De asino declaremus, *Saccariam faciens merebam* [*Met.* 1.7]. Lego apud iurisconsultos libro Digestorum XVI saccariam negotiationem nuncupari a nomine sagorum quando scilicet saga et id genus vestimenta mercamur ut in distrahendo lucrum faciamus [Ulp. *Dig.* 14.4.5.15]. Ille itaque eleganter dicitur facere sagariam qui exercet hoc genus mercimonii, unde existimo apud Apuleium legendum esse 'sagariam'[1] ab

---

pp. 76.1] *cancer*: 1496, 1502; 'carcer,' 1488.
qq. 76.2] *accommodari*: 1496, 1502; 'accommodati,' 1488.

---

[1] 76.3] *sagariam*: 'saccariam,' Helm; 'saccariam,' in Beroaldo's text of Apuleius, but in the commentary he proposes to read 'sagariam' and refers the reader to this annotation (13r).

huiusmodi negotiatione. Quod si 'saccariam' legis, significabit mercaturam saccorum et ita accipitur pro negotiatione viliori. Sive 'saccariam' legas, ut impressi codices habent, sive 'sagariam,' ut mihi legendum esse videtur, et ita sagaria absolute dicetur sicut argentariam et piraticam et fabricam dicimus, quamvis in piratica ita dici possit ut fabrica dubitaverint Quintiliani preceptores [*Inst.* 8.3.34].

[77.1] Apud Pedianum Asconium doctissimum Ciceronis interpretem multa mendosa et mutilata reperiuntur, sed interim illius loci venit in mentem qui legitur in oratione contra Pisonem: *Minimeque in Sicilia cum equitatu transierat ad nos, civitatem Romae datam aedesque et pecuniam ex erario* [*In Pison.* 52, Stangl, 19]. Historia haud dubie hoc in loco significatur, sed illa dictio 'Minime' valde lectorem perturbat sententiamque corrumpit. Quis enim, quaeso, unquam legit civitatem Romanam donatam homini nomine Mynime? Cum adverbia nusquam pro nominibus propriis mortalibus imponantur, nos autem, re diligenter pensitata, pro 'Minime' correximus 'Mutine,'[1] sicut ab A<sc>onio[rr] traditum esse procul dubio existimamus. [2] Fuit autem Mutines vir impiger et sub magistro Annibale omnem belli artem edoctus, cuius virtus, cum in Sicilia contra Romanos maxime enituisset, formidolosa esse c<o>epit duci Penorum Annoni cuius famae Mutinis gloria efficiebat, unde, cum iniuriis afficeretur, prefectura spoliatus, transivit ad Romanos, tradito prius Agrigento, quae causa fuit ut omnis repente Sicilia ad Romanos inclinaret. Ob haec merita Mutinae in senatum Romanum introducto honores habiti sunt et ipse civis Romanus factus est. Haec traduntur a Livio dispersim libro XXV [25.40.5; 25.40.8; 25.40.10; 25.40.12; 25.40.13], XXVI [26.21.15; 26.40.30], XXVII [27.5.6–7; 27.8.18]. Ab origine urbis et de hoc Mutine hoc in loco intellexit Asconius. [3] Illum quoque locum qui est in oratione Pro Scauro *Capistro sub toga cinctus* [30], emendavimus 'campestre,'[2] super quo affatim scripsimus in Pro-

---

rr. 77.1] *A<sc>onio*: 'Ausonio,' 1488, 1496, 1502.

---

[1] 77.1] *Mutine*: 'Muttinae,' Stangl, 19. 'Minime' is found in the fifteenth century editions (Venice, 1477, fol. a5v, and H★ 1887 [n.p., n.d.], fol. a3v).

[2] 77.3] *'campestre'*: 'campestri,' Stangl, 29. 'Capistro,' Venice 1477, fol. a10r; H★ 1887, fol. a5r.

pertii commentariis.¹ [4] Idem in^ss interpretatione orationis cui titulus est In toga candida mendosus esse his plane verbis *Quod in edilitate quam annuam non² gesserat vertias non habuerat dedit gladiatores³* [88]. 'Vertias' verbum est absonum et absurdum citra aliquem significatum. Nos, pensitato sensu et litteris non multum immutatis, correximus 'varias'⁴: varias autem pantheras appellant a macularum, ut arbitror, varietate quibus sunt spectabiles, unde scribit Plinius in VIII in capite de pantheris: "Nunc varias et pardos qui⁵ mares sunt appellant in eo omni genere creberrimo in Africa Siriaque. Quidam ab his pantheras solo candore discernunt, nec adhuc aliam differentiam inveni [8.63]." Haec Plinius, cuius auctoriate subnixus 'varias' per vertias apud Asconium emendavi, qui significat edilem dedisse spectaculum gladiatorium cum varias, hoc est pantheras, non habuisset quas ediles in ludis edilitiis dabant, sicut olim Scaurus in edilitate sua centum L varias exhibuit, deinde Pompeius Magnus quadringentas^tt decem, divus Augustus quadringentas XL^uu ⁶ [Plin. *N.H.* 8.64]. [5] Alio nomine pantherae Africanae nominantur, in quo significatu accipiendum est illud apud Suetonium in Caligula: "Edidit et circenses plurimos a mane [usque] ad vesperam interiecta modo Africanarum venatione modo Troiae decursione [18.3]." Male litterati secuti libros impressos 'Africanorum' legunt cum legendum sit 'Africanarum'⁷ et de pantheris intelligendum, quarum venationem^vv inter circenses interposuisse Caligulam signat Tranquillus.

---

ss. 77.4] *in*: 1496, 1502; 1488 *om.*
tt. 77.4] *quadringentas*: 1496, 1502; 'quadragintas,' 1488.
uu. 77.4] *quadringentas XL*: 1496, 1502; 'quadragintas XL,' 1488.
vv. 77.5] *venationem*: 1496, 1502; 'venatione,' 1488.

---

¹ 77.3] *in Propertii commentariis*: see the lemma 'braccati' in Beroaldo's commentary on Propertius 3.4.17 (fols. i6v–k1r).

² 77.4] *quam annuam non*: 'quam ante annum,' Stangl, 68 as all the tradition.

³ 77.4] *gladiatores*: 'gladiatorium munus,' Stangl, 68.

⁴ 77.4] *varias*: 'bestias,' Stangl, who attributes the emendation to Manutius' 1547 ed.; 'vertias,' Venice 1477 (fol. d1r), H★ 1887 (fol. b6r).

⁵ 77.4] *qui*: 'qua,' Mayhoff.

⁶ 77.4] *quadringentas XL*: 'CCCCXX,' Mayhoff; 'quadringentas viginti,' 1476 (pages not numbered), 1483 (fol. g4v), and 1487 (fol. g2v) editions of Pliny.

⁷ 77.5] *Mali litterati . . . 'Africanarum'*: 'Africanarum,' edd. 'Africanorum' is found in MSS, and in the editions of Suetonius of [Venice] 1472 (pages not numbered), Treviso 1480 (fol. g6r), Milan 1480 (fol. aa4v). In his edition of Suetonius Beroaldo printed 'Africanarum' in his text, and in his commentary he repeated his explanation referring the reader to this annotation (Bologna 1493, fol. x3r).

Senatus consultum fuit vetus ne liceret Africanas advehere. Idem Tranquillus autor est Claudium exhibuisse Africanas conficiente turma
equitum pretorianorum [21.3]. [6] In interpretatione eiusdem orationis
apud eundem ex litterarum transmutatione dictio vetusta corrupte
legitur. Impressores enim pro^ww 'Seplasia' impressere 'Selapsia'[1] [Ascon.
Pis. 24; Stangl, 16–17]. Fuit autem Seplasia forum Capuae in quo
unguentarii negotiabantur [ibid.]. Seplasiae delitiis contusam fractamque
fuisse Punicam ferociam testatur Valerius libro IX Dictorum factorumque memorabilium [9.1 ext.1]. [7] Seplasiae meminit Cicero in oratione
Legis agrariae contra Rullum his verbis: "Iam vero qui metus erat
tunicatorum illorum! in Albana et Seplasia [2.94]," ubi Albanam intellige
pro altero foro Campano, cuius fit mentio quoque apud Valerium [9.1.
ext.1]. Haec est illa Seplasia de qua ita scribit Plinius in XXXIV: "Cre-
dunt Seplasiae ea omnibus quidem modis[2] corrumpenti [34.108]." Idem
in XVI loquens de resina arboris piceae hinc ait: "Est fraus Seplasiae
[16.40]," ubi impressores non 'Seplasiae' impresserunt sed 'sepissime
Asiae.'[3] [8] A Seplasia seplasiarius derivatur accipiturque pro effeminato
unguentario. Lampridius in Heliogabalo: "Pinxit se ut cupedinarium, ut
seplasiarium, ut popinarium [30.1]," propter unguenta quae Seplasiae
conficiebantur. Dictum est ab Ausonio "Aere Seplasiae decipiare cave"
[*Epigr.* 82.4; Peiper, 343], quo versiculo pro aere Seplasiae odorem
unguentorum atque fragrantiam intelligi voluit.

[78.1] Apud Quintilianum in X Institutionum oratoriarum turpe mendum deprendimus interlegendum et etiam emendavimus. Ita enim
scriptum est: *Sed non quicquid ad aliquam partem scientiae pertinet protinus ad
faciendam etiam apheresim, de qua loquimur accommodatum* [10.1.42]. [2] Ex
librorum impressorumque incuria menda facta est in eo verbo

---

ww. 77.6] *pro*: 1496, 1502; 'per,' 1488.

---

[1] 77.6] *Impressores . . . 'Selapsia'*: 'Seplasia,' Stangl. This word recurs twice in this
passage of Asconius. 'Selapsia' is in both cases the reading of the 1477 Venetian edition
(fol. a4r), while 'Seplasia' (fol. a2v) and 'Selpiasia' (fol. a3r) respectively appear in H★
1887 (fols. a2v–a3r).

[2] 77.7] *omnibus quidem modis*: 'omnia fraudibus,' Mayhoff.

[3] 77.7] *impressores . . . 'sepissime Asiae'*: this is the reading of the Pliny editions of
1483 (fol. o2r) and 1487 (fol. n7r); the 1470 ed. has 'Semplasie'; Beroaldo's ed. of 1476
has 'Semplaciae.'

'apheresim'ˣˣ cum legendum sit 'phrasim' sicut et nos correximus,[1] qua
dictione tanquam latinitate donata usi sunt Latini, unde alibi dixit idem
Quintilianus: "Macer et Lucretius legendi quidem, sed non ut faciant
phrasin hoc est corpus eloquentiae[2] [*Inst.* 10.1.87]." Hieronymus in
prologo Gale<a>toʸʸ: "Secundus Maccabeorum liber Grecus est quod ex
ipsa phrasi probari potest [1. *Sam.* pr.; *PL* 28, 602–03]." [3] De hac
itaque loquens Fabius inquit non omnia esse accommodata ad faciendam
hanc phrasin, hoc est eloqutionem absolvendam quae ex aliqua parte
sunt erudita.

[79.1] Apud eundem in III pro 'Tiberius Cesar' impressum legitur in
omnibus codicibus 'Titus Caesar,'[3] quae nominis depravatio historiam
pervertit et tempora. Verba Quintiliani haec sunt: *Theodorus Gadareus,*
qui se dici mavult Rhodium, quem studiose audisse, cum in eam insulam
seccessisset, dicitur Titus Caesar [3.1.17]. Sensus verborum istorum manifestarius est, sed ab historiae fide dissentiesᶻᶻ si legatur 'Titus Caesar.' [2]
Namque Theodorus de quo loquitur Quintilianus docuit precepta
rethorices Rhodi per id tempus quo Tiberius in eam insulam seccessit,
ubi circa scolas et auditoria professorum assiduus fuit et imprimis audivit
Theodorum mansitque illic annos octo. De quo Tiberii secessu multa
scribit luculente Tranquillus [Suet. *Tib.* 13]. [3] Dictus est autem Gadareus Theodorus a Gadaribus civitate Syriae quam Iudei sibi vendicave-
runt, unde ait Strabo libro XVI cum de Gadaribus loqueretur: "Hinc
fuit Theodorus orator qui etate nostra viguit[4] [16.2.29]." Strabonem

---

xx. 78.2] *apheresim*: 1496, 1502; 'aphresim,' 1488.
yy. 78.2] *Gale<a>to*: 'Galento,' 1488, 1496, 1502.
zz. 79.1] *dissenties*: 1496, 1502; 'discenties,' 1488.

---

[1] 78.2] *'phrasim' . . . correximus*: the edition of Quintilian by Ognibene Bonisoli
[Venice] 1471 leaves a blank at this point (pages not numbered); that of Milan 1476 has
the reading 'aphaeresin' (fol. u7v), but H 13644 (Treviso? ca. 1480), has already the
corrected φρασιν here (fol. y3v)

[2] 78.2] *ut faciant . . . eloquentiae*: 'ut phrasin, id est corpus eloquentiae faciant,' edd.

[3] 79.1] *in omnibus . . . 'Titus Caesar'*: according to modern apparatus 'Titus' is only
a correction *in rasura* in the MSS. The 1471 [Venice] edition and Hain 13644 (fol. f3r),
have the correct reading 'Tiberius'; the edition of Milan (1476) has the reading 'Titus'
(fol. e8v).

[4] 79.3] *Hinc fuit . . . viguit*: here Beroaldo follows the translation of Tifernate
([Treviso] 1480, fol. M8v), who, however, omits 'hinc fuit.'

autem etate Tiberii scripsisse clarum est ipsius testimonio qui in VI
memorat se Tiberii tempore floruisse [6.4.2]. Qui legit apud Fabium
'Titus Caesar,' is prorsus et historie et temporum ignarus est. De hoc
Theodoro Gadareo intellexit Iuvenalis illo versu: "Artem scindens[1]
Theodori [7.177]." [4] Illud quoque in eodem scriptore quod adeo
nuper legimus indiget emendationis unius litterae immutatione. Nam in
primo 'Marcipotes Publipotesque' scriptum est [*Inst.* 1.4.26] pro 'Marcipores Publiporesque.'[2] Maiores enim nostri a prenominibus dominorum
servos in familia nominabant, unde a Marco et Publio dicti sunt Marcipores et Publipores quasi pueri, hoc est servi, Marci et Publii, sicut
Quintipor nomen servile frequens fuit apud antiquos a prenomine
domini dictum [Fest.-Paul. 256]. Ita Marcipor et Publipor a Marco et
Publio nominantur unde et emendandus est locus apud Plinium depravatus. Namque libro XXXIII Naturalis historiae incuriosi scripserunt:
"Marsifere lociferesve[3] [33.26]," ubi scribendum erat 'Marcipores Luci-
poresve' pro servis Marci et Lucii; et hoc est quod ait Plinius. [5] Id
genus servos dominorum fuisse gentiles, idest eodem nomine appellatos
quo domini appellabantur. Gentilis enim preter notam significationem
dicitur is qui simili nomine appellatur, id quod Cicero in Topicis [29] et
Festus [Paul. 94] tradiderunt. Verba Prisciani ex libro VI transcripta
subiecimus quibus aperte significatur quod dicimus: "Ut a puero composita Publipor Publiporis, Marcipor Marciporis [*Gramm.* 6.48; Keil
2:236]." Sic Probus [*Cath.* 1.33; Keil 4:16]. Ita enim antiqui pro Publi-
puer et Marcipuer dicebant. Quidam apud Plinium 'marciferes et lociferes' dici existimant tanquam baiuolos marsupiorum et loculorum,[4] sed
male.

[80.1] Emilius Probus, qui vitas Grecorum imperatorum luculento
sermone conscripsit, Aristidem tradit a Themistocle collabefactum esse
testula [Nep. *Arist.* 1.2]. Quae sententia cum non solum tyronibus sed
etiam veteranis suboscura videri soleat, hoc in loco a nobis copiosissime

---

[1] 79.3] *scindens*: 'scindes,' edd., Iahn's emendation of 'scindem.'

[2] 79.4] *Marcipotes . . . 'Marcipores Publiporesque'*: the editions of Quintilian [Venice]
1471, Milan 1476 (fol. a8v), and H 13644 (fol. b1v), have all the correct reading
'Marcipores Publiporesque.'

[3] 79.4] *"Marsifere lociferesque"*: this is the reading of the Rome edition of 1470;
Beroaldo's edition of 1476 and the Venice editions of 1483 (fol. D1v) and 1487 (fol.
D5v) have the partially correct reading 'marcipores lociferes ue.'

[4] 79.5] *Quidam . . . loculorum*: not identified.

explicabitur qui studia iuvenum et imprimis tui fovere ac iuvare pro virili parte contendimus. [2] Civitates antiquitus quae populari statu regebantur eos qui superexcellere videbantur, vel propter divitias vel propter amicos vel propter aliquam aliam potentiam, extra civitatem relegare solebant ad tempus, sicuti docet Aristoteles libro III Politicorum [3.8.2; 1284a 17–21]. Athenienses vero exilio decennali mulctare consueverant potentes nimis ac excellentes gloria viros et hoc exilii genus ostracismon appellaverunt [Nep. *Cim.* 3.1], qui repertus est non ad castigandam improbitatem, sed ad potentiam moderandam. [3] Ostracismus autem ab ostraco, id est calculo sive testula, nomen sortitus est qui in hunc maxime modum Athenis peragebatur: ostraci, id est calculi, viritim in consilio dabantur in quibus quisque nomen illius perscribebat quem urbe cedere voluisset. Magistratus vero qui huic negotio preerant universos simul calculos recensebant, qui nisi sex milium numerum excesissent nihil confectum esse iudicabatur; ubi vero legittimus numerus repertus fuisset, eum decem annorum exilio afficiebant quem pluribus calculorum sententiis damnatum esse cognoscerent. [4] Hoc ostracismo multi proceres Atheniensium in exilium e civitate eiecti sunt ut Aristides, Themistocles, Cimon aliique complures. Nemo autem sordidus, nemo ignobilis, nemo famosus, ut Plato comicus inquit, consuevit ostracismo mulctari, unde id genus exilii apud Athenienses cessavit postquam Hyperbolus homo sordidus ostracismo relegatus est, qui nobilissimorum et potentissimorum hominum, non autem sordidorum et humilium causa fuerat institutus [apud Plut. *Alcib.* 13.5]. De ostracismo multa scribit Plutarchus in Aristide [7.2–6] et Alcibiade [13.6–9]. Hoc Latini testularum exilium vocant, unde etiam dixit Plutarchi interpres in Pericle quod Pericles cum iuvenis esset "veritus testae exilium nulla ex parte rem publicam attigit[1] [*Pericl.* 7.1–2]." [5] Sensus itaque Probi Aemilii est Aristidem a Themistocle eiectum fuisse e civitate collabefactum testula, hoc est decennali exilio ostracismi mulctatum, quam historiam copiose scripsit Plutarchus in Aristide [7.1–2],

---

[1] 80.4] *"veritus . . . attigit"*: this is the translation of Lapo Birago, the 'Plutarchi interpres' (Venice 1478, fol. i1v).

qui in Themistocle sic ait: "Testarum exilio Aristidem civitate eiecit[1] [5.7]." Quotienscumque leges testarum suffragiis eiectum fuisse aliquem ex principibus Atheniensium, scito ostracismon de quo diximus, hoc est exilium decennale, significari.

[81.1] In IV apud Gellium locus est partim mendosus partim preposterus; ita enim scriptum est: *De mumope peri nodu quoque qui lusticiosus[2] Latine appellatur disensum est*[A] [4.2.11]. In his paucis verbis multiplex error est quem nos ita emendavimus et ita Gellium scripsisse opinamur: "De myope qui lusciosus[3] Latine appellatur peri nodu quoque[4] disensum[B] est". [2] Et antequam sensum scriptoris explicemus prius verba ipsa quid significent declaremus. Miopas Greci vocant in die parum videntes, quae dictio composita est a verbo Graeco 'myo', quod signat claudo, et 'ops,' quod dicitur oculus, quasi myopes propter visus hebetationem clausis oculis intueri videantur. Latini id genus homines lusciosos appellitant a luscatione quadam, ut opinor, quod scilicet luscos imitentur. [3] Alio nomine Graeci lusciosos nyctilopas vocant a nocturno videlicet aspectu. Plinius libro XXVIII ita scribit: "Sanguine hirci sanari lusciosos nyctilopasque appellant Graeci[5] [28.170]." Idem in VIII ita scriptum reliquit: "Tradunt capras non minus videre noctu quam interdiu: et ideo caprinum iecur si vescatur restituit pristinam aciem his quos nyctilopas

---

A. 81.1] *disensum*: 1496, 1502 ; 'discensum,' 1488.
B. 81.1] *disensum*: 1496, 1502; 'discensum,' 1488.

---

[1] 80.5] *"Testarum . . . eiecit"*: the translation of Lapo has a slight variation: "testarum illum exilio civitate eiecit" (ibid., fol. g5v).

[2] 81.1] *De mumope . . . lustisiosus*: both the *editio princeps* of Gellius, Rome 1469, and that of Venice 1472 have a similar text: "De mumope περι νωδον id est edentulo quoque qui lusticiosus Latine appellatur." The MSS have 'demum ope.' 'Mumope' and 'lusciosus' appear in the Venice edition of 1493 (27r), while Beroaldo in his edition of 1503 (fol. h3r) has 'myope' and 'luscisciosus.' Modern editor accept the reading 'myope' and attribute it to Beroaldo.

[3] 81.1] *qui lusciosus*: 'quoque, qui luscitiosus,' edd.

[4] 81.1] *peri nodu quoque*: edd. om.

[5] 81.3] *"Sanguine . . . Graeci"*: this is a somewhat free quotation from Pliny: "Sanguine hircino lusciosos sanari putant, nyctalopas a Graecis dictos," Mayhoff.

vocant[1] [8.203]." Scribunt iurisconsulti Digestis de edilitio edicto eum hominem morbosum esse qui neque matutino videt neque vespertino, quod genus morbi Graeci vocant myopa[2] [Ulp. *Dig.* 21.1.10.4]. Autor est Nonius myopes, qui Latine lusciosi vocantur, ad lucernam non videre [196]. De luscioso facete, ut semper, Plautus dixit in Milite: "Edepol tu quidem cecus, non lusciosus[3] es [322–23; ap. Non., ibid.]." Et eodem loco inquit: "Mirum te lolio victitare et tam vili tritico. Quid iam? quia lusciosus [321–22]," ubi impressores pro 'lolio' impresserunt 'oleo'[4] et ita Plautinam eruditionem depravarunt. Dicunt enim, ut inquit Placiades, quod lolium comedentibus oculi obscurantur [Fulg., *Serm. Ant.* 13], cuius rei testis est Ovidius illo versiculo: "Et careant loliis oculos viciantibus agri [*Fast.* 1.691]." Festus pro luscioso 'nusciosum'[5] scribit [Fest.-Paul. 173] tanquam a nyctilopa, hoc est a nocturno aspectu, derivatum sit, nisi forte a librariis confusa sunt quae Festus ipse ex ordine litterarum optime digesserat. [4] Nodos vero Graece Latine dicitur edentulus, hoc est ille qui dentibus caret. Erit itaque sensus Auli Gellii talis: dissensisse eruditos de myope, hoc est eo qui parum videt qui Latine lusciosus appellatur, an redhiberi debeat tamquam morbosus. [5] Similiter de edentulo quod ipse Grece dixit 'peri nodu' quaesitum est an sit morbosus. De quo scribens Paulus iurisconsultus, "Cui dens abest," inquit, "non est morbosus: maxima enim pars hominum dente caret neque ideo morbosi sunt; presertim cum sine dentibus nascamur nec ideo minus sani simus[C] donec dentes habeamus. Alioquin nullus senex sanus esset [*Dig.* 21.1.11]." Sed iam ad divum Hieronymum

---

C. 81.5] *sani simus*: 1496, 1502; 'sanissimus,' 1488.

---

[1] 81.3] *"Tradunt . . . vocant"*: again, another free quotation: "Tradunt et noctu non minus cernere quam interdiu: et ideo si caprinum iecur vescantur restitui vespertinam aciem his quos nyctalopas vocant," Mayhoff.

[2] 81.3] *myopa*: νυκτάλωπα, Mommsen-Kruger.

[3] 81.3] *lusciosus*: 'luscitiosus,' edd., also below.

[4] 81.3] *'lolio' . . . 'oleo'*: 'oleo' in the Plautus edition of Merula, Venice 1472 (pages not numbered); this reading is corrected into 'lolio' in his editions following the publication of the *Annotationes centum* (Milan 1490, fol. f3v; Venice 1495, fol. f3v). Cf. Poliziano, *Misc.* 66, who corrects and explains this Plautine passage in a similar way (fol. k6r).

[5] 81.3] *nusciosum*: 'nuscitiosus,' Lindsay.

transeamus apud quem non minus eruditionis reperio atque facundiae quam apud ethnicos scriptores.

[82.1] Divus Hieronymus in epistola ad Paulinum quae in liminari est pagina Instrumenti veteris scribit Apollonium philosophum perexisse ad Ethiopiam ut gymnosophistas et famosissimam Solis mensam videret in sabulo [*Epist.* 53.1; *PL* 22,541]. Queri solet a curiosis Hieronymi sectatoribus quaenam fuerit illa Solis mensa quam ut videret Apollonius ad Ethiopas accessit, de qua quid tradiderint luculenti scriptores eloquamur. [2] Autor est Herodotus in III Historiarum fuisse in Ethiopia pratum omnium quadrupedum carne refertum quam per noctem magistratus illic ponere festinabant et, ubi illuxisset, cuilibet licebat illuc accedere epulatum; indigenae existimabant copiam epularum divinitus suppeditari et hanc Solis mensam nuncupaverunt, ad quam inspiciendam olim Cambyses misit legatos in Ethiopiam [3.17–18]. [3] Solinus Greco vocabulo nuncupat heliutrapezam [30.10], hoc est Solis mensam. 'Helios' enim Grece sol et 'trapeza' mensa nominatur. De hac mensa Solis ita scriptum reliquit Pomponius Mella: "Est locus [in Ethiopia] paratis[1] semper epulis refertus, et quia ut libet vesci vescentibus[2] licet heliutrapezam appellant, et passim[3] apposita sunt [quia] affirmant innasci subinde divinitus [3.87]." [4] Interpretamenta quae super hoc loco scribuntur a Nicolao de Lyra alioquin erudito sunt mera deliramenta neque sententiae Hieronymi neque historiae accommodata.[4]

[83.1] Apud eundem libro II contra Iovinianum in pervulgatis impressisque codicibus hec verba leguntur: *Nunc restat ut Epicurum nostrum sudantem in hortulis suis inter adulescentulas et mulierculas aloquamur* [2.36; *PL* 23,349]. Ego vero illud 'sudantem' emendandum esse censeo et unius tantummodo litterae immutatione legendum 'subantem.'[5] [2] Namque subare vocabulo antiquissimo dicuntur sues cum libidinantur, unde translatio quoque facta est in cetera animalia, ut docet Porphirio enarrans

---

[1] 82.3] *paratis*: 'apparatis,' edd.

[2] 82.3] *vescentibus*: 'volentibus,' edd.

[3] 82.3] *et passim*: 'et quae passim,' edd.

[4] 82.4] *Interpretamenta . . . historiae accommodata*: Nicholas of Cusa in his *Postilla super totam Bibliam* (Venice 1489) identifies the 'Solis mensam' with a table sacred to Apollo and reports several stories related to it (1: fol. a5r).

[5] 83.1] *'sudantem' . . . 'subantem'*: the edition of Jerome's *Epistulae et tractatus*, Parma 1480, has 'sudantem' here (1: fol. f5r), and in the passage quoted below at *Annot.* 83.3 (2: fol. kk5v). 'Subantem,' *PL*.

illud Horatianum "Iamque subando tenta cubilia tectaque rumpit [*In Hor. Epod.* 12.12]," et, ut autor est Aristoteles libro VI De animalibus, ita subare dicitur in suibus quemadmodum equae libidine stimulatae dicuntur equire [*Hist. anim.* 6.18.5; 572a 5–15],[1] unde et Columella mulam appellat equientem [6.38.1], hoc est desiderio libidinis equum appetentem: et hinc maledictum trahitur in mulieres libidinosas [Arist., ibid.]. In hanc sententiam loquitur Plinius cuius verba subieci ex libro X: "Verrem subantis audita voce, nisi admittatur, cibum non capere usque in maciem [10.181]," ubi 'subantis' accipitur pro libidinantis et veneri inhiantis. [3] Itaque Hieronymus taxare volens Iovinianum, eum appellat Epicurum subantem, hoc est in coitum ruentem et in coitus voluptate summum bonum collocantem: et hec est erudita et perinde venusta sententia. Quod si 'sudantem' legerimus, ut passim legitur, sensus erit plane frigidior atque vulgarior. Hac dictione usus est idem alibi in epistola contra diaconum Sabinianum ita scribens: "Sic subantem te et lascivientem huc atque illud rapiebat voluptas [*Epist.* 147.10; *PL* 22,1203];" et apud eundem plurimis in locis hoc tanquam peculiare verbum deprendes sed fere semper librariorum impressorumque incuria pro 'subantem' 'sudantem' leges.

[84.1] Apud eundem contra Iohannem Hierosolimitanum dictio depravata est in his verbis: *Rogo quae tanta est cecitas cinericiis, sicut aiunt, tenebris involuta?* [44; *PL* 23,412]. Ego vero pro 'cinericiis tenebris' correxi 'Cimeriis,'[2] quod ex historia prisca veterique proverbio depromptum est. [2] Nam Cimerii populi fuerunt Schytici a quibus Bosforus Cimerius nominatus est, in cuius hostio fuit opidum Cimerion quod alio nomine Cerberion[3] vocabatur, ut autor est Plinius in V [potius. 6.18]. Existimat Strabo in septimo dictum esse Bosforum Cimmerium quasi Cymbricum a Cymbris qui incertis errabundi sedibus usque ad Meotim paludem militiam agitarunt [7.2.2]. [3] Cimeriorum clima obscurum est ac tenebrosum ut idem memorat in primo [1.2.9], cuius rei etiam meminit Homerus sic loquens de Cimeriis: "Illis sol numquam Pheton sua lumina spargit Pernitiosa super nox semper tenditur istis[4] [*Od.* 11.14–19]."

---

[1] 83.2] *Aristoteles . . . animalibus*: Gaza in fact translates with 'subare' the Greek word καρπίζειν, (Venice 1498, fol. f3v).

[2] 84.1] *'Cimeriis'*: 'cineritiis', Jerome's edition of 1480 (1: fol. l8r); 'Cimeriis,' *PL*.

[3] 84.2] *Cerberion*: 'Chimerion,' Mayhoff.

[4] 84.3] *"Illis sol . . . istis"*: the translation of these verses corresponds to Guarino's translation of Strabo 7.2.2 ([Treviso] 1480, fol. a9r).

Tibullus Homerici carminis aemulator ita cecinit in heroico poemate:
"Cimerion etiam obscuras accessit ad arces, Quis numquam candente
dies apparuit ortu, Sive super[1] terras Phoebus seu curreret infra [3.7.64–
66]." [4] Cum itaque Cimeriorum regio esset tenebricosa et aer cali-
ginosus, deductum est proverbium "tenebrae Cimeriae" quod usurpat
Lactantius sic scribens in quarto Divinarum institutionum: "O caecum
pectus, o mentem Cimmeriis, ut aiunt, tenebris atriorem! [potius
5.3.23]." Lactantium, ut opinor, imitatus est Hieronymus cuius verba ita
emendanda sunt prout emendavimus et sic legenda: "Rogo quae tanta
est cecitas Cimmeriis, sicut aiunt, tenebris involuta?" Qui 'cinericiis'
legunt sicut semidoctum vulgus lectitare consuevit, hi iudicio sunt plane
cinericio et omni penitus scintilla viduato. [5] Ephorus autor est Cim-
merios in Italia quoque fuisse iuxta lacum Avernum eosque in subter-
raneis habitasse domiciliis, quorum morem patrium esse ut nemo solem
aspiciat, noctu vero egrediantur [apud Strab. 5.4.5]. De Cimmeriis ita
scribit Festus: "Cimerii dicuntur homines, qui frigoribus habitatas terras
incolunt, quales fuerunt inter Baias et Cumas in ea regione, in qua
convallis satis imminenti iugo circumdata est, quae neque matutino,
neque vespertino tempore sole contegitur[2] [Paul. 43]."

[85.1] In Caesaris secundo commentario ita scriptum est: *Sectionem eius*
oppidi universam Caesar vendidit [*De bell. Gall.* 2.33.6], ubi 'sectio' dictio
est vetus sicut et sector. [2] Dicuntur autem sectores qui spem sui lucri
secuti, ut docet Asconius, bona damnatorum emebant in auctionibus ac
postea pro compendio venditabant [ps.-Ascon., *Verr. In Act.* 2.1.61;
Stangl, 239–40]. Inde a Cicerone M. Antonius sector Pompeii appellatur
[*Phil.* 2.65] quoniam scilicet in subhastatione bona Gnei Pompeii
redemerat, ideoque ab eodem dictum est inflammanter: "Expectantibus
omnibus quisnam esset tam impius, tam demens, tam diis hominibusque
hostis qui ad illud scelus sectionis auderet accedere, inventus est nemo
preter Antonium [*Phil.* 2.64];" ubi sectionem in eo significatu accipit
quo Caesar pro illa scilicet iuris persecutione qua sectores utuntur in
auctionibus. [3] Alibi a Cicerone eleganter dictum est in oratione pro

---

[1] 84.3] *sive super:* 'seu supra,' edd.

[2] 84.5] *qui frigoribus . . . contegitur:* 'qui frigoribus *occupatas* terras incolunt, quales
fuerunt inter Baias et Cumas in ea regione, in qua convallis satis *eminenti* iugo *circumducta*
est, quae neque matutino neque vespertino tempore sole *contingitur*,' Lindsay.

Roscio Amerino: "Nescis[1] per ista tempora eosdem fere sectores fuisse bonorum et collorum? [80]." Cornelius Tacitus: "Ubique hasta et sector et inquieta urbs auctionibus [*Hist.* 1.20]." Denique crebra mentio est sectorum apud eruditos, qui pro emptoribus his accipiuntur qui auctionantur bona hastae subiecta. A Lucano dictum est: "Sectorque favoris Ipse sui populus [1.178–79]," ubi sector scienter et eleganter dicitur populus Romanus quia favorem suum vendebat candidatis spem lucri secutus. [4] Sensus est Caesaris venditam fuisse oppidi sectionem, id est Caesarem bona civitatis vendidisse sub hasta his qui sectionem facere dicuntur. Et in hoc significatu sectiones accipiendae sunt apud Tranquillum ita scribentem in Vitelio: "Cuius filius sectionibus et suturis[2] uberius compendium nactus[3] [Suet., *Vit.* 2.1]." Scribit Festus sectionem significare iuris persecutionem [Paul. 337], quae interpretatio non multum abest ab ea quam tradimus significatione. Sectores enim facta in auctionibus sectione ius suum persecuuntur [Paul. ibid.].

[86.1] Iheremias propheta ita inquit: *Cum pinxeris stibio oculos tuos, frustra componeris* [4.30]. In Ezechiele quoque legimus: *Circumlinisti tibi oculos tuos stibio et ornata es mundo muliebri* [23.40] et libro quarto Regum scriptum est: *Depinxit oculos suos stibio et ornavit caput suum* [4.9.30]. Denique haec dictio stibium scaturiens est apud ecclesiasticos scriptores et imprimis apud Hieronymum [*In Is.* 15.54.11–12; *PL* 24, 540–41]. [2] Quid autem sit stibium tam nescit Nicolaus de Lyra quam nescire curavit.[4] Ut autem studiosi sacrarum scripturarum intelligant quid proprie stibium significet quo ad venustandos oculos peculiariter utebantur, sciant in argenti metallis inveniri lapidem spumae candidae atque nitentis quem alii stibium, alii alabastrum, aliqui turbasin appellant, cuius vis principalis est circa oculos, quos dilatat quorumque fluictiones inhibet exulcerationesque. Ideo id Graeci platyophtalmon appellavere ab oculorum scilicet dilatatione, autor Plinius libro XXXIII [33.102]. [3] Stibio ergo oculos feminae pingebant ut ita formosiores viderentur,

---

[1] 85.3] *nescis*: 'nescimus,' edd.

[2] 85.4] *suturis*: 'cognituris,' edd.

[3] 85.4] *nactus*: 'nanctus,' Ihm.

[4] 86.2] *Nicolaus de Lyra . . . curavit*: in his commentary to Jeremiah 4.30, Nicholas of Cusa writes: "Stibio id est fardinatione sicut dicitur de Jezabel IIII Reg. IX et hoc ad querendum gratiam" (*Postilla super Bibliam*, 3: fol. GG2v); and in his commentary to Kings: "Porro Jezabel, id est faciem suam fucavit" (ibid. 1: fol. CC9r).

quod viris et maxime religiosis turpissimum est et maximo olim probro dabatur, unde ait Apollonius: "Dic mihi, crinem fucat prophetes? stibio oculos linit?"[1]

[87.1] Idem Iheremias ita inquit: *Facit laquearia cedrina pingitque sinopide* [22.14]. Cum interpretes quid sit sinopis non explicent,[2] a nobis explicandum est. [2] Sinopis color est unus ex coloribus nativis cui nomen inditum est ab urbe Ponti Sinope ubi primum inventa est; nascitur, teste Plinio, in Egypto, Balearibus, Africa, sed optima in Lemno et in Cappadocia [*N.H.* 35.31]. [3] Sinopide usi sunt veteres pictores ad splendorem. Rubricae genus in ea voluere intelligi quidam, unde a Victruvio libro VII rubrica Sinopica nuncupatur [7.6.2], de qua scribit Strabo libro XII Geographiae: "In Capadocia nascitur ea quae Sinopica rubrica dicitur omnium optima, quae cum Iberica decertat. Idcirco Sinopica appellatur quod eam mercatores eo deferebant priusquam Ephesiorum emporium tam celebre esset[3] [12.2.10]."

[88.1] In Daniele dicit Susanna ad puellas: *Afferte mihi oleum et smigmata* [13.17]. Interpretes scribunt smigma esse aquam ordeaceam ad faciem abluendam.[4] [2] Ego quemadmodum nescio an smigma sit ex ordeo aqua; ita hoc scio smigma appellari omne quod purgat, emaculat, abstergit, a smicho verbo Greco derivatum. Inde ita scribit Plinius: "In aerariis officinis et smegma fit iam liquato aere atque percocto [*N.H.* 34.134]." Idem alibi, "Smegmata mulieres faciunt ex his [27.111]." Idem in XXII: "Succus lupini smegma fit, quo [solent] fovere gangrenas [22.156]," et frequens est haec dictio apud eundem accipiturque pro vocabulo gene-

---

[1] 86.3] *"Dic mihi . . . linit?"*: this quotation from Apollonius, an anti-Montanist Christian writer, is found in Eusebius, *Hist. Eccles.* 5.186 (*PG* 20, 479). The Latin translation of Eusebius by Rufinus, which was available in print before the publication of the *Annotationes centum*, however, is somewhat different: "Dicite mihi, o vos prophetissae, vultus prophetantis candoribus et rubroribus aliquanto fucatur? prophetissa stibiis tingitur?" (Mantua: Iohannes Schallus, 1479, pages not numbered). Beroaldo accurately translates the Greek text.

[2] 87.1] *interpretes . . . non explicent*: he may refer once more to Nicholas of Cusa: "Pingitque sinopide: in quo notatur excessus in curiositate" (ibid. 3: fol. HH3r).

[3] 87.3] *"In Cappadocia . . . esset"*: this is again a quotation from Guarino's translation of Strabo ([Treviso] 1480, fol. C4r).

[4] 88.1] *interpretes . . . abluendam*: this is again Nicholas of Cusa: "Smigmata: secundum Hieronymum smigma est aqua de hordeo et palea facta ad lavandum faciem et refrigerandum" (ibid. 3: fol. RR 9r).

rali, quo medicamentum omne significatur quod valet ad emaculandam faciem et abstergenda corporum dehonestamenta [24.43; 31.105]. [3] A smegma derivatur smeticus, unde a Plinio identidem vis smectica usurpatur [30.29] accipiturque pro efficacia tali qualem habet smegma ad purgandum scilicet et emaculandum.

[89.1] Apud Tranquillum in Galba dictionem depravatam correximus et pro adulterina veram venustamque substituimus. Verba Tranquilli hec sunt: *Ut si quid scenici aut histrici donatum olim vendidissent auferetur emptoribus* [Suet., *Gal.* 15.1]. [2] Nos pro 'histrici' emendavimus 'xystici.'[1] Dicuntur autem xystici athletae qui per hiberna tempora antiquitus exercebantur in porticu quae xystos apud Graecos appellatur, autor Victruvius in libro V De architectura, qui docet quemadmodum facienda sunt xysta [5.11.3–4]. Usus est hac dictione idem Tranquillus in Augusto sic scribens: "Nec tamen eo minus aut xysticorum certationes aut gladiatorum pugnas severissime semper exegit [Suet., *Aug.* 45.4]," ubi xysticorum nomine athletas intelligit. [3] Apud iurisconsultos Digestis de his qui notantur infamia, duae dictiones iunctim locatae pariter mendosae leguntur ubi ita scriptum est: "Neque theomelici neque xesustici ignominiosi habeantur [Ulp., *Dig.* 3.2.4]." Nam pro 'theomelici' 'thymelici', pro 'xesustici' 'xystici' corrigendum est[2] et in eo significatu xystici accipiuntur quem iam declaravimus. [4] Thymelici vero, ut hoc quoque iurisconsultorum verbum explicemus, significant histriones; et Graeci thymelem pulpitum et histrionicam appellant, unde a Victruvio dictum est, "Scenici et thymelici Graece separatim nominantur [5.7.2];" et Ausonius festive scripsit: "Nos Thymelem sequimur [*De bissula* 2.327.4; Peiper, 115]." In Decretis quoque distinctione de consacratione sacerdotes admonentur de convivio surgere debere "antequam thymelici ingrediantur [Gratian. *Decr.* 3, dist. 5. c. 37; *PL* 187, 1868]." [5] Sed ut ad Tranquilli sententiam explicandam revertamur, dicit ille liberalitates Neronis a Galba fuisse revocatas ut id quod olim scaenicis

---

[1] 89.2] *Nos . . . 'xystici'*: this is also the reading in Beroaldo's edition of Suetonius; in the commentary he refers to this annotation for the explanation of *xystici* (Bologna 1493, fol. H4v). 'Histrici' is in the edition of Suetonius, [Venice] 1471 (pages not numbered), but it is already corrected into 'xystici' in the edition of Treviso 1480 (fol. m3v), and Milan 1480 (fol. ff2r).

[2] 89.3] *corrigendum est*: Accorsi's text has "themeleci neque sexustici" (*Glossa in Digestum Vetus*, Venice: Baptista de Tortis, 1488, 50v; [in the 1969 Turin reprint, 7:98]). 'Thymelici' and 'xystici,' Mommsen, as corrected here by Beroaldo.

aut xysticis, id est athletis, donavisset id exigeretur. Hanc historiam Plutarchus apertioribus verbis explicat quibus plane sententia Tranquilli fit manifestior. Ita enim scribit in Galba: "Quas largitiones Galba dederat scaenam palestramque agitantibus eas vehementius repeti iussit preter decimam partem[1] [16.2]." Eadem historia traditur a Cornelio Tacito, omissis scaenicorum xysticorum nominibus [*Hist.* 1.20.1–2]. [6] Preterea xystici dicuntur qui xysto ludunt; significat autem xystos hastile vel spiculum unde xystophoros Grece nominantur, Latine spiculator. [7] Xystos quoque preter iam dictas significationes accipitur pro ambulatione in qua arbusculae sunt in plurimas species effigiatae et talis significatur a Plinio libro V Epistolarum ita scribente: "Ante porticum xystus concisus in plurimas species distinctusque buxo [5.6.16];" et, ut autor est Victruvius, Latini xysta ambulationes appellant quas Graeci paradromidas dicunt [5.11.4]. De xysto ait Cicero in Bruto: "Nam cum ambularem[2] in xysto et essem ociosus domi [10]." [8] Legatur igitur apud Tranquillum 'xystici' potius quam 'histrici' et pro athletis accipiantur. Non ignoro histricos dici posse histriones, cum a Plauto in Penulo imperator histricus histrio nominetur [3–4] et ab eodem alibi dictum sit: "Hec imperata sunt pro imperio histrico [ibid. 44]," pro eo quod est imperio histrionico, videaturque alludere Plautus ad Histriam regionem ex qua primum histriones venisse; indeque nomen sortitos esse autumat Festus [Paul.101], cuius autoritati Livius [7.2.6] Valeriusque [Val. Max. 2.4 ext. 4] refragrantur scribentes nomen histrionibus fuisse inditum quia hister Tusco verbo ludio vocabatur. Verior est prior significatus et historiae accomodatior.

[90.1] Idem in Vespasiano inquit: *Publicum quadragesimae in Asia egit* [1.2]. Ego existimo 'publicanum' potius quam 'publicum' legendum esse[3] ut sit sensus: Sabinum, de quo loquitur, fuisse publicanum in Asia

---

[1] 89.5] *Quas largitiones ... partem*: this quotation corresponds to the translation of the life of Galba by Filelfo with slight variations: "Quas *vero* largitiones *Nero* dederat scaenam palaestramque *agentibus* eas vehementius repeti *cum iussisset* praeter decimam partem..." (Venice 1478, fol. X6v). Note, however, that in Beroaldo's text Galba is mistakenly substituted for Nero as the subject.

[2] 89.7] *ambularem*: 'inambularem,' edd.

[3] 90.1] *'publicanum' ... legendum esse*: 'publicum,' edd.; Ihm gives the variant 'publicanum' in his apparatus attributing it to Sabellico, perhaps because this reading appears in the edition of Venice 1496 with the commentary both of Sabellico and Beroaldo. Beroaldo has already 'publicanum' in his own edition of 1493 (fol. M4v),

ad quadragesimas exigendas. Hec est enim elocutio et luculenta et erudita, ut ita dicamus agit publicanum, agit senatorem, agit amicum imperatoris pro eo quod est facit officium publicani, senatoris, et amici imperatoris, et hic mos dicendi apud eruditos est frequentissimus. [2] Quadragesima vero est tributum et exactio sicut vigesima et quinquagesima, centesima et ducentesima et id genus alia publicanorum fraudibus excogitata, unde ita scribit Cornelius Tacitus: "Manet tamen abolitio quadragesimae quinquagesimaeque et quae alia ex auctionibus illicitis nomina publicani invenerant [*Ann.* 13.51]." [3] Ita Cicero decumanos in Verrinis appellat principes publicanorum a quibus decumae exigebantur [Act. 2, 3.129] et a Livio vigesimarium aurum dici videtur quod ex vigesimis exigebatur [27.10.11], quamvis in mendosis Livianis codicibus non 'vigesimarium aurum' sed 'incesimarium' legatur.[1] De vigesima scribit Plinius in Panegyrico luculentissime [37.1–7]. A Seneca 'sanguinolentae centesime' eleganti epitheto apellantur [*Benef.* 7.10.4]. Ducentesimas auctionum Italiae olim Caligula remisit [Suet. *Cal.* 16.3].

[91.1] Idem in Augusto scribit Octavium Augusti patrem *inter divisores operasque campestres proditum* [3.1], quae verba cum a multis perperam intelligantur, a nobis in hoc loco explicabuntur.[2] [2] Divisor criminis nomen est hique antiquitus divisores vocabantur qui pecuniam inter tribus viritim dividebant nomine candidatorum, hoc est magistratus petitorum, quos Plautus magistros curiarum in Aulularia vocat his verbis: "Nam noster nostrae qui est magister curiae Dividere argenti dixit nummos in viros [107–08]." Querit Asconius utrum legitimos habeant tribus omnes divisores suos [ps.-Ascon. *Verr. In Act.* 1.22; Stangl, 212]. [3] Divisoris autem nomen criminosum fuisse utpote tribulium corruptoris in ferendo suffragio docet Cicero in oratione pro Plancio his verbis: "Quam tibi commodum est, unam tribum dilige: tu doce, id quod debes, per quem sequestrem, quo divisore corrupta sit [19.48]." Idem alibi ait: "Qui si erat divisor, presertim eius, quem tu habebas reum, cur abs te reus non est factus? [ibid. 23.55]." Idem alibi: "Doce," inquit,

---

where he refers the reader to this annotation and repeats his explanation.

[1] 90.3] *in mendosis . . . legatur:* 'vicensimarium,' edd.; nothing about this variant in apparatus. The edition of Livy (Treviso 1485) has the reading 'aurum incesimarium' (fol. g6r).

[2] 91.1] *quae verba . . . explicabuntur:* later in the commentary of his edition of Suetonius (s.v. 'Inter divisores operasque campestres'), Beroaldo adds to this explanation while referring the reader to this annotation (fol. f6v).

"divisisse [ibid. 18.45]," pro eo quod est divisorem fuisse pecuniae inter suffragatores ut libertius candidato suffragarentur. [4] Operas vero campestres appellat eos qui in Campo Martio servilem operam candidato impartiebantur et pro eo laborabant ut suffragatoribus suffragantibus magistratum consequeretur. Nam cum opera feminino genere significet, teste Ulpiano, diurnum officium accipiaturque pro operatione [*Dig.* 5.13.1.7b], significat etiam ipsam personam quae aliquid facit, sicut docet Servius [*In Virg. Aen.* 11.184], et ita accipitur frequenter apud Ciceronem, qui pluribus in locis operas contumeliose appellitat sordidos et abiectos vilisque conditionis homines, unde ait in oratione pro Sextio: "Cum per tribunum aliquem et sexcentas operas se fortunis spoliari videant [59];" et alibi: "Operarum," inquit, "suarum gladiis et lapidibus obiecerit [ibid. 27]"; et in oratione pro Flacco: "Operae facessant, servitia sileant [38.97]." Oratius quoque nomine operae servum significavit illo versu, "Accedes opera agro nona Sabino [*Serm.* 2.7.118]." Idem Tranquillus alibi mancupem operarum nuncupavit quem intelligi voluit conductorem redemptoremque servorum [Suet. *Vesp.* 1.4]. [5] Manceps enim, ut hoc quoque declaremus, significat eum qui a populo aliquid emit conducitve [Paul. 151]. In hoc significatu accipiendum est illud Plinianum, "Corvum manceps proxime sutrinae exanimavit [*N.H.* 10.122]." Cicero mancupes appellat Romanos publicanorum principes qui questus sui causa decumanas redimunt a populo Romano [*Verr.* Act. 2, 3.172–76; ps.-Ascon., *In Div.* 33; Stangl, 196]. [6] Mancipis nomen a manucapiendo ductum est [Paul. 128], unde et ius mancipii derivatur, de quo ait Cicero in oratione pro Aruspicum responsis: "Iure autoritatis, iure mancipii, iure nexi [14]." [7] Campestres operae dicuntur a Tranquillo ab eo quod in Campo Martio pro candidatis sategebant et operabantur.

[92.1] Legebamus nuper oblectamenti causa Plautinam fabulam cui titulus est Miles; inter legendum correximus locum mendosum et penitus depravatum adeo ut nullus sensus percipi posset. Sed priusquam emendationi nostrae applaudamus, verba Plauti quae in omnibus codicibus mendose perscripta sunt referamus: *Causae hanc habeas ferugene* [1178]. Quae sunt haec portenta verborum? Ipse medius fidius Plautus talia non interpretaretur. Nos vero, pensitatis curiosissime et verbis et sententia, paulum demutantes ita correximus: "Causeam habeas ferugineam."[1] [2] Causea autem dictio est vetustissima qua significatur tegumentum capitis calori aptum, unde et nomen accepisse videtur. 'Causis' enim Graece dicitur Latine combustio, et 'causon' estus; inde ab Hipocrate et Avicenna causon febris estuans appellatur.[2] Hac dictione utitur Valerius libro V scribens in capite De clementia quemadmodum Antigonus caput Pyrrhi texit "causia qua velatum caput suum more Macedonum habebat [Val. Max. 5.1 ext.4]." Scribit Plutarchus in Antonio Ptolomeum Antonii et Cleopatrae filium ornatum fuisse chlamide et causia cum diademate, qui erat habitus regum Macedonum ab Alexandro [54.4–5]. Apud Martialem lemma est causia accipiturque in hoc eodem significatu quod declarat disticon subiectum: "In Pompeiano tectus spectabo theatro: Nam ventus[3] populo vela negare solet [14.29]." [3] Ferrugineam causiam optimo epitheto Plautus appellat quam intelligi vult subnigram ceruleique coloris. Hoc enim significare ferugineum carminibus Virgilianis [*Aen.* 6.303; *Georg.* 4.183] et grammaticorum interpretationibus manifestissimum est [Serv. ibid.]. Igitur, volens Plautus describere ornatum hominis naucleri, vult ut habeat pro capitis tegumento causiam ferrugineam, qui color est marinis fluctibus similis; unde ab eodem Plauto is color in eadem fabula thalassicus nuncupatur [1179], hoc est marinus, quamvis impressores pro thalassico 'thesalinis' impresserint,[4] corrupto verbo et sententia. Graeci vero thalassan mare appellant, unde thalassicus derivatur. Idcirco dixit idem alibi: "Nescio quis tecum incedit ornatu quidem thalassico [ibid. 1282]." [4] Hunc colorem venetum scienter appellat Vegetius libro quarto De re militari scribens: "Nautas veste veneta esse induendos et vela navium exploratoriarum colore veneto esse tingenda [4.37]." Est autem venetus color ceruleus et,

---

[1] 92.1] *"Causeam . . . ferugineam"*: emendation accepted by modern editors, who incorrectly attribute it to Scrutarius. Merula has "Cause hanc habeas ferrugenes" in his first edition of Plautus (Venice 1472, pages not numbered) and in at least one other edition published before Beroaldo's *Annotationes centum* (Treviso 1482, fol. s6r); the phrase is corrected according to Beroaldo's emendation into "Causeam habeas ferrugineam" in the later editions of Milan 1490 (fol. l5r), and Venice 1495 (fol. t5v).

[2] 92.2] *Causea . . . estuans appellatur:* 'causon' as a high fever appears often both in Hippocrates (see Littré, 2, 394 ff.) and Avicenna (*Canon* 4.1.2.36).

[3] 92.2] *In Pompeiano . . . ventus:* 'In Pompeiano *tecum* spectabo theatro: Nam *flatus*,' edd.

[4] 92.3] *'thesalinis' impresserint:* I do not know to which edition Beroaldo is referring here. Merula is the only editor of Plautus before these *Annotationes centum*. In his edition of 1472 as well as in that of 1482 (fol. s6r), his reading is 'thassalicus'; it was corrected into 'thalassicus' in the editions of 1490 (fol. l5v) and 1495 (fol. t5v).

ut inquit idem Vegecius, similis marinis fluctibus [ibid.]. Autor est
Lampridius Heliogabalum pisces comedisse coctos conditura veneta quasi
in marina aqua cum colore suo [24.1]. Hic est ille color a quo auriga-
rum factio Veneta nominatur, quae factio apud scriptores memoratissima
est, cui ita fuit addictus Vitelius [Suet. *Vit.* 7.1; 14.3] sicut Prasinae
factioni deditus erat Caligula [Suet. *Cal.* 55.2], ita nuncupatae a prasino,
hoc est viridi colore. Et olim Verus Antoninus, autore Iulio Capitolino,
passus est iniurias a Venetianis, quod Prasinae factioni contra eos faveret,
ubi Venetianos appellat aurigas Venetae factionis [Iul. Cap. *Ver.* 6.2–4].
Et hic est ille prasinus venetusque pannus de quo ita scribit Plinius in
VIII Epistolarum: "Nunc favent panno, pannum amant, et si in ipso
cursu non mediocri[1] certamine hic color illuc ille huc transferatur,
studium favorque transibit, et repente agitatores illos equos illos, quos
procul noscitant, quorum clamitant nomina relinque<n>t[D]. Tanta gratia,
tanta autoritas in una vilissima tunica [potius 9.6.2–3]." [5] Hec Plinii
verba quidam neoterici interpretes[2] perperam allegaverunt parum diligenter animadvertentes Plinium in hoc loco ostendere voluisse inane
studium Romanorum inanemque favorem qui non hominibus ipsis
favebant sed colori quo[E] erant induti, unde ait: si color panni ab una
factione ad alteram factionem transferatur, similiter spectatorum favorem
transiturum; qui si personis ipsis faverent, non relictis illis pannum
sequerentur.

[93.1] Scribit divus Hieronymus in prologo Paralipomenon quod saepe
culpa scriptorum unum nomen in duo vel in tria vocabula dividitur[3],
quod verissimum esse in compluribus aliis scriptoribus tum in Plautino
poemate deprendi, ubi sepe duo vel etiam tria nomina subtractis e
medio syllabis in unum vocabulum coagmentata deprendes vel e regione
unum nomen propter latitudinem suam in duo vel tria vocabula divi-
sum. Legebam adeo nuper Persam Plautinam fabulam in qua sic loquitur

---

D. 92.4] *relinque<n>t*: 'reliquet,' 1488, 1496, 1502.
E. 92.5] *quo*: 1502; 'quem,' 1488, 1496.

---

[1] 92.4] *mediocri*: 'medioque,' Mynors.
[2] 92.5] *quidam neoterici interpretes*: not identified.
[3] 93.1] *in prologo Paralipomenon . . . dividitur*: I could not find this statement in Jerome's *Paralipomenon*.

Toxilus servus: *Nunc ego hominem hodie intra semina doctis ducam dolis* [480], ubi illud 'intra semina' ita emendandum est 'in trasenna.'[1] [2] Significat autem trasenna extentum funem. Salustius: "Trasenna demissum Victoriae simulacrum cum machinato strepitu tonitruum coronam Metello[2] imponebat [*Hist. frg.* 2.70]." Cum ergo ex fune laquei intendantur ab his qui insidiantur feris capiendis, facete Plautinus servus (in comediis enim servi fallaces inducuntur) dicit se dolis circumventurum lenonem ducturumque in trasennam tamquam laqueos ex fune fraudulenter intenderit. [3] Alibi in eodem significatu dixit Plautus in Bacchidibus: "Nunc e trasenna hic turdus lumbricum petit [792]." Impressi codices pro 'turdus' habent 'tardus.'[3] Idem in Rudente sententialiter loquens ait: "O Gryppe, Gryppe, in aetate hominum plurimae fiunt trasennae, ubi decipiuntur dolis. Atque edepol in eas plerumque esca imponitur: Quam si quis avidus poscit escam avariter, decipitur in trasenna avaricia sua [1235–39]." Ex his Plauti verbis aperte colligimus trasennam significare decipulum et laqueum ad decipiendum concinnatum. [4] In alio significatu, si Nonio credimus, trasenna accipitur pro fenestra apud Ciceronem libro primo De oratore ita scribentem: "Quasi per trasennam pretereuntes strictim aspeximus" [Non. 264–65; Cic. *De orat.* 1.162]. Verba Salustii cuius autoritate paulo ante nixi diximus trasennae nomine funem significari allegat Nonius et accipit pro fenestra [ibid.], sed Servius enarrans illud Virgilianum "Volucrem traiecto in fune columba," traiecto exposuit pro extento et subiungens ait: "unde trasenna dicitur extentus funis" et citans Salustium testem illius verbis suam nititur de trasenna fulcire sententiam [*In Virg. Aen.* 5.488]. Idem exemplum Salustianum refertur a Macrobio in tertio Saturnalium [3.13.8]. Exempla Plautina quae iam recensuimus cum Servii opinione conveniunt.

[94.1] Illud quoque apud eundem in mentem venit quod indiget modice castigationis: *Vinceretis cervum cursu vel glabatorem gradu* [*Poen.* 530], ubi

---

[1] 93.1] '*in trasenna*': 'in transennam,' edd.; nothing in the apparatus. Merula's editions of 1472 and 1482 (fol. &8r) have 'in transemina,' corrected into 'in transennam' in the 1490 (fol. f6r) and 1495 (fol. n6v) editions.

[2] 93.2] *Metello*: 'capiti,' Maurenbrecher.

[3] 93.3] *impressi codices . . . 'tardus'*: 'tardus' is in Merula's edition of 1472, but it is already corrected into 'turdus' in the 1482 edition (fol. n1r).

'gralatorem' legendum esse[1] [Paul. 97] Varroque [*Ling.* 7.69] notificant, qui ambo haec Plautina verba allegantes gralatorem dici demonstrant a gradu magno. Et hi proprie sunt gralatores qui perticis superstantes magnis passibus gradiuntur. [2] Has vero Plautinas mendas aliasque complusculas dubio procul impressoribus ascribimus, non autem correctori Georgio Alexandrino[Ebis] qui in memoria nostra vir doctissimus est in cuius ingenium eruditionemque eruditissimam tam turpia errata non cadunt.

[95.1] In Penulo introducitur servus lenonis nomine Syncerastus qui ita loquitur: *Si herus meus me esse locutum cuiquam mortali sciat continuo is me ex sincera fecerit* [885–86]. [2] Iam pridem didici Varrone docente syncerastum esse omnem medullam antiquo vocabulo Greco [*Ling.* 7.61]. Ex qua Varroniana doctrina ita nunc Plautinum locum interpretor ut dicat servus Syncerastus se futurum ex sincera, hoc est sine syncerasto id est medulla et pinguedine, propter verbera quae sibi irrogavit herus leno, si resciverit eum esse cum aliquo collocutum; et ita facetissime in nomen suum iocatus est qui dicebatur Syncerastus quasi medullosus. [3] Quid si ita legas 'me exsyncerastum fecerit'[2] non absurde leges ut exsyncerastus dicatur nomen contrarium syncerasto, quemadmodum ab eodem Plauto expeculiati dicuntur servi sine peculio [*Poen.* 843]. Et haec erit sententia urbanissima Plautini servi tanquam dicat: ego, qui nunc Syncerastus quasi medullosus et pinguis vocor, male mulctatus ab hero perdam pristinum nomen et fiam exsyncerastus, quia factus macer et emaciatus flagris domini melius nominabor et verius Exsyncerastus quam Syncerastus. [4] Ita sales Plautini ex nominis significatione ducuntur, sicut in Persa parasitus Saturio cum esuriret ait: "Esurio venio, non advenio saturio [103]," tanquam qui esurit et famelicus sit non vero nomine

---

Ebis. 94.2] *Alexandrino*: 1496, 1502; 'Alixandrino,' 1488.

---

[1] 94.1] *ubi 'gralatorem' ... esse*: 'gralatorem,' edd., as corrected here by Beroaldo. The MSS have 'glabatorem' and so does Merula's edition of 1472; the 1482 ed. has 'glabratorem' (fol. 31r), which is corrected into 'gralatorem' in the 1490 (fol. y7v) and into 'gradatorem' in the 1495 (fol. L1v) edition.

[2] 95.3] *'me exsyncerastum fecerit'*: 'ex Syncerasto crurifragium fecerit,' edd. 'Ex syncera' is Merula's reading in his 1472 and 1482 (fol. 35r) editions; it is corrected into 'exsyncerastum' in the 1490 (fol. z3r) and 1495 (fol. L5v) editions.

vocetur Saturio, quod a saturitate derivatur, meliusque Esurio tanquam ab esuritione sit nominandus. Sed haec hactenus.

[96.1] Interdum unius tantummodo litterae immutatio atque inversio totam immutat invertitque sententiam, sicuti licet intueri in his verbis quae apud Curtium dicit Alexander militibus ad contionem vocatis: *Vestram virtutem rerum quas gesturus sum vadem predamque habeo* [9.2.25]. Sane immutatio est unius litterae in ea dictione 'predam,' cum 'predem' legendum esse[1] et ab ipso Curtio ita scriptum fuisse procul dubio credamus. [2] Praes autem significat sponsorem qui obligat se quique a magistratu interrogatus ut prestet quod promittit, respondet se predem esse. Praedes vero differunt a vadibus quoniam vas appellatus est qui pro alio vadimonium promittebat, ut docet Marcus Varro [*Ling.* 6.74], quamvis de vade aliter tradiderit Laurentius Vallensis.[2] [3] Quantum ex Ausonii lectione intelligi datur, haec est differentia inter vadem et predem, quod vades dantur in re capitali, praedes vero in lite nummaria. Versus Ausonii quibus haec differentia tradita est ex monosyllabis hi sunt: "Quis subit in penam capitali supplicio? vas. Quis cum[3] lis fuerit nummaria, quis dabitur? praes [*Techn.* 12.1–2; Peiper, 165]." De prede idem scribit Festus [Paul. 223] quod Varro [*Ling.* 6.74]. Praedes poposcit tribunus plebis a Scipione Asiatico cui mulctam irrogaverat, ut autor est Gellius [6.19.2]. De predibus in hoc significatu crebra mentio est apud scriptores opinatissimos. De predibus ita scribit Asconius: "Praedes dicuntur satisdatores locupletes pro re de qua lis apud iudicem est [ps.-Ascon. *Verr. In Act.* 2.1.115; Stangl, 249]." Idem alibi ait praedes dici fideiussores quorum bona predia dicuntur [ibid. 2.1.142; Stangl, 252]. [4] Igitur Alexander Magnus dicit apud Curtium se habere virtutem militarem pro vade et praede tanquam militum virtus satisdederit et fideiusserit pro rebus quas Alexander gesturus erat, quemadmodum praedes et vades promittunt pro alieno, hi in re capitali, illi in lite nummaria.

---

[1] 96.1] *'predem legendum esse':* 'predem,' edd., as corrected here by Beroaldo. 'Predam,' in the Curtius Milanese edition of 1481 (fol. n8r).

[2] 96.2] *de vade . . . Laurentius Vallensis:* Valla discusses the difference between 'vas' and 'vadimonium,' starting from the quotation from Varro mentioned here by Beroaldo, in book 4 chap. 447 of his *Elegantiae* (Venice 1488, fol. l6r).

[3] 96.3] *cum:* 'si,' Peiper.

[97.1] Corrige illum quoque locum cuius nunc in mentem venit; namque apud eundem scriptorem petram 'dorinin' nominari leges [Curt. 8.11.2], tu 'aornin' emendato.[1] [2] Fuit autem petra apud Indos preceps et invia monumentis historicorum celebrata quae aornos nominitatur, quasi avibus inaccessa, unde locum Graii dixerunt nomine 'Aornon' [Prisc. *Perieg.* 1055–56; cf. Plin. *N.H.* 4.2]. 'A' enim privationem significat et 'ornis' avem. [3] Hanc olim frustra ab Hercule obsessam fuisse fama vulgavit, hanc Alexander maximo cum periculo occupavit a quo arae in petra locatae sunt Minervae Victoriaeque. De hac petra ita scribit Strabo libro decimoquinto: "Cum Alexander petram quandam nomine aornin[2] primo adortu cepisset gloriabundi dixerunt Herculem petram adortum <t>er inde[F] repulsum esse [15.1.8]." Scribit Plutarchus Alexandrum cum intellexisset hanc petram teneri ab homine meticuloso dixisse: "Nunc locus iste facillimus est captu[3] [*Alex.* 58.3]."

[98.1] Apud Ausonium poetam Burdegalensem ex minutulis litterarum immutationibus maximae difficultates emergunt sicut in illo quod, quia pre manibus est, referemus: *Dum cyton coctonque putas communis odoris* [*Epigr.* 82.5; Peiper, 343], ubi pro 'cycton' 'ciston', pro 'cocton' 'coston' legendum est.[4] [2] Cisti enim Graece dicitur Latine vesica, costos autem frutex est odoratus. Igitur cum inter cystin et coston nulla sit differentia syllabarum cum parva litterarum sit immutatio, iocatur poeta in eunum cunnilingum qui cyston, id est vesicam locosque femineos, et coston putabat esse communis odoris quia utroque pariter delectabatur, nam cyston lingua lambebat [Plin. *N.H.* 24.81], coston naribus olfaciebat [Plin. *N.H.* 13.16]. Quamvis ergo sit magna nominis similitudo inter cyston et coston, tamen maxima est odoris differentia, cum alterum

---

F. 97.3] <t>er inde: 'perinde,' 1488, 1496, 1502.

---

[1] 97.1] *tu 'aornin' emendato*: 'Aornum,' edd. 'Dorinin' is in the Milanese edition (1480, fol. m8r).

[2] 97.3] *aornin*: Guarino, whose translation Beroaldo seems to be following, has here the reading 'avernum' ([Treviso] 1480, fol. I8r).

[3] 97.3] *Nunc locus . . . captu*: Guarino translates this passage differently: "petram . . . capi facile nobis refers" (fol. H8v).

[4] 98.1] *pro 'cycton' . . . legendum est*: 'kycton koctonque' is in the *editio princeps* (Venice 1472, pages not numbered), the only edition published before the *Annotationes centum*; κισθον κοκτονque, Peiper.

exalet mephites foetoresque, alterum odorem spiret olfatu iocundum. [3] Et quoniam incidimus in hoc Ausonii epigramma, ille quoque versus qui indiget emendationis corrigatur dicens, *Hanc mediam lambere, non videre* [ibid. 2; Peiper, 343]. Expungas illud 'videre' quod neque sententiae convenit neque metricae rationi quadrat, et in eius locum substituas 'molere.'[1] [4] Est autem molere verbum vetus et significat subagitare, quo usus est Oratius in Sermonibus sic scribens: "Huc iuvenes aequum est descendere, non alienas Permolere uxores [1.2.34–35]." In passivo significatu alibi Ausonius[G] inquit: "Deglubit fellat molitur per utramque cavernam [*Epigr.* 79.7; Peiper, 341]." Inde molitores subactores dicuntur, in qua significatione accipitur apud eundem alibi sic scribentem: "Cum dabit uxori molitor tuus et tibi adulter [*Epigr.* 94.3; Peiper, 347]." [5] Igitur poeta mordax et perinde facetus significare volens eunum fuisse cunnilingum et non subactorem mulierum dixit illum feminam mediam, hoc est cunnum, lambere, quod lingua fit, non autem molere quod fit mentula.

[99.1] Enigma est apud Ausonium in epistolio ad Theonem quo litteras symbolice et obscure Cadmi filias appellat, papirum Niloticam Melonis paginam, apices atramento formatos notas furvae sepie, et pro versiculis amatoriis Cnidios modulos dicit [*Epist.* 14.71–81; Peiper, 248]. [2] Ideo autem ut singillatim singula explicemus obscuritatemque hanc illustremus,[H] litteras Cadmi filias vocat quoniam Cadmus litterarum inventor fuisse perhibetur, qui e Phoenice in Graeciam sexdecim numero attulisse fertur a Plinio in VII Naturalis historiae [7.192], unde antiqui Greci litteras Phoenicias cognominaverunt, ut autor est Herodotus in Terpsicore [5.58]. Ait idem scriptor se vidisse in templo Apollinis litteras Cadmeas in tripodibus quibusdam incisas magna ex parte Ionicis litteris consimiles [ibid. 5.59]; quin etiam Cornelius Tacitus Cadmum autorem litterarum fuisse autumat rudibus adhuc Graecorum populis [*Ann.* 11.14]. Non me preterit alia ab aliis scriptoribus de origine litterarum commemorari quibus in presentia supersedebimus cum ad rem

---

G. 98.4] *Ausonius*: 1496, 1502; 'Asconius,' 1488.
H. 99.2] *obscuritatemque hanc illustremus*: 1496, 1502; 1488 *om.*

---

[1] 98.3] *substituas 'molere'*: thus also Peiper; 'videre' is in the 1472 edition.

nostram non pertineant. Nigellas optimo epitheto litteras cognominat propterea quod ex atramento scriptorio conficiuntur. [3] Melonis vero paginam papirum nuncupat quae peculiariter nascitur "in palustribus Egypti aut quiescentibus Nili aquis," ut docet Plinius libro XIII [13.71], unde Niliaca et Nilotica papirus appellatur ab idoneis scriptoribus. Melo autem apud antiquos Latinos dictus est Nilus sicuti Thelamon Athlas, ut tradunt Servius [*In Aen.* 1.741] et Festus [Paul. 124]. [4] Per notas furvae sepiae ipsas litterarum formas atramento scriptas intellige. Sepia enim pro sanguine habet atramentum quod, ubi apprendi se sensit, effundere consuevit et ita infuscata aqua absconditur, ut meminerunt Plinius [*N.H.* 11.8] et Aristoteles [*De part. anim.* 4.5; 679a 4–8]. Inde sepiam accipimus pro atramento et ita accepit Persius eo versu: "Nigra quod[1] infusa vanescat sepia limpha [3.13]." [5] Quod autem ait Cnidios modos intellige versiculos amatorios propter Venerem reginam Cnidi Paphique, ut ait Oratius [*Carm.* 1.30.1].

[100.1] In epistola ad Simachum loquens de grypho ternarii numeri ita inquit: *Hunc cum[2] velut gallinaceus Evedionis situ carthei pulveris eruissem, excussum relegi* [*Griph.* 16.3–4; Peiper, 196]. [2] Mendum est in illo 'Evedionis' pro quo nos emendavimus 'Euclionis'[3] et ita emendandum esse iudicabit quicunque legerit vel solam Plauti Aululariam, in qua inducitur senex ille nomine Euclio omnium mortalium avarissimus, qui gallum gallinaceum domesticum et Staphilae anus peculiarem fuste obtruncavit, propterea quod eum viderat occipientem scalpurire ungulis, ut utar Plautinis verbis [465–67], ubi defossa erat aula illa auri plena. [3] Itaque ad hunc gallinaceum Euclionis alludens, Ausonius ait se ita a situ pulvereo qui carthas infestat eruisse librum velut gallinaceus Euclionis scalpebat ungulis terram tanquam eruere vellet thesaurum senis in aula defossum.

[101.1] Eiusdem in monosyllabis est iste versiculus: *An, Lybiae ferale malum, sit romula vox ses* [*Techn.* 14.156; Peiper, 168]. Menda est in novissimo verbo quam nos ita correximus ut pro 'ses' emendes 'seps.'[4] [2] Est autem seps serpentis genus ex cuius ictu membra percussa pu-

---

[1] 99.4] *quod*: 'sed,' edd.

[2] 100.1] *Hunc cum*: 'hunc ego cum,' Peiper.

[3] 100.2] *'Euclionis'*: 'Evedionis', some MSS and 1472 edition. 'Euclionis,' Peiper, as corrected here by Beroaldo.

[4] 101.1] *emendes 'seps'*: 'ses,' 1472 edition; 'seps,' Peiper, as corrected here by Beroaldo.

trescunt unde et nomen mutuari videtur [Plin. *N.H.* 20.12]. Sepo enim
verbo Graeco significat putrefacio et sepsis dicitur putrefacio. De id
genus serpentibus ita scribit Solinus in Polihystore: "Ictus sepium pu-
tredo sequitur [*Rer. mem.* 27.33];" et Lucanus in nono Pharsaliae hoc
versu naturam sepis luculenter expressit: "Ossaque dissolvens cum
corpore tabificus seps [9.723]," ubi epitheto elegantissimo et ethimolo-
giae accommodato usus est. Idem decentissime narrat ictu sepis exigui
Sabellum militem Catonianum fluente cute fuisse consumptum eiusque
cuncta viscera in terras effluxisse [9.762–65]. [3] Ausonius sepem vocat
ferale malum Lybiae, quoniam Africa serpentibus adeo fecunda est ut
mali huius merito potissimum palma illi detur. Sensus est Ausonii per
interrogationem quaerentis an seps sit Romula vox, hoc est Latina
dictio; nam Graeca potius esse videtur vel Graecanica, cum a verbo
Greco derivetur, de quo iam diximus.

[102.1] Apud iurisconsultos in titulo Ad legem Corneliam de sicariis
duae sunt iunctim dictiones depravatae et ex Latinis per incuriam
librariorum ad barbaras dictiones traductae. Nam in omnibus codicibus
'pyctuocarpas aut bobustrum' legimus cum legere debeamus 'pytiocam-
pas aut buprestin'[1] [Marcian. *Dig.* 48.8.3.3]. [2] Namque pytiocampae
sunt erucae venenatae in pino nascentes [Plin. *N.H.* 29.95] unde et
nomen mutuantur. Graece enim 'pytis' vocatur pinus unde et Pityusae
insulae a Graecis dictae a fructice pineo monumentis scriptorum inclytae
[Plin. *N.H.* 3.76]. Campe vero significat bruccum sive erucam a flexura
quae Graece dicitur campe. Pityocampas quae sint docet Plinius[2] luculentissime his paucissimis verbis quae sunt ex XXIII transcripta:
"Usus[sapae] contra cantharidas buprestin[1] pinorum erucas, quas pityocampas vocant, salamandras, et contra venenata mordentia [23.62]."
Idem in XXIX scribens de cantaribus inquit: "Vis earum adurere corpus,

---

I. 102.2] *cantharidas buprestin*: 1502; 1488, 1496 *om.*

---

[1] 102.1] *'pityocampas aut buprestin'*: Accorsi's text has "pituocarpas aut bobustrum"
(*Glossa in Digestum Novum*, Venice: Baptista de Tortis, 1487, 231r [vol. 9:459 of the
1968 Turin reprint]). 'Pituocampas aut bubrostin,' Mommsen.
[2] 102.2] *Pityocampas . . . Plinius*: Beroaldo had already made this emendation and
discussed this reading in his *Annotationes in Plinium* (1476, pages not numbered; Venice
1483, fols. I9r–v; 1487, fol. H9r).

crustas obducere. Eadem pityocampis in picea nascentibus [29.95]."
Scribit Columella libro duodecimo haec verba: "Bestiolae quae a nobis
appellantur erucae, Grece campae nominantur[1] [potius 11.3.63]." Idem
docet in libro de cultu hortorum has bestiolas occidere omnes et emori,
si mulier quae in menstruis est solutis crinibus et nudo pede ter circum
areolas horti ducatur [10.357–66]. Versus Columellae hic est: "Volvitur
ad terram distorto corpore campe [ibid. 366]." Palladius quoque de
hisdem vermiculis ita scripsit in primo De re rustica: "Campas nonnulli
ficulneo cinere prosequuntur [1.35.2]." [3] Buprestis autem animal est
simillimum scarabeo longipedi, rarum in Italia; fallit inter herbas bovem
maxime, unde et nomen invenit, devoratumque tacto felle ita inflammat
ut rumpat, autor Plinius libro XXX a quo identidem buprestis mentionem fieri reperies multaque ab eodem tradi remedia adversus buprestis
venena [30.30]. [4] Igitur iurisconsultus scribit pigmentarios si cui
temere dederint pityocampas aut buprestin quae ambo venenata sunt,
teneri pena legis Corneliae de sicariis et veneficiis.

[103.1] In titulo De auro et argento legato vetus verbum et elegans
depravatum est unius litterae adiectione quae menda, quamvis levis esse
videatur, tamen significatum vocabuli corrumpit eloqutionemque deho-
nestat. Ita enim scriptum est: *Certe si cacabos argenteos habebat vel militarium
argenteum dubitari poterit, an escario contineatur* [Ulp. *Dig.* 34.2.19.12]. Illud
'militarium' littera una detracta corrigito 'miliarium.'[2] [2] Significat
enim miliarium vas ad coquendum accommodatum, de quo ait Cato in
libro De re rustica: "Inter orbem et miliarium unum digitum interesse
oportet [22.1]." Qua figura sit miliarium significare videtur Palladius
libro V sic scribens: "Vas aeneum miliario simile, id est altum et angustum, vespere inter alvearia collocemus et in fundo eius ponamus lumen
accensum [5.7.7]." [3] In alio significatu miliarium dicitur columna
aurea in capite Romani Fori statuta in qua incisae omnes viae Italiae
terminabantur; et hoc miliarium Plinii [*N.H.* 3.66], Tranquilli [Suet.
Otho 6.2], Plutarchi [*Galba* 24] atque Taciti [*Hist.* 1.27.2] monumentis

---

[1] 102.2] *Bestiolae . . . nominantur:* 'Animalia quae a nobis appellantur *urucae,* Graece
autem κάμπαι nominantur,' Lundström.

[2] 103.1] *corrigito 'miliarium':* the reading 'miliarium' is already in the text of Accorsi
published by Baptista de Tortis (*Glossa in Digestum Infortiatum,* Venice, 1488, 161v [vol.
8:320 of 1968 Turin reprint]).

est concelebratum. Iuxta[j] hoc miliarium consalutatus Otho fuit imperator. [4] In alio significatu accipitur miliarensis porticus apud Flavium
Vopiscum in Aureliano [49.2] et apud Tranquillum in Nerone porticus
miliariae [Suet. *Nero* 31.1], de qua dictione alibi plura dicemus.[1]

[104.1] Dixit iurisconsultus Digestis de legatis: *Servos obsonatores non videri
negotiationis appellatione contineri* [Marcian. *Dig.* 32.65.1]. Exposuit Acursius obsonatores esse "qui custodiunt dominum in lecto vel qui resonant
et cantant domino in mensa."[2] O interpretationem ex penitissimis
doctrinarum sacrariis depromptam! O miseram et miserandam condi-
cionem mortalium qui Acursio ita addicti, ita mancipati sunt ut cum illo
errare malint quam cum aliis vera sentire, cuius interpretationes, si quis
ausus fuerit improbare, ille anathema sit! Sed quod cum bona venia
dictum sit Acursii sectatorum, ubi, queso, legit, ubi didicit Acursius hanc
obsonatoris significationem? Profecto nusquam; suum est inventum, ipse
peperit, ipse excogitavit, ipse cum suis hanc doctrinam tanquam filiolam
exosculetur. [2] Nos certe rivales non habebit, qui legimus obsonatores
dici eos qui obsonant, hoc est obsonia quibus vescimur scienter emunt,
quod a verbo obsono derivatur, unde ait Plautus in Bacchidibus: "Obso-
nante pollucibilliter [potius *Most.* 24]" et alibi, "Cenae obsonavi [*Merc.*
695; *Men.* 274]," id est obsonium emi. Et hoc verbum frequentissimum
est apud veteres. Seneca libro primo Epistolarum ad Lucilium sexto
inquit: "Adiice obsonatores, quibus dominici palati notitia subtilis est
[*Epist.* 47.8]." Apud Martialem distichon est cuius lemma est 'Obso-
nator,' quo manifeste declaratur quis nomine obsonatoris intelligatur. Sic
enim ait: "Dic quotus es quanti cupias cenare, nec unum Addideris
verbum: cena parata tibi est [14.217]." [3] Igitur iurisconsulti sententia
hec erit: obsonatores, id est eos qui presunt emendo obsonio atque
cibariis, negotiatorum nomine non contineri. [4] Sexcenta sunt id genus
apud iurisconsultos ab Acursio perperam enarrata, sed, cum scire leges sit

---

J. 103.3] *iuxta*: 1496, 1502; 'iusta,' 1488.

---

[1] 103.4] *alibi . . . dicemus*: perhaps Beroaldo alludes to his forthcoming commentary
on Suetonius where there is a long discussion under the lemma 'miliarias' (fol. E2r).
[2] 104.1] *"qui custodiunt . . . in mensa"*: *Glossa in Digestum Infortiatum*, lemma 'legatis'
(Venice: Baptista de Tortis, 1488, 135r [vol. 8:267 of the 1968 Turin reprint]).

non verba earum tenere sed vim ac potestatem, ut iurisconsulti tradunt, ab Acursio medullas, ut aiunt, ac sanguinem legum exigamus, interpretamenta verborum ne petamus. Ego de huiuscemodi rebus pluribus non invitus dicerem, nisi iam me numerum centum annotationum excessisse conspicerem; quo circa receptui canendum est alibi alia plura et uberiora scribemus.

105.1] Satis sit hec feriarum menstruarum spatio composuisse quae ut festinantius absolverentur et ut apud te, clarissime Uldrice, ex ipsa celeritate commendarentur, non scripsi sed dictavi, excipiente Rainaldo nostro, ut optime nosti, viro probo et mearum quantulaecunque sunt litterarum studiosissimo. Ego linguam, ille articulum pariter movebamus; quamobrem, si non eos flosculos eamque venustatem in hac nostra tumultuaria dictione deprendes quam desiderabas, imputato dictanti, cum non eodem dictemus lepore quo scribimus, nec orationis fila tam apte, tam concinne contextantur aliena quam nostra manu. [2] Ceterum hec ideo concinnavimus ut ex his rerum doctrinam colligeres, non verborum elegantiam sectareris. Quare me fecisse operae pretium existimabo, si tu reliqui litterarum bonarum studiosi in annotationibus nostris aliquid invenietis quod tibi quod illis usui legisse et voluptati meminisse.

FINIS

Habes, adolescens ornatissime, has tanquam primicias frugum mearum, deinceps maturiores fructus accipies. Vale et nostrum hunc libellum boni consule et hoc hendecassyllabon si non sordescit edisce.

Uldrici nitidos lares adite,
Centenae simul annotationes,
Atque a limine protinus salutem
Centenam date regulo Rosensi,
Quo nil candidius dedere terrae
Arctoae populis diu Latinis,
Qui comis facilis libens benignus
Vos vultu excipiet sereniore,
Vos larga premet osculatione,
Vos et perleget et manu tenebit.
Illi nomine mox meo agminatim
Hec mandata referte diligenter.
O gentis decus inclytum Rosensis,
O rara probitate nominande,
Auceps phasiacas dabit volucres,
Venator capreas lepusculosque,
Piscator maris amniumque predam,
Merces institor, hortolanus herbas,
Sic mittet sua quisque, sic Philippus
Noster conditor et parens patrono
Nos donat tibi. Tu novas clientas
Sub patrocinio tuo tuere.
Uni nos tibi mittimur, dicamur,
Uni scribimur, omnibus legemur.
Uldrici nitidos lares audite,
centenae simul annotationes.

FINIS

Index of Classical Authors

Numbers following Intr. refer to the pages of the Introduction; numbers following Dedic. to the paragraphs of the Dedicatory letter; all numbers with paragraph (e.g. 16.2) refer to the number and paragraph of the *Annotationes centum*. Asterisks indicate words or passages explained or emended by Beroaldo.

ps. Acro
Intr. 26; In Hor. Epist. 1.7.6: 16.1 n., 16.2 n.; 2.1.195: 14.3 n.; In Hor. Serm. 1.9.70: 18.2 n.; 2.2.16–17: 19.1; 2.2.40: 19.3 n.; 2.3.18–19: 20.3 n.; 2.7.17: 22.3 n

Aeschines
Orat. 2.116: 67.2 n.

Afranius L.:
6.6

Albertus Magnus
De animal. 1.50, 1.54, 2.8, 2.47, 7.122, 22.41, 22.117: 56.3; 13.16: 14.1; 13.32: 3.2

Apollonius
86.3 and n.

Appianus
Intr. 9; Bell. civ. 2.44–45: 41.2; Bell. Pun. 63: 10.2

Apuleius
Intr. 4, 8 n. 3, 14; Apol. 16: 36.3; 18*: 76.1; 31.24–25*: 75.1; 53: 19.1; Flor. 5*: 74.1; 2: 51.5; 9: 45.4; 18: 74.3; Met.: Intr. 12 n.6, 14, 24; 1.2: 51.4; 1.7*: 76.3; 1.23*: 72.1; 2.28: 35.1 n.; 3.3*: 73.1; 6.8: 48.3; 7.6: 15.2; 8.24: 17.3; 8.25, 27: 25.2; 11.22: 35.4

Aristoteles
Intr. 9, 29; De part. anim. 4.5, 679a 4–8: 99.4; Ethic. 5.9.7: 47.4; Hist. anim. 2.1.20, 500b.24: 68.2; 6.18.5, 572a.5–15: 83.2; 7.1.1, 581a.21: 13.2; Meteor. 363b.23–25: 2.2; Polit. 3.8.2, 1284a 17–21: 80.2; Problem. 4.24: 13.3

Asconius Pedianus Q.
Corn. 63: 53.2; In Pison. 9: 43.4; 24*: 77.6; 52*: 77.1; In Scaur. 30*: 77.3; In tog. cand. 88*: 77.4; ps.–Ascon.: Intr. 31; Div. in Caecil. 8: 49.2; 33: 91.5; Verr. In Act. 1.31: 8.6; 1.22: 91.2; In Act. 2.1.26: 50.1; 2.1.28: 31.2; 2.1.61: 85.2; 2.1.115: 96.3; 2.1.142: 96.3

Augustinus
De civ. 4.16: 48.5; 7.24: 25.3

Aurelius Victor S.
De vir. ill.: Intr. 4; 24.6: 50.1

Ausonius Magnus D.
De biss. 2.327.4: 89.4; Epigr. 79.7: 98.4; 82.2*: 98.3; 82.4: 77.8; 82.5*: 98.1; 94.3: 98.4; Epist. 4.6: 64.2; 12.54: 58.2; 14.71–81: 99.1; 26.20: 19.1; Griph. 16.3–4: 100.1; 16.34: 23.3; Techn. 10.88: 38.1, 38.2; 12.1–2: 96.3; 14.156*: 101.1

Avicenna
Canon 3.1.4.1: 60.3; 4.1.2.36: 92.2 n.

Biblia
Daniel 13.17*: 88.1; Ezechias 23.40*: 86.1; Ierem. 4.30*: 86.1, 86.2 n.; 22.14*: 87.1; Luke 21.1: Dedic. 9; Matth. 10.9: 15.4; Reg. 4.9.30*: 86.1

Caesar Iulius C.
Intr. 4; De bell. Gall. 2.33.6*: 85.1

Capitolinus Iulius
Gord. Tres. 33.1: 14.2; Ver. 6.2–4: 92.4; Ant. Pius 9.1: 55.3

Cato Porcius M.
De re rust. 22.1: 103.2; 133.2: 48.2; 141.1: 49.2; 141.3–4: 49.4

Catullus Valerius C.
Intr. 2 n. 2, 7, 25 n. 1, 27 n. 3; Carm. 10.30: Intr. 11; 10.30*: 37.4; 11.11–12: 21.2; 17.24: 60.3; 41.7*: 37.1; 49.6: 13.4; 93.2*: 36.1

Celsus Cornelius A.
3.20.1: 60.3; 6.13.1: 70.5; 6.16: 70.5

Celsus Iuventius P. see Corpus Iuris Civilis

Censorinus
Intr. 4, 27 n. 4; De die nat. 14.7: 13.2; 14.9–12: 46.2; 17.7: 23.2; 17.8: 23.3; 20.10–11: 9.3; frg. 9: 58.4

Cicero Marcus T.
Intr. 4, 14 n. 3; Epist.: Intr. 4;

Ad Att. 1.14.3: 45.1, 45.6; 2.1.1: 45.6; 4.17.4: 43.4; 6.2.7: 31.2 n.; 10.10.3*: 62.1; 10.18.1*: 59.1; Ad Quint. fr. 2.3.3: 48.4 n.; 3.3.2: 43.4; Brut. 10: 89.7; Caecin. 29: 50.2; De div. 1.23: 27.2; 1.29: 43.4; 2.42: 43.2; 2.48: 27.2 n.; 2.69: 57.2; 2.84: 69.2; De dom. 12.34: Dedic. 11; De inv. 2.23.69–70: 67.1; De lege agr. 2.94: 77.7; De nat. deor. 106: 53.2; De orat. 1.162: 93.4; 2.57: Dedic. 14; 2.226*: 62.4; 3.56: 29.5; 3.99*: 62.5; De sen. 45: 8.5; Fam. 2.13.3*: 60.1; 8.4.4: 48.4 n.; 8.6.4: 60.2; 9.2.2: Dedic. 7; 11.25.2: 62.2; Har. resp. 14: 91.6; 24: 8.2, 8.3; Lael. 6.22: Dedic. 2; Orationes: Intr. 4; Phil.: Intr.4; 1.1*: 61.1; 2.64: 85.2; 2.65: 85.2; 2.77: 64.3; 3.9: 43.3; 6.5.15: 20.2, 20.3 n.; Planc. 18.45: 91.3; 19.48: 91.3; 23.55: 91.3; 66: Dedic. 1, 4; Pro Cluent. 72: 12.1; Pro Flacc. 38.97: 91.4; Pro Q. Rosc. 4: 31.2, 31.3; 9: 31.3; Pro Sext. 27: 91.4; 59: 91.4; 33: 43.4; Rosc. Am. 19*: 64.1; 80: 85.3; 98: 64.4; 100: 6.5; Top. 29: 79.5; Tusc.: Intr. 4, 14; 5.97: 19.2; 5.105: Dedic. 2; Verr. Act. 1, 35: Dedic. 9; Act. 2, 1.26: 50.2; Act. 2, 3.129: 90.3; Act. 2, 3.130: Dedic. 9; Act. 2, 3.172–76: 91.5; Act. 2, 4.5: 63.1; Act. 2, 4.18*: 63.1.

Clemens Alexandrinus
Intr. 16

Columella Iunius Moderatus L.
1 pr. 9: 17.2; 1.7.2: 31.2; 6.38.1: 83.2; 8.3.6, 8.3.9, 8.15.2: 56.3; 9.15.12: 34.5; 10.357–66: 102.2; 11.3.63: 102.2

Corpus Iuris Civilis
Dig.: Intr. 7; Celsus Iuventius P., Dig. 33.10.7.1: 34.11; Gratianus , Decr. 3, dist. 5. c. 37: 89.4; Iustinianus, De conc. dig. 2.11: 47.3 n.; Marcianus , Dig. 32.65.1*: 104.1; 48.8.3.3*: 102.1; Paulus , Dig. 21.1.11: 81.5; Ulpianus, Intr. 23; Dig. 3.2.4: 16.2, 89.3; 5.13.1.7b: 91.4; 14.4.5.15: 76.3; 19.2.13: 64.2; 21.1.10.4: 81.3; 34.2.19.12*: 103.1

Curtius Rufus Q.
8.11.2: Intr. 9 n. 2; 8.11.2: 97.1; 9.2.25*: 96.1

Cyprianus Caecilius T.
De op. et al. 17: 45.3.

Demosthenes
Cor. 18.154–55: 67.1, 67.2 n.

Diodorus Siculus
1.70.11: 5.4; 1.97.7: 75.6; 4.76.1: 38.2

Diogenes Laertius
Intr. 9; 1.48: 42.2

Dionysius Halicarnasseus
Intr. 9; 1.20.2: 63.2; 1.38.2:

65.2; 1.38.6: 65.2; 2.21.2: 63.2; 2.65.4: 51.2; 4.25.3: 67.4

Donatus Aelius
Intr. 16; Ad Ter. Ad. 87: 16.1; 582: 48.4; Ad Ter. Hec. prol. 1.2.1–2: 43.2; Ad Ter. Phorm. 338: 17.2; Ad Ter. Andr. 770: 32.7; Vita Ter. 5: 10.1

Epictetus
Intr. 4, 27 n. 4

Etymologicum magnum
Intr. 23

Eusebius Caesarensis
Intr. 10 n. 2 ; Hist. Eccles. 4.132: 51.4; 5.186: 86.3 n.

Eustathius
Intr. 23

Festus Pompeius S. – Paulus Diaconus (Lindsay edition, Mueller numbers)
Intr. 23, 25 n.1; 15: 65.4; 42: 55.2; 43: 84.5; 45: 63.2; 63: 1.2; 73: 73.2; 75: 6.4; 94: 79.5; 97: 94.1; 101: 89.8; 117: 52.2, 73.2; 118: 52.3; 124: 99.3; 128: 91.6; 145*: 44.1; 148: 48.3; 151: 91.5; 173: 81.3; 223: 96.3; 256: 79.4; 258: 76.1; 259: 76.1; 262: 62.4; 292: 49.4; 333: 43.6; 335: 6.6; 337: 85.4; 350: 23.3; 369: 60.3

Florus Annaeus L.
Intr. 4

Frontinus Iulius S.
De re milit.: Intr. 4

Fulgentius Planciades
Serm. antiq. 7: 29.4; 13: 81.3; 24: 19.1

Galenus
Intr. 8 n. 4, 10 and n. 4, 13, 24 n. 2, 29

Gellius Aulus
Intr. 4, 11, 16, 18 and n. 1, 19–21; Noct. Att. 2.22.1*: 58.1; 2.22.12: 2.2; 2.22.25: Intr. 11; 2.22.25*: 54.1; 2.23.7: 47.4; 2.24.2: 8.5; 3.10.9: 46.2, 46.3; 4.2.11*: 81.1; 6.16.5: 3.6; 6.19.2: 96.3; 10.15.30*: 65.1; 15.1.2*: 55.1; 15.7.1: 46.3; 15.7.3: 46.3; 15.12.4: 15.2; 16.7.10: 12.1; 16.17.2*: 57.1, 57.3; 16.18.3: 37.2; 17.1.1: 11.4; 17.9.6–15: 62.1; 18.2.11*: 8.1; 18.4.2: Intr. 8 n. 3, 42.3 n.; 20.1.26: 76.1; 20.8.6*: 56.1

Gratianus: see Corpus Iuris Civilis

Helianus
Intr. 16

Herodianus
Intr. 23

Herodotus
Intr. 9; 2.116.4: 75.6; 2.37: 5.4; 3.17–18: 82.2; 5.58: 99.2; 5.59: 99.2

Hieronymus
Intr. 8 and n. 2; Contra Helv. 16: 36.3; Contra Iov. 2.15: 3.6; 2.36*: 83.1; Epist. 22.32: 45.3;

45.5: 3.6; 53.1★: 82.1; 79.7: 3.6;
147.10: 83.3; Hierosol. 44★:
84.1; In Is. 15.54.11–12: 86.1;
Paralip.: 93.1; Reg. 3.17.12:
45.2; 3.17.14: 45.2; 1 Sam. pr.:
78.2

Hippocrates
92.2. n.

Homerus
Intr. 9; Ilias 2.557–58: 42.2;
6.234–36: 47.2; 7.219–23: 7.1;
Odyss. 4.220–21: Intr. 9 n. 2,
75.4; 10.1–55: Intr. 9 n. 2, 75.3;
10.559–60: 27.3; 11.14–19:
84.3; 11.24–27: 75.2

Horatius Flaccus Q.
Intr. 7, 11, 22, 23, 25, 29, 30;
Ars 388–90: Dedic. 6; Carm.
1.30.1: 99.5; 1.38.2: Intr. 22;
4.2; 2.7.25–26: 27.3; 2.14.11–
12: 17.2; 2.16.7–8: 21.2;
Carmen saec. 21–22: 23.2;
Epist.: Intr. 25 n. 1; 1.1.54–55:
20.2; 1.5.29★: 13.1; 1.6.39★:
17.1; 1.7.6★: 16.1; 1.13.14: 32.7;
1.17.58–59★: 12.1; 2.1.105:
31.2; 2.1.195: Intr. 26; 2.1.195★:
14.1; 2.2.16–17: Intr. 26; 19.1;
2.2.40★: 15.1; Epod. 2.53–55:
3.4; 12.5: 13.4; Serm.: Intr. 25
n. 1; 1.2.16–17: 31.2; 1.2.34–35:
98.4; 1.9.35: 48.4; 2.2.16–17★:
19.1; 2.2.40: 19.3; 2.3.18–19★:
20.1; 2.3.117–18★: 21.1;
2.7.17★: 22.1; 2.7.118: 91.4;
5.78–79: 54.2; 9.68–70★: 18.1

Hyginus Iulius C.
Fab. 19: 19.3

Iustinianus: see Corpus Iuris
Civilis

Iustinus
Intr. 4

Iuvenalis Iunius D.
Intr. 25 n. 1, 29, 30 and n. 2;
1.75★: 30.1; 1.136: 17.1; 2.141★:
32.6, 32.8; 2.169★: 32.4; 3.169★:
32.1; 5.14: 17.1; 5.130: 17.1;
5.540: 5.4; 6.67–70: 8.7; 6.69:
8.6; 7.110★: 31.1; 7.114★: 31.5;
7.177: 79.3; 8.69–70: 30.2;
9.101★: 33.1; 11.94–95: 34.11;
11.117–19: 40.6; 11.122–23:
40.4; 11.132: 27.1 n.; 11.195★:
32.3; 14.5: 22.4; 14.297: 15.4;
14.308: 34.11; 15.138–39★: 29.1

Lactantius Firmianus Caelius L.
5.3.23: 84.4

Lampridius Aelius
Alex. Sev. 52.3: 15.2; Elag.
24.1: 92.4; 30.1: 77.8

Livius Titus
Intr. 14 and n. 3, 20, 32 n. 1;
1.21.5: 65.4; 1.33.5★: 48.1;
1.44.2: 49.2; 3.7.6: 51.3;
4.44.11★: 50.1; 5.50.6: 57.3;
5.52.11: 57.3; 7.2.6: 89.8;
8.10.14★: 49.1; 21.49.3: 8.6;
25.3.16–17★: 53.1; 25.40.5,
25.40.8, 25.40.10, 25.40.12,
25.40.13: 77.2; 26.21.15: 77.2;
26.40.30: 77.2; 27.5.6–7: 77.2;

27.8.2★: 51.1; 27.8.18: 77.2; 27.10.11: 90.3; 28.39.19★: 52.1; 29.14.1–14: 8.2; 32.34.10: 43.3; 33.31.13: 43.3; 34.14.11: 49.4; 35.23.11: 52.3; 36.30.3: 71.3

Lucanus Annaeus M.
Intr. 2, 4, 25 n. 1, 29 n. 3, 30, 31; 1.163–64★: 40.1; 1.178–79: 85.3; 3.183★: 42.1; 3.278★: 39.1; 4.319–20★: 41.1; 5.395★: 43.1; 5.534–35: 30.2; 9.430: 40.5; 9.723: 101.2; 9.762–65: 101.2; 10.144–45: 40.5

Lucianus
Intr. 4

Lucretius Carus T.
3.1046–47: Dedic. 4

Macrobius Ambrosius T.
1.5.10: 6.5; 1.11.47: 65.3; 1.14.3–6: 9.2; 3.13.8: 93.4; 7.1.18: 75.6; 7.17: 33.2;

Marcianus: see Corpus Iuris Civilis

Martialis Valerius M.
Intr . 14 n. 3, 25 n.1, 28, 29, 30; 2 pr. 5: 51.4; 2.18.8: 17.1; 2.41.1–2★: 24.1; 4.43.7★: 25.1; 4.46.11: 34.10; 5.67.1: 35.3 n.; 6.28.5–6: 34.8; 6.77.4: 17.3; 9.59.7–10: 40.4; 9.59.9: 34.11; 9.92.12: 37.4; 9.94.3–4: 47.4; 10.33.10: Dedic. 7; 10.63.3★: 23.1; 11.22.7–8: 13.4; 13.28.1– 2: 34.3; 13.54★: 28.1; 13.61: 3.3; 13.124.1: 28.2; 14.14: 27.1 n.; 14.15.1★: 27.1; 14.16: 22.2;

14.21.1★: 26.1; 14.29: 92.2; 14.89: 40.2, 40.4; 14.217: 104.2

Martianus Capella
Intr. 22, 23; De nupt. 2.119: 58.3; 2.136: 4.4; 8.809: 24.2; 9.936: 58.3; 9.944: 58.3

Mela Pomponius
3.87: 82.3

Nepos Cornelius
Arist. 1.2★: 80.1; Cim. 3.1: 80.2

Nonius Marcellus
84: Dedic. 7; 123: 64.2; 64.3; 196: 81.3; 264–65: 93.4; 523: 6.3

Ovidius P. Naso
Intr. 7 and n. 2, 23; Ars 1.522: 13.4; De art. am. 3.283: 24.1; De rem.: Intr. 25 n.1; 365–66★: 11.1; 561: 20.2; Fast.: Intr. 7, 25 and n. 1, 26, 29 and n. 3; 1.185: 34.8; 1.453–54★: 5.1; 1.691: 81.3; 2.527–28: 51.3; 2.559– 60★: 1.1; 3.163–64★: 9.1; 3.824★: 7.1; 4.236: 25.4 and n.; 4.353–360: 8.1; 4.353: 8.5; 4.356: 8.4; 5.161★: 2.1; 5.337– 38: Intr. 22, 23; 5.337–38★: 4.1; 5.621–22: 65.5; 5.633–34: 6.5; 5.634★: 6.1; 6.175★: 3.1; Ibis: Intr. 25 n. 1; 389: 10.2; 591★: 10.1; Met. 1.568–750: 5.2; 6.424–721: 35.3 n.; 14.223–32: 75.3; 15.320–23: 70.3

Palladius Rutilius T.
1.35.2: 102.2; 5.7.7: 103.2

Paulus Diaconus: see Festus Pompeius S.

Paulus Iulius: see Corpus Iuris Civilis

Paulus Orosius
Hist. 7.6.4–5: 61.4

Persius Flaccus A.
3.13: 99.4; 3.49–50: 22.2, 22.4 n.; 3.77: 13.5; 4.21: 32.7; 5.186–87: 25.1 n.; 6.55–56: 44.2; 6.77: 17.3

Philostratus
Intr. 4

Plato
Intr. 2; Apol. 2b 12, 19b 1: 58.6

Plautus Maccius T.
Intr. 4, 14 n. 3, 29; Amph. 365, 614: 17.3; Aul. 107–08: 91.2; 195: Dedic. 12; 465–67: 100.2; 563–64: 51.5; Bacch. 792: 93.3; Capt. 600: 11.3; Cas. 342, 350–51, 363, 396: 53.2; Curc. 567: 11.3; Men. 274: 104.2; 891: 60.3; Merc. 695: 104.2; Miles 321–22: 81.3; 322–23: 81.3; 1178★: 92.1; 1179: 92.3; 1282: 92.3; Most. 24: 104.2; Pers. 103: 95.4; 480★: 93.1; Poen. 3–4: 89.8; 44: 89.8; 530★: 94.1; 671: 17.1; 843: 95.3; 885–86★: 95.1; Pseud. 608: 19.1; 659: 32.7; Rud. 1235–39: 93.3; Stich. 455: 17.1; Truc. 577: 17.3

Plinius Secundus C. (maior)
Intr. 2, 4, 11, 13, 16, 20, 22, 31, 32 n. 1; N.H. pr. 28: 11.3; 2.47: 34.5; 2.51: 34.2; 2.119: 2.2; 2.176★: 66.1; 3.22: 28.1; 3.66: 103.3; 3.76: 102.2; 4.2: 97.2; 4.93: 39.3; 6.18: 84.2; 7.72: 29.2; 7.89: 58.2; 7.123★: 67.1; 7.127: 60.3; 7.159: 23.5, 23.6; 7.161: 46.3, 46.4; 7.175: Dedic.4; 7.192: 58.2, 99.2; 7.212: 51.4; 8.63: 77.4; 8.64: 77.4; 8.69: 14.1, 14.2; 8.203: 81.3; 8.218★: 68.1; 9.39: 34.11; 10.94: 35.1 n., 35.2; 10.122: 91.5; 10.133: 3.3, 3:5; 10.181: 83.2; 10.202: 56.2; 11.8: 99.4; 11.130: 69.4; 11.261: 68.2; 12.5: 40.4; 13.16: 98.2; 13.47: 34.7; 13.71: 99.3; 13.74: Intr. 22, 23; 4.3; 13.91: 40.3; 13.97: 34.7; 14.68: 28.1 n., 28.2; 15.19: 45.4; 15.83★: 69.1; 15.116: 34.7; 15.120: 48.2; 15.121: 48.1; 15.122: 48.2; 16.40: 77.7; 16.65: Intr. 22, 23; 4.1; 16.68: 40.5; 16.233: 34.11; 17.38–39: 62.5; 17.232: 54.2; 18.338: 2.2; 20.12: 101.2; 21.6: Intr. 22, 23; 4.3; 22.88: 72.3; 22.156: 88.2; 23.41: 75.5; 23.62: 102.2; 24.3: Intr. 22, 23; 4.3; 24.43: 88.2; 24.55: 27.4; 24.81: 98.2; 24.175: 60.3; 25.12: 75.4; 25.47★: 70.1; 25.49★: 71.1; 26.82: 72.3; 27.43: 76.1; 27.111: 88.2; 28.170: 81.3; 29.60: 68.2; 29.95: 102.2; 30.29: 88.3; 30.30: 102.3; 30.45: 34.12; 31.105: 88.2; 33.7: 47.4; 33.26: 17.4, 79.4; 33.102: 86.2; 33.118: 31.5; 33.121: 31.5; 33.140–54:

40.5; 34.108: 77.7; 34.134: 88.2; 35.31: 87.2; 35.59: 67.1; 36.25: 63.3; 36.100: 65.5

Plinius Caecilius Secundus C. (minor)
Intr. 4, 25 n. 1; Epist. 1.2.4★: 45.1; 2.20.3★: 46.1; 5.2.2★: 47.1; 5.6.16: 89.7; 9.6.2–3: 92.4; Paneg. 37.1–7: 90.3

Plutarchus
Intr. 9, 10; Lives: Intr. 10 n. 3; Alcib. 13.5: 80.4; 13.6–9: 80.4; Alex. 58.3: Intr. 9; 97.3: 67.4: Intr. 10 n. 3; Ant. 54.4–5: 92.2; Arist. 7.1–2: 80.5; 7.2–6: 80.4; Demet. 49.4: 15.2; Fab. 9.4: Intr. 10 n. 3; Galba 16.2: 89.5; 24: 103.3; Lys. 19.5–7: 62.1; Pericl. 7.1–2: 80.4; 8.7: Intr. 10 n. 3; Solon. 10.2: 42.2; Them. 5.7: 80.5; Thes. 14.2: 72.2; Mor. 175: Intr. 10 n. 3; 186C: Intr. 10 n. 3; 201D: Intr. 10 n. 3; 229B: Intr. 9; 27.4; 268E: 48.2; 272B: 65.2; 275D: 52.1; 285CD: 1.2

Porphyrion P.
Intr. 16, 26; In Hor. Epist. 2.2.189: 36.1 n., 36.2; In Hor.Epod. 2.54: 3.4; 12.12: 83.2; In Hor. Serm. 1.3.10–11: 63.2; 1.5.78: 54.4; 1.9.35: 48.4; 1.9.70: 18.2 n.; 1.10.28: 74.2; 2.2.16–17: 19.1; 2.3.18: 20.2; 2.7.17: 22.3

Priapea
12.3–4: 72.2

Priscianus Caesarensis
De fig. num. 30: 21.1; Inst. gramm. 6.48: 79.5; 10.23: 18.1; 18.210: 21.1; Perieg. 1055–56: 97.2

Probus Valerius M.
Cath. 1.33: 79.5

ps.–Probus
In Virg. Buc. 6.48: 70.3

Propertius Sextus A.
Intr. 4, 6 and n. 2, 7 and n. 3, 8 n. 2, 9 n. 1, 11 n. 2, 15 n. 2, 25; 2.3.51: 70.4 n.; 3.4.17: 77.3 n.; 4.3.21: Intr. 26 n. 1; 4.8.45: 27.4 n.

Ptolemaeus
Intr. 4

Quintilianus Fabius M.
Inst. 1.4.26★: 79.4; 1.5.67: 49.2; 1.10.9: 58.3; 1.10.22: 58.4; 3.1.17★: 79.1; 5.11.40: 42.2; 8.3.34: 76.3; 9.3.54: 46.4; 10.1.42★: 78.1; 10.1.87: 78.2; 10.1.98: 24.2; 11.1.38: 36.1 n., 36.2; 11.3.6: 29.5

Rhetorica ad Herennium
1.21: 6.4, 53.2; 2.17: 6.4

Rufinus
Intr. 10 n. 2

Sallustius Crispus C.
Intr. 4, 8 n. 3; Hist. frag. 2.70: 93.2, 93.4; 4.54: Dedic. 7; Iug. 55.8: 41.4

Scriptores Historiae Augustae: see individual authors

Seneca Annaeus L. (maior)
Contr. 9.4.9: 46.1

Seneca Annaeus L. (minor)
Intr. 11, 14 n. 3; Apocol. 14.4,
15.1: 22.5; Benef. 6.38.4: 16.3;
7.10.4: 90.3; De ira 2.5.4: 10.2;
De tranq. an. 4.5: 51.2 n.; Dialog. 10.4.2–4: Dedic. 3; Epist.
47.8: 104.2; 48.6: 56.3; 82.3:
Dedic. 2; 89.22: 3.7; 95.19: 3.7;
Herc. O. 199: 35.3 n.; Quaest.
nat. 1.17.4: 37.2; 5.17.5: 54.2

Scriptores rei rusticae
Intr. 4; see also Cato, Columella, Varro

Servius Honoratus M.
Intr. 4, 13 and n. 1, 16, 18, 21
n. 4, 31 and n. 4, 32 n. 1; In
Virg. Aen. 1.741: 99.3; 3.209:
19.3; 5.488: 93.4; 6.303: 92.3;
11.184: 91.4; In Buc. 2.23:
11.4; 6.48: 70.3; In Georg.
3.153: 5.2; 4.183: 92.3

Silius Italicus C.
13.417–34: 75.2; 17.1–22: 8.2

Solinus Iulius C.
Intr. 4; 1.45–47: 9.2; 18.2: 39.3;
27.33: 101.2; 30.10: 82.3; 30.19:
14.2

Spartianus Aelius
Pesc. Nig. 10.7: 15.2

Statius Papinius P.
Intr. 11, 25 n. 1, 30; Silv.
1.4.18: 23.8; 3.2.109–10*: 35.1;
3.2.110*: 35.4 and n.; 4.9.26*:

34.6; 4.9.27–28*: 34.1; 4.9.33*:
34.10; 4.9.40*: 34.13

Strabo
Intr. 9; 1.2.9: 84.3; 3.4.11: 28.1;
5.4.5: 84.5; 6.2.4: 11.5; 6.4.2:
79.3; 7.2.2: 84.2, 84.3 n.;
7.3.12: 17.3; 9.1.10: 42.2;
9.2.20: 7.2; 9.3.7: 67.2, 67.3;
9.4.14: 71.3; 11.11.3: 6.1;
11.11.8: 6.1; 12.2.10: 87.3;
13.4.6: 7.2; 14.1.32: 59.2;
14.2.3: 69.4 n.; 15.1.8: Intr. 9 n.
2, 97.3; 16.2.29: 79.3; 17.1.16:
75.6; 17.1.29: 35.4; 17.3.4: 40.3

Suetonius Tranquillus C.
Intr. 1 n. 2, 4, 5 n. 3, 9 n. 1, 10
and n. 3, 13 and n. 3, 14, 22
n.1, 23, 24 n. 2, 31; Aug. 3.1*:
91.1; 42.3: 73.2; 45.4: 89.2;
71.2: 27.3 n.; Cal. 16.3: 90.3;
18.3: 77.5; 55.2: 92.4; Claud.
11.1: 61.4; 35.2: 26.3; Dom.
4.3: 23.5; Galb. 15.1*: 89.1; Iul.
20.1: 43.4; 26.3: 73.2; 46: 44.1;
80.4: 6.4, 6.6; 82.2: 26.2; Nero
31.1: 103.4; 38.2: 55.3; 56: 25.1
n.; Otho 6.2: 103.3; Tib. 13:
79.2; Vesp. 1.2*: 90.1; 1.4: 91.4;
Vit. 2.1: 85.4; 7.1: 92.4; 14.3:
92.4; 16 15.2; Rel. fr. 130: 9.2

Symmachus Aurelius Q.
Epist. 1.29: 63.4

Tacitus Cornelius C.
Ann. 11.14: 99.2; 13.51: 90.2;
Germ. 16.1: 55.3; Hist. 1.20:
85.3; 1.20.1–2: 89.5; 1.27.2:
103.3; 1.72.1: 30.3

Terentius Afer P.
Adelph.: 17.3; 582: 48.4; 781:
11.3; Andr.: 17.3; 769–70:
32.7; Hec. 34: 74.2; Phorm.:
17.3

Tertullianus
Intr. 23

Theophrastus
Intr. 23; Hist. Plant. 9.10.2:
71.1

Tibullus Albius
Intr. 7, 25 n. 1; 3.7.64–66:
84.3; 3.7.8–9★: 38.1

Trebellius Pollio
Gall. 12.4: 51.4; 12.5: 51.4

Ulpianus: see Corpus Iuris
Civilis

Valerius Maximus
2.4 ext.4: 89.8; 2.4.5: 23.3; 4.1
ext.4: 61.2; 5.1 ext.4: 92.2; 9.1
ext.1: 77.6, 77.7; 9.1.2 ext.:
10.2 n.; 9.6.2 ext.: 10.2 n.

Varro Terentius M.
Intr. 16; Ling. 5.50: 55.2; 5.83:
51.1; 5.154: 48.3; 6.15: 8.2;
6.46: 51.1; 6.74: 96.2, 96.3;
7.45: 65.4; 7.61: 95.2; 7.69:
94.1; 8.55: 73.2; 9.60: 44.3;
Rust. 1.8.5: 56.3; 3.11.3: 56.3;
apud Gell. 16.17.2: 57.3; apud
Non. 523: 6.3

Vegetius Renatus F.
De re mil. 4.37: 92.4

Virgilius Maro P.
Intr. 4, 13; Aen. 6.14–19: 38.1;
6.303: 92.3; Georg.: Intr. 20 n.
1; 4.183: 92.3

Vitruvius Pollio M.
5.7.2: 89.4; 5.11.3–4: 89.2;
5.11.4: 89.7; 7 pr. 8–9: 11.3,
11.5; 7.6.2: 87.3; 8.3.21: 70.3;
8.5.1: 66.1

Vopiscus Flavius
Aurel. 39.4: 61.3; 49.2: 103.4

Index of Medieval and Renaissance Authors

Numbers following Intr. refer to the pages of the Introduction; numbers following Dedic. to the paragraphs of the dedicatory letter; all numbers with paragraph (e. g. 16.2) refer to the number and paragraph of the *Annotationes centum*.

Accorsi Francesco: Intr. 28; 47.3 and n., 89.3 n., 102.1 n., 103.1 n.

Alexander: Dedic. 14

Alexander VI: Intr. 5

Amaseo Girolamo: Intr. 3

Barbaro Ermolao: Intr. 1, 4, 13, 15, 21, 25–26, 28, 24 n. 4, 26 n. 1, 28 n. 2

Bentivoglio Alessandro: Intr. 5 n. 3

Bentivoglio family: Intr. 5 and n. 3

Bentivoglio Galeazzo: Intr. 5

Bentivoglio Giovanni: Intr. 5 and n. 3

Bentivoglio Annibale: Intr. 5 n.3, 13

Bernardino of Verona: 38.2 n.

Beroaldo Filippo the Elder: Ann.centum: Intr. 4, 6–34; Ann. in Galenum: Intr. 8 n. 3 and 4, 10 and n. 4, 13, 24 n. 2, 29; Ann.in Plin. Intr. 13, 16, 25, 31 and n. 4, 32 n. 1; Ann. in Servium: Intr. 13 and n. 1, 16, 17, 18 n. 1, 21 n. 4, 31 and n. 4, 32 n. 1; Comm. in Apul. Metam.: Intr. 4, 14, 12 n. 6, 24; Comm. in Propert.: Intr. 4,

6 and n. 2, 7 n. 3, 8 n. 2, 9 and n. 1, 11 n. 2, 15 n. 2, 25; Comm. in Suet.: Intr. 1 n. 2, 4, 9 n. 1, 10 and n. 3, 13 and nn. 2, 3, 14, 24 n. 2, 31 and n. 4, 32 n. 1; Comm. in Tuscul.: Intr. 4, 14; De terr. motu et pest.: Intr. 13, 24 n. 2; Heptal.: Intr. 6 n. 3, Nuptiae Bentiv.: Intr. 5 n. 3; Orat. et poem.: Intr. 3 n. 7, 4 n. 1, 10 n. 4, 20 n. 1; Orat. multif.: Intr. 5 n. 3; Symb. Pytag.: Intr. 4 n. 1; Varia Opusc.: Intr. 6 n. 3, 8 n. 4

Beroaldo Filippo the Younger: Intr. 3

Beroaldo Giovanni: Intr. 5 and n. 3

Bianchini Bartolomeo: Intr. 1 n. 2, 3, 9, 28

Biondo Flavio: Intr. 26, 27 and n. 1; 6.3 n., 6.4 n., 8.5 n., 8.6 n., 29.2–4 n., 43.1 n., 65.2 n.

Birago Lapo: Intr. 4 and n. 3, 30 and n. 3; 42.2 n., 63.2 n., 65.2 n., 80.4 n.

Boccaccio Giovanni: Intr. 4, 10 n. 4

Bonisoli Ognibene: Intr. 30 and n. 2; 39.2 n., 40.1 n., 41.1 n., 42.1 n., 62.4 n., 62.5 n., 78.1 n.

Borgia Cesare: Intr. 5

Bracciolini Poggio: 34.13 n.

Bruni Leonardo: Intr. 30; 47.4 n.

Calderini Domizio: Intr. 16, 17, 26, 27, 30, 31 and n. 4, 32 n.1; 10.2 n., 11.2 n., 15.4 n., 23.5 n., 23.7 n., 24.1 n., 25.1 n., 26.1 n., 27.1 n., 28.1 n., 29.1 n., 30.1 n., 31.3 n., 32.1 n., 32.9 n., 34.3 n., 34.6 n., 34.10 n., 34.13 n., 35.4 n.

Calpurnio Giovanni: 36.1 n., 37.4 n., 48.2 n.

Cassarino Antonio: Intr. 10 n. 3

Castiglionchio Lapo da: Intr. 10 n. 3, 30 n. 3

Casto Giovanna: Intr. 2

Celsano Barnaba: 2.4 n.

Crinito Pietro: Intr. 25 n. 1

Decembrio Pier Candido: Intr. 10 n.3; 10.2 n.

Egnazio Giovanni Battista: Intr. 32 and n.1

Este Lucrezia: Intr. 5 n. 3

Filelfo Francesco: Intr. 9, 30 and n. 3, 31; 27.4 n., 89.5 n.

Fonzio Bartolomeo: Intr. 26 and n. 3, 30 and n. 1; 19.1 n., 44.2 n.

Gaguin Robert: Intr. 2 and n. 4

Gaza Theodorus: Intr. 23, 29, 30; 13.2 n., 26.9, 68.2 n., 83.2 n.

Giovanni Pietro da Lucca: Intr. 30; 48.2 n., 52.1 n., 65.2 n.

Grapaldo Francesco Maria: Intr. 3

Griffolini Francesco: Intr. 9 n. 2; 27.3 n.

Guarini Guarino: Intr. 9, 10, 30; 7.1 n., 11.5 n., 17.3 n., 42.2 n., 84.3 n., 87.3 n., 97.3 n., 97.3 n.

Landino Cristoforo: Intr. 26 and n. 3, 29, 30 and n.1, 31; 12.2 n., 16.1 n., 18.1 n., 19.1 n.

Leto Pomponio: Intr. 29

Mares Martin: Intr. 3 n. 7

Mariani: Intr. 2

Marsi Paolo : Intr. 22, 29 and n. 3, 31; 1.4 n., 2.4 n., 3.1 n., 4.4 n., 5.1 n., 5.3 n., 6.5 n., 7.1 n., 9.2 n., 25.1 n., 25.4 n., 32.1 n.

Matteo: Intr. 2

Medici Lorenzo de': Intr. 17, 21, 23, 14.1 n.

Medici, family: Intr. 27

Merula Bartolomeo: 11.1 n.

Merula Giorgio: Intr. 22 n. 1, 26, 27, 28, 29, 30; 4.1 n., 15.4 n., 23.6 n., 24.1 n., 25.1 n., 26.1 n., 27.1 n., 29.1 n., 30.1 n., 30.2 n., 31.3 n., 32.1 n.,

32.4 n., 32.9 n., 34.3 n., 35.1 n., 81.3 n., 92.1 n., 92.1 n. 92.3 n., 93.1 n., 93.3 n., 94.1 n., 94.2, 95.3 n.

Nicholas of Cusa: Intr. 28; 82.4 n., 86.2 and n., 87.2 n., 88.1 n.

Pacini Antonio da Todi: Intr. 10

Paleotti Camilla: Intr. 6

Paleotti Camillo: Intr. 6

Paleotti Vincenzo: Intr. 5

Partenio Antonio: Intr. 27 n. 3; 36.1 n., 37.4 n.

Perotti Niccolò: Intr. 17

Petrarca Francesco: Intr. 4, 10 n. 4

Pico Giovanni Francesco della Mirandola : Intr. 5, 21, 26; 37.2 n., 37.4 n., 45.1 n.

Pins Jean de: Intr. 1 n. 2, 2, 3, 9, 28; 71.4 n.

Pio Giovanni Battista: Intr. 3, 31 and n. 4, 32 n. 1

Poliziano Angelo: Intr. 1, 4, 5, 12 and n. 5, 15–28, 29–30, 31 and n. 4, 32 n. 1; 6.4 n., 32.8, 35.4 n., 74.3 n.; Ambra: 11.2 n.; Comm. ai Fasti: 2.4 n., 3.6 n., 4.1 n., 5.1 n., 5.4 n., 6.3 n., 7.1 n., 8.5 n., 23.5 n., 25.1 n., 65.2 n.; Comm. a Persio: 5.1 n., 44.1 n.; Comm. alle Selve: 7.1 n., 8.5 n., 20.3 n., 23.5 n.,

34.12 n., 35.1 n., 35.4 n.; Comm. a Suet.: 25.1 n., 43.4 n.; In Ber.: Intr. 25–28, 34 n.1; 1.2 n., 2.4 n., 3.6 n., 4.1 n., 5.1 n., 6.1 n., 7.1 n., 8.5 n., 8.6 n., 9.2 n., 10.2 n., 11.2 n., 12.1 n., 13.1 n., 14.1 n., 15.1 n., 15.4 n., 16.1 n., 17.1 n., 18.1 n., 19.1 n., 20.3 n., 21.1 n., 22.4 n., 23.5 n., 24.2 n., 25.1 n., 27.1 n., 28.1 n., 29.2–4 n., 31.5 n., 32.1 n., 32.3 n., 32.8 n., 34.12 n., 35.1 n., 36.1 n., 37.2 n., 37.4 n., 38.1 n., 42.1 n., 43.1 n., 43.4 n., 44.1 n., 45.4 n., 47.2 n.; Lamia: 4.3 n. ; Misc.: Intr. 15–28; 4.1 n., 10.2 n., 14.1 n., 23.5 n., 24.2 n., 32.8 n., 44.1 n., 47.2 n., 70.1 n., 72.2 n., 81.3 n.; Praef. in Homer.: 11.2 n.; Notes to Catull.: 36.1 n.

Pozzo Francesco dal (Puteolano): Intr. 2 and n. 2, 29 and n. 1, 30; 35.1 and n.

Rosenberg family : Dedic .11, 12

Rosenberg Enricus: Dedic. 11

Rosenberg Petrus : Dedic. 12

Rosenberg Uldric: Intr. 4, 6 and n. 3, 14, 18, 20, 21, 34; Dedic. title, 10; 105.1; Epigr. 1, 24

Rosenberg Voccus: Dedic. 12

Rossi Mino dei: Intr. 7

Sabellico Marcantonio: Intr. 15, 32 and n. 1

Strozzi Filippo: 4.1 n.

Taberio Giovanni: Intr. 30 n. 2

Tifernate Gregorio: Intr. 30; 40.3 n., 79.3 n.

Traversari Ambrogio: Intr. 30; 42.2

Urceo Codro : Intr. 5

Valla Lorenzo: Intr. 29, 31; 47.2 n., 96.2 and n.

Volaterrano Raffaele: Intr. 9 n. 2; 27.3 n.

Wartenberg Johannes of : Intr. 6 n. 3

Wenceslaus of Bohemia: Intr. 4 n. 1.

Weitmühl Christophorus of: Intr. 6 n. 3

Annotationes centum, as a miscellany, represented a relatively new philological genre. It appeared a few months before the publication of Poliziano's more famous *Miscellaneorum centuria prima*, and although the two works have often been associated, this is the first critical edition of Beroaldo's work and the first detailed analysis of the relationship of the two. Ciapponi examines both classical and contemporary humanistic sources used by Beroaldo, in this way clarifying the philological method and placing the *Annotationes* in the context of Italian humanistic philology.

The introduction examines Beroaldo's method of correcting and interpreting classical texts and then compares Beroaldo's and Poliziano's works philologically and stylistically. The commentary identifies classical and humanistic sources used by Beroaldo and quotes Poliziano's criticism of the first forty-seven annotations. The volume includes indices of sources quoted and lemmata.

This volume will be interest to philologists, historians, art historians, and historians of classical scholarship and the revival of the classics.

Lucia A. Ciapponi has edited Francesco Colonna's *Hypnerotomachia Poliphili* (with G. Pozzi) and is the author of a number of scholarly articles. She is an instructor of Latin at the North Carolina School of Science & Mathematics.

MRTS

MEDIEVAL & RENAISSANCE TEXTS & STUDIES
is the publishing program of the
Center for Medieval and Early Renaissance Studies
at the State University of New York at Binghamton.

MRTS emphasizes books that are needed —
texts, translations, and major research tools.

MRTS aims to publish the highest quality scholarship
in attractive and durable format at modest cost.